부르디외 사회학 이론

루이 핀토

김용숙 · 김은희 옮김

東 文 選

부르디외 사회학 이론

Louis Pinto

Pierre Bourdieu et la théorie du monde social

차 례

머리말

피에르 부르디외에 관한 책은 특별한 목적을 갖고 있다. 일반적으로 수용되는 이론적인 입장보다 조사 연구를 중요하게 여기는 그의 저작의 교훈을 충실히 따르면서, 그의 저서와 그 저서가 제시하는 '패러다임'을 이해해야 한다는 것이다. 세월이 흘러 이제는 친숙해진 그의 저서가 과거 처음 대했을 때 내게 그렇게 새로워 보였던[1] 이유는, 그의 저서가 프로그램과 같이 철학적으로는 거창하지만 경험적·이론적으로는 보잘것없는 지적 방편들이나 '이론적' 과시와 '논쟁'에서 벗어날 수 있도록 해주었기 때문이다. 그러니 어떻게 나를 해방시켜 준 저자에 대해서, 나를 해방시켜 준 바로 그 해석하는 방법을 반복적으로 사용하지 않을 수 있겠는가?

다소 당혹스럽기까지 한 이와 같은 고백이 단순히 머리말의 상투적인 겉멋으로 치부되어서는 안 된다. 이는 서술은 이렇게 해야 한다는 것을 보여 주었던 피에르 부르디외의 사회학 이론을 명쾌하고 정확하게 제언해 보려는 책임 정신에서 비롯된 것이다.[2] 내가 친숙해지고자 했지만 여전히 그 나름대로의 어려움이 있는 이 제언은 일종의 읽는 방법을 제공하려는 것이다. 완벽한 초상화를 그리려는 것이

---

1) 《실천 이론에 대한 소고 *Esquisse d'une théorie de la pratique*》에 대해 내가 썼던 서평(〈실천 이론 La théorie de la pratique〉, *La Pensée*, 178, 1974년 12월, p.54-76)을 보라. 편집국에서는 '독자의 비평 la réflexion critique de ses lecteurs' 난에 제시된 개념을 따르면서 이 글에 대해 변호하고자 했는데, 서평으로는 보기 드문 일이다.

2) 《파스칼적 명상 *Méditations pascaliennes*》(쇠이유 출판사, 1997, p.101 이하)에서 〈어떻게 작가를 읽을 것인가 Comment lire un auteur〉와, 〈작가에 대해 무엇을 말해야 하나? 미셸 푸코에 대하여 Qu'est-ce que faire parler un auteur? A propos de Michel Foucault〉, *Sociétés et Représentations*, 제3권, 1996년 11월, p.13-18 참조.

아니라, 이 이론가가 이론적 공간이나 사회 생활에서 보여 준 중요한 행동들을 이해할 수 있도록 인상 묘사를 하려는 것이다. 이는 보편적이고 전환될 수 있는 논리적 도구들을 문제점이 있는 모호한 지평으로부터, 수정 또는 개조할 수 있는 새로운 용도에 맞게 끌어내려는 것이다. 이러한 종류의 글은 대부분 간략하고 설득력이 강한데, 이는 역사철학자가 '독트린'의 일관성, 때로는 그 불확실성이나 결점을 지적하고자 할 때 흔히 쓰는 대학 전통에 의거한 철저하고도 체계적인 해석보다 훨씬 낫다. 어떻게 보면 여기에 제시된 담론은 해석자와 부르디외 전문가(마르크스 · 뒤르켐 · 베버 · 엘리아스의 전문가가 있듯이)의 담론이라기보다는 사용자의 담론이라 할 수 있다.

　사회학자인 어떤 저술가에 대해 사회학적으로 말하는 것은 '모든 것을 말하는 것'이 아니라, 그의 관점이 사회과학의 장(champ)[3]과 관련지어져 정의되고, 거기에 영향을 주며, 그것을 변화시킨다는 측면에서 저자의 관점을 채택하는 것이다. 작업이 제시하는 개괄적인 비전과는 반대로, 피에르 부르디외는 결코 장과 맹목적인 권력의 게임을 동일시하지 않았다. 하나의 장 안에는 변혁의 현실적 가능성들이 있지만 이들이 어떤 입장을 취하느냐에 따라 매우 달라진다. 어떤 가능성들은 쇄신이나 개혁에 적합하다. 그 이유를 분석하려면 지적인 또는 상징적인 전복 이론의 틀이 있어야 하는데, 이 틀이야말로 이 책에서 소개되는 관점들 중 가장 고무적인 것임이 분명하다. 오늘날의 사회학 방법론은 부르디외의 영향으로 상당히 변화된 것이 사실이다. 칭찬을 하건 비난을 하건 간에, 지식인들이 사용하는 용

---

　3) 장(場)이란 부르디외 특유의 분석적 용어로, 여러 입장들이 구조화된 공간 혹은 망(網)이며, 다양하게 얽혀 있고 구조화되어 있는 사회적 세력 관계를 말한다. 장들 간의 관계는 모순/대립 관계뿐만 아니라 차이의 관계, 혹은 장들간의 위상적 관계가 함께 존재한다. 가령 '사회 세력들의 장'은 정치의 장, 경제의 장, 문화의 장과 같은 사회적 심급으로 구조화되거나 지배 계급의 장, 피지배 계급의 장처럼 위계적으로 구조화되어 있다. [역주]

어나 그들에게 익숙해진 습관들이, 프랑스에서나 다른 나라에서 동료나 제자들의 범위를 넘어서서 수용되었다. 사회학이 이룬 가장 의미심장한 성과 중에는, 사회학을 실천적으로 구현(具現)하는 것을 불가피한 '연구 대상을 구축(構築)하기'로 본다든지, 선취 관념에 대한 개별적 비판을 한편으론 범주(학문적·행정적)의 해체 측면에서, 다른 한편으론 대상의 역사화 측면에서 이입(移入)의 효과에 저항하여 투쟁하는 수단으로 본다는 것이다. 끝으로 몇몇 사회학자들은 대상과의 관계를 성찰적으로 분석해야 한다는 원칙을 어느 정도 일관성 있게 받아들이는데, 이는 순수한 형태의 교조주의나 과학만능주의에 빠지지 않게 하는 이점이 있다.

피에르 부르디외의 사회학이 비판적인 의견과 논쟁을 불러일으키듯이 자연스럽고 바람직하게, 이에 대해 나타나는 반응들 역시 그 의도에 부응하기를 기대할 수 있다. 하지만 그 의도에 무조건 동조하는 것은 바람직하지 못하다. 이것은 무턱대고 하는 말이 아니라 현실에 근거한 것이다. 어떤 저자가 다양한 분야, 다양한 대상, 다양한 문제들을 다루었을 때, 즉 교육 체계, 문학, 고급 의상(haute couture), 하이데거의 철학, 생활 양식까지를 포함하여 카빌리아[4]의 가정에서부터 정부(政府)의 탄생, 경제의 장, '남성 지배'라는 주제까지 다루었고, 프랑스와 외국의 인문학계에서 손꼽히는 인물들, 사회학자·민속학자·철학자·역사가·언어학자들을 동료로 갖고 있으며, 그의 저서들이 여러 나라 말로 번역되고 논의되었고, 또 이 저서들이 그의 '제자들'로 하여금 독창적이고 명석한 연구를 하도록 인도하고 있는 이런 상황에서는, 주의 깊고 호의적인 (아첨이 아닌) 독서를 했다면 면할 수 있는 칼로 물베기식의 어처구니없는 짓이나 오기는

---

4) 알제리의 고원 산악 지대이다. 〔역주〕

피하는 것이 옳을 것이다. 예를 들면 소극적인 동업자들이나 미덕이 위협당한 척하는 에세이스트들이 몰아붙이는 대로 부르디외를 철학의 '적'으로 몰기에 앞서, 철학가 크리스티안 쇼비레의 지적을 알아 두는 것이 유익할 것이다. "부르디외와 철학, 그것은 간단한 이야기가 아니다. 여기서는 가장 긍정적인 면만을 이야기하겠다. 즉 확인된 바에 의하면, 부르디외의 사상은 설이나 하버마스·테일러·부베레스와 같은 대화자들을 끊임없이 배출하고 있다는 점이다. (…) 인정해야 할 것은, 부르디외는 철학가들 사이에서 점점 더 많이 읽히는 철학가라는 점이다."[5] 직접적으로 사상적 경계에 대한 논쟁에 근거하는 초보적인 반론은 삼가야 할 것이다. 말하자면 부르디외에게 그의 '결정론'을 추궁하는 것은, 연구 대상의 우열을 없애고 사상가의 자유를 무시한 사회과학에 반대하여 철학자가 지닌 해묵은 원한을 학리적(學理的)으로 표현하는 것에 불과하다.[6] 다른 반론들은 '지식인들간의' 소문이 제재할 수 없는 메아리로 화(化)해, 되풀이되어 결정적인 판단의 원천이 되는 어설픈 분류에[7] 만족하는 주로(특히?) '식자'층의 귀동냥으로 얻은 지식에 의거한다.

　많은 비평가가 범한 무식의 소치는 무엇보다도 부르디외의 작업이 주는 핵심 교훈을 이해하지 못한 데서 온다. 그의 저서는 과학적 작

---

　5) C. 쇼비레(C. Chauviré)의 논문 〈철학자들이 읽는 피에르 부르디외. 부르디외/비트겐슈타인: 아비투스의 힘 Des philosophes lisent Pierre Bourdieu. Bourdieu/Wittgen­stein: la force de l'habitus〉(Critique, 〈피에르 부르디외 특집〉 1995, 8-9월 579-80호, p.548. 논해진 작가들은 클로드 레비 스트로스(Claude Lévi-Strauss)·미셸 푸코(Michel Foucault)·조르주 뒤비(Georges Duby)·엔리코 카스텔누오보(Enrico Castelnuovo)·아롱 시쿠렐(Aaron Cicourel)·어빙 고프먼(Erving Goffman)·알베르 O. 히르슈만(Albert O. Hirschmann)·에릭 H. 라보프(Eric Hobsbawm Labov)·윌리엄 라보프(William Labov)·모셰 레빈(Mosche Lewin)·에드워드 P. 톰프슨(Edward P. Thompson) 등이었다.
　6) 이러한 비난이 사회학자에게서 나온다는 것을 어떻게 생각해야 할까? 정말 동료가 이야기하는 것인지, 아니면 [성적(性的)으로] 억압된 철학자가 가면을 쓰고 나타난 것인지?
　7) 무슨무슨 유파(-ism)식의. [역주]

업의 독자성을 위협하는 두 전선, 즉 제도적으로 보장된 학문적 권력과 미디어의 권력을 누르고 그 위에 세워진 것인데, 이 둘은 정당한 문제점에 대한 정의를 강요하는 특수한 수단을 지니고 있다. 그래서 그의 저서는 독자들에게 적어도 (보기보다 훨씬 더) 사회학 저서의 독서에 관한 교훈을 전해 준다. 노련한 독자라면, 특히 현대 작가들을 읽을 때에는 상당한 정도의 가르침을 적용시킬 수 있어야 한다. 즉 독자는 호의적이든 아니든 자신의 즉각적인 반응이 어느 정도까지 자신의 사회적이고 지적인 경력에서, 혹은 자신의 전공에서, 혹은 대학에서의 입장에서, 혹은 이 모두가 합쳐져서 나온 것인지 스스로에게 물어보아야 한다. 또 어느 정도 특정 작가에 대한 특정 입장 표명이 과학적 지식, 지식인의 역할, 사회 질서에 대한 묵시적 판단들을 내포하거나 억누르고 있는 것은 아닌가 자문해 보아야 한다. 또한 지성적이라는 비평 언어가, 지나치게 인간적인 감정들——신중함이라는 대학의 덕목이나 동료들간의 교류라는 수월함과는 달리, 지나치다거나 부적절하다고 판단된 지적 인정의 이면에('미디어에 의한')[8] 도사리고 있는 거짓 명성이 아닌지 의심이 가는 학구적 시샘이나 원한과 같은 감정들——을 정당화한 미화된 언어는 아닌지 자문해 보아야 할 것이다. 확신컨대 이런 교훈들을 잘 적용한다면, 과학적 논쟁을 크게 벌이지 않고 이에 걸림돌이 되는 여러 문제들을 제거할 수 있을 것이다.

저서에 관한 논쟁 가능성이 야기하는 본질적 문제는 저서를 어떻게 비평하느냐 하는 문제이다. 수락할 만하고 중심적인 논지들과, 부수적이라 할지라도 수락할 만한 문제들과 하찮은 논쟁들 간의 차이

---

8) '매스컴을 잘 타는' '선입견' '권력' 등의 목록을 만들어야 한다. 이 단어들은 오늘날 증거 없이 적수를 비난하기 위해 쓰인다.

를 환기시키는 것은 단순히 토론의 윤리성에 호소하는 것이다. 토론은 필수 불가결한 것이지만, 보통 이를 거론하는 사람들은 '민주주의'나 '이성' '교류'라는 명목하에 지나치게 추상적인 철학적 원리에 만족한다. 이 문제에 있어서도 부르디외의 저서는 매우 유용한 도구들을 제공하는데, 아마도 그의 저서는 그때까지 분리되어 있던 지성의 전통――프랑스 학문의 역사적 인식론의 전통과, 상반된 이해 관계에 있는 그룹들간의 세력 관계를 논하는 사회학적 전통(마르크시스트, 베버 유파)――을 통일하고, 그렇게 함으로써 과학적 이성에 대한 논쟁과 가능성이나 기능의 사회적 조건에 동일한 주의를 기울이도록 유도하기 때문일 것이다.

간결히 표현하자면 학문적 작업의 평가 기준들은 바슐라르가 엄숙하게 '인식론적 행위'라 불렀던 것에 준한다. 학문적 작업의 기준인 형식화 과정에서 보이는 결과로만 돌릴 수는 없는 이 행위는, 연구자가 수행하는 개념적 혹은 도구적인 활동 전체를 가리키며 질문, 관찰 절차, 자료 구분 등의 명료한 공간을 마련해 내는 것을 목표로 삼고 있다. 갈릴레이가 말한 운동기하학이나 클로드 베르나르가 말하는 내부 환경 같은 개념들은, 그 자체가 수없는 가설과 실험적 조작의 근원이며 고전적 예제(例題)이기도 하다. 따라서 문제시되는 것은 일반역학이나 구조과학과 같은 것이다.

직접 돈이 되고 사용이 가능하기 때문에 결과에만 관심을 갖거나, 또는 마음에 든다든지 신기하기 때문에 '사상(思想)'에 관심을 가지는 아마추어와는 달리, 실력 있고 공평한 판단가는 완성된 작업의 가치를 알아보아야 할 것이다. 실제로 꾸미거나 가장된 과학성의 개방과 과학적 실천의 수정된 사고 사이의 차이점을 알아둘 필요가 있다. 기존 신념을 재고하지 않는 한 앎이란 성립하지 않는다. 즉 대조도 문제도 없는 밋밋한 신념과는 반대로, 치밀한 텍스트가 주는 교훈은 우리가 믿을 수도 있는 것을 우선 의심하는 것이다.[9] 물리학이나 인간과학은 우리로 하여금 자연에 대해 전설이 이야기하는 것과는 또 다른, 극복해야 할 난관들에 대해 의문을 갖게끔 했다. 그런데 난관들이 늘 분명한 것도 아니고 체계화할 수 있는 것은 **더욱** 아니라 할지라도, 적어도 사회학에서는 다년간의 연구 경험 덕분에 제도적으로 보장되든 아니든 연구자는 토착화된 분류법을 의심하거나, 담론의 생산 조건이나 면담의 상황에 대해 의문을 제기할 수 있다. 과학성이란 새로운 대상(objet)[10]을 창출하는 데 있으며, 이것은 구축된 대상으로서 새롭게 보는 법을 제시하고, 방법론적으로 한정된 현상들의 총체에 의문을 던지는 새로운 방법을 제시한다. 사회 생활에서, 특히 막강하게 나타나는 일반 상식에서 벗어나는 한 가지 방법은, 동료들의 연구 작업에 대한 학문적 이해와 수필가나 지적인 신문기자, 연구 매니저들의 이해 사이에 존재하는 격차를 보여 주는 데 있다. 전자가 작업이 내포하는 가정 전체를 그 특수성을 살려 파악하려는 데에 반하여, 후자는 거기서 '그럴싸한 생각'을 볼 뿐이며, 그리하여 후자는 과학의 과장에 대해 실망과 아이러니한 태도를 드러내게 된다. 사실을 교묘하게 넘어가며 풀어내는 '그럴싸한 생각'과는 달리, 이론적 일반화 작업의 시점인 가설은 이론과 경험 간의 변증법을 집약하는 경향이 있다. 가설은 고립된 것이 아니라 서로 긴밀한 명제들의 집합이며, 오로지 사실이라는 유일한 분야만을 근거로 검증될 수 있는 것이 아니라 일련의 구조적 특색들을 지닌 같은 집합에 의하여 측정되고 구축된 대상들의 집단을 근거로 검증될 수 있다. 과

---

9) 연구의 성과는 보편화할 수 있거나 보편적인 명료성의 원칙에 의한 공동 연구에 따른다고 말할 수 있다. 이것은 '전문가'가 물려받은 실력과는 아무 상관이 없으며, 이들은 다양한 관료주의적 연구가 낳는 세속적 권력이 암묵적으로 부여한 '영역'에 대해 법칙을 정한다는 주장 외에는 다른 정당화를 할 수 없고, 또한 그들이 발견할 수 있는 유일한 결점인 '실수들'(숫자, 날짜)을 가려내는 것 외에 다른 힘이 없다. 비슷비슷한 경쟁자들 앞에서, 경우에 따라 빈약하고 진부한 결과에 대해 빈정거리거나 사고의 독창성을 칭찬할 수 있다(역도 성립한다).

10) 여기서는 철학적 대상으로, 욕구 또는 인식의 목적물을 가리킨다. 〔역주〕

학은 대상을 논하면서 항상 다른 이야기를 하며, 현실의 분야들간의 한계와 순환 조건들을 문제시하면서 관계를 이야기한다. 비교는 방법을 따르며, 방법은 항상 비교를 찾는다. 가설이란 논증 과정의 한 단계이다. 과학적 담론의 이론적 측면과 경험적 측면의 동질성을 보장하는 것은 아무것도 없으므로, 이를 조절하는 것은 항상 힘들고 끝이 없는 과정이며 자료 수집, 변수의 구축, 지침의 설정, 설문 조사 조건 등에 대한 비평 작업을 요구하는 일이다.

한마디로 과학적인 작업은 항상 순수하게 이론적인 목표를 지닌다는 특징을 갖고 있는데, 이것은 이론이 지적 책임감의 체계적 훈련 그 자체이기 때문이다. 즉 무엇을 한다고 말할 때에 실제로 무엇을 하는지를 아는 것이 문제인 것이다. 이는 즉 '체계'나 '표본'들을 설정하는 것만이 문제가 아니라 '대상에 대한 관계,' 용어들의 전제, 일정한 상황에 적용된 방법, 다른 분야 혹은 사회학에서 대상을 구축하는 방법의 결과들 등에 익숙해지는 것을 의미한다. 이렇게 이해된 이론은 종종 이 단어가 의미하는 것들, 즉 문맥과 용도에서 벗어나서 규모만 거창하고 유용성은 없는 '논쟁'이 아니라 이로운 추상적 고찰들의 집합을 의미한다. 지식의 발전에는 도움을 주지 못한다 할지라도 명백하기 때문에 거의 모든 사람을 만족시키는 이론에 대한 이러한 지배적인 관점은, 이론이 자명한 이치를 통해서가 아니라 연구의 실천성이라는 실험 활동을 통해서 판단된다는 사실을 깨우치지 못하게 막는다.

그러므로 사회과학에서 연구 작업을 공평하게 하려면 기교적인 일치,[11] 즉 표준이 되는 대상들에 적용된 표준적 절차만을 파악할 것이 아니라, 모든 과학적 지식이 갖는 근본적으로 이론적인 특성에서 산

---

11) 제라르 모제(Gérard Mauger)와 내가 '사회과학 읽기 Lire les sciences sociales' 의 모임에서 늘 부딪친 문제들이다.

출되는 기준들을 고려할 필요가 있다. 즉 우리에게 제시된 불가능해 보이는 새 관점을 취하는 것이 어떤 점에서 힘들었나 하는 논쟁적 기준, 이 새 관점을 조성하는 (논리의) 확대(일반화 · 비교)를 통하여, 혹은 이 관점이 조장한 질문들을 거쳐서 어떤 효율성을 얻을 것인가 하는 경제적 기준이 있다. 이러한 기준들(다른 기준들도 있겠지만)을 보면 순수하게 이론적인 수준이라는 것이 얼마나 희귀한 것인지 알 수 있는데, 대부분의 의견 교환이나 비평은 아주 다른 수준(방법론, 현학적 논쟁)에서 이루어지기 때문이다.

프랑스에서 피에르 부르디외의 저서가 때때로 유감스러운 대접을 받고 있기 때문에, 오히려 나는 전체의 흐름을 바꾸지 않고 이 책을 쓸 생각을 갖고 있다. 변론을 하거나 답변(집단 · 파벌에 대한)[12]을 하려는 것이 아니라, 이 대저작물의 기여도를 알아보고, 그가 다룬 주제에 대해 잘 조명된 토론이 어떤 것인지 윤곽을 그려 보려 한다. 만일 나의 이 계획이 그의 저서에 대한 지침이나 작업의 도구, 구조를 다룰 수단을 제공한다면 나는 의무를 다했다고 말할 수 있으리라.[13]

내 의도는 부르디외의 작업과 여러 방면에 걸친 그의 활동에 대한 완전한 해석서를 '스콜라 철학식으로' 형식주의에 빠져, 혹은 교육적으로 소개하려는 것은 단연코 아니다. 이러한 저서를 일반화하여 말한다는 것은 하나의 도박인 셈인데, 왜냐하면 자칫 이를 단순화시키거나, 명상을 필요로 하는 지적 재화처럼 시간을 초월한 비현실적

---

12) 부르디외의 저술은 적어도 한번쯤 연구 과정을 통해 자신을 돌아볼 수 있는 연구자들을 모으는 데 성공했다. '음모'라는 경찰 또는 신문 기사식 사고 방식은 사회학을 외면하는 편집장들과 설문 조사를 잊는 조사원들에 의해 유지됨으로써 상호 교환과 상호 비평, 그리고 상호 인정에 근거하는 과학적 작업의 논리를 잘못 이해하고 있다. 대학 경력이 갖는 이득은 음모의 다른 목표를 발견하도록, 여하튼 다른 '지식인'들의 보호를 선호하도록 격려했어야 한다. 중요한 문제는 여전히 남아 있다. 이러한 지적 친화력의 과학적 결과는 대중적이며, 출판되고, 이리하여 대중의 판단에 맡겨진다.

인 것으로 소개할 위험이 있기 때문이다. 그런데 다른 분야와는 달리 사회학은 사회학 스스로에 대해, 그 발생과 성과에 대해 주지주의(intellectualisme)[14]적 방식으로 자기 변호를 하지 않는다. 사회학이 사회 세계에 속한다는 사실은 지식의 문제로서, 그로 인해 생기는 실천 행위나 구체적인 작업과 분리될 수 없다. 이런 이유로 어떤 문제들을 섣불리 다루기보다 이론적 지식의 성격, 그 조건들과 사회적 의미 등 내 눈에 결정적으로 보이는 몇몇 논지(論旨)들을 선별하여 다룰 것이다.

제1장은 1950년대와 60년대의 지적 배경에 피에르 부르디외를 놓고 다룰 것인데, 이 시절은 그의 사회학 프로젝트 형성에서 중대한 역할을 하였다. 역사적인 설명을 통하면 일련의 오해——주로 시대 풍조가 낳은 학교의 전통이나 작가들의 상상적 대결이 야기한 오해——를 피할 수 있다. 실천 이론이 프랑스 철학이 예견하고 준비한 것이었다 할지라도, 부르디외로 하여금 새로운 기반에서 문제 제기를 하도록 도운 것은 민속학이나 사회학에서의 경험적 작업이었다. 제2장은 '계보론'적 문제를 다룬다. 무엇이 이 철학자로 하여금

---

13) 나는 이미 수정 출판된 텍스트들에 독창적이고 새로 발견된 부분들을 덧붙였다. ⟨La Théorie en pratique⟩, *Critique*, 특집호 ⟨Pierre Bourdieu⟩, 1995년 8-9월호, p.575-580; ⟨The Theory of Fields and the Sociology of Literature: Reflections on the Work of Pierre Bourdieu⟩, *International Journal of Contemporary Sociology*, Special Issue: Pierre Bourdieu's Thought in Contemporary Social Sciences, vol. 33, n° 2, octobre 1996; 독일어 번역본, ⟨Feldtheorie und Literatursoziologie. Überlegungen zu den Arbeiten Pierre Bourdieus⟩, in L. Pinto, F. Schultheis.(eds., *Streifzüge durch das literarische Feld*, Konstanz, Universitätsverlag Konstanz, 1997) 그 다음 참조를 간단히 하기 위해, 완벽한 참고 문헌을 완벽히 제시할 수 있는 작가 이름과 흔히 인용되는 부르디외의 저서명을 생략하고 간결하게 그러나 명백하게 어휘를 사용할 것이다. 《구별짓기 *Distinction*》·《실천 감각 *Sens pratique*》·《말해진 것들 *Choses dites*》·《호모 아카데미쿠스 *Homo academicus*》·《귀족성 *Noblesse*》·《규칙들 *Règles*》·《대답들 *Réponses*》·《실천 이성 *Raisons pratiques*》·《명상 *Méditations*》 등.)

14) 실천, 생, 의지적인 것 또는 감정적인 것, 비합리적인 것에 대하여 지성적·합리적·이론적인 것을 중시하는 철학의 유파이다. [역주]

사회과학으로 전향케 하여 현학적 이성을 내부로부터 비판하게 만들었는가를 다루려는 것이다. 제3장과 4장은 주된 이론적 도구들을 제시한다. 제3장에서는 문학의 사례 연구를 사회학의 통합적 개념 안에 포함시켜서, 그 구체적 적용을 통해 이 도구들을 보여 주려 한다. 제4장에서는 '경험주의'나 '실증주의'라는 이론적이고 가장된 발뺌을 그렇게도 싫어하는 저자에게, 어느 정도에서 그리고 어떤 의미에서 이론이 존재할 수 있는지를 밝히면서, 이 이론가의 실천적 활동에 대해 성찰할 것을 제안한다. 제5장은 인류학과 이 인류학이 함축적인 상태에서 벗어나 명시적인 상태로 나아가면서 위상이 달라진 점을 다룬다. 여기서는 실천 이론이 인간에 대해, 철학자들이 내세우는 담론보다 훨씬 더 일반적이고 더 강력한 담론을 포함하고 있다는 사실을 과학적 이성의 한도를 벗어나지 않은 한에서 인정해야 했다. 이러한 인류학에서는 상징의 자본이란 개념이 핵심으로 나타난다. 마지막으로 제6장은 '부르디외와 정치'라는 문제를 중점적으로 다룬다. 물론 표명된 입장을 검증하거나 사례마다 그 정당성을 증명하려는 것은 아니다. 이는 다른 내용이다. 즉 원칙적 측면에서, 자율성이라는 과학적 요구와 사회 세계의 심도 있는 정치적 비전이 양립할 수 있다는 것을 보이는 것이다. 주어진 상황 안에서 보편성을 향상시키는 현실적 수단들을 밝히면서 지배적인 상징들을 비평하는 일은 가능하다.

제1장

지적 유산

어떤 저자에게 피에르 부르디외가 제안한 논평 기준을 적용하려면, '지적 과제'의 형성, 장(champ) 안에서 특수한 입장의 창조, 이론의 표현과 필요한 경우에는 관련된 도덕적·정치적 의견 표명들이 이루어질 만한 가능성들을 타진해 보아야 할 것이다. 겉보기와는 달리, 이런 시도는 한 작가의 유산이나 선구자들과의 관계를 논하기 위해 철학사와 사상사에서 흔히 취하는 태도와는 상당히 다르다. 우선 방법론상 다르다. 즉 한 작가에 대해 작가가 받은 영향이나 독자적 선택, 개발, 그가 주장하는 의식의 자각 등을 평할 때에는 무조건적으로 작가가 주장하는 바에만 매달려서는 안 된다. 그 사상의 근원을 논하는 담론은 항상 현재 차지하고 있는 입장이 요구하는 것과 필요로 하는 것에 따라 이해되어야 한다. 또한 내용면에서도 다르다. 기술(記述)은 해석자나 관찰자가 무의식적으로 사용하는 현학적 범주에서 벗어나야 한다. 지적 능력을 판가름하는 이러한 범주들을 끊임없이 문제시하지 않는다면, 우리는 순수 관념들과 이들의 무임수태를 왈가왈부하는 탁상공론적 논조와 일반적으로 공유되는 생각이나 재론할 필요조차 없는 뻔한 지표들(마르크시즘·칸트주의·실존주의 등)을 동원한 낯익은 논조 사이에서 오락가락하게 될 것이다. 가능성의 폭은 뚜렷한 것이 아니기 때문에 객관성을 요한다. 부분적이고 편파적일 뿐만 아니라 이론적 입장의 이론 외적(extra-théorique) 전제들에 대해 질문하지 못하도록 막는 이 분야 고유의 관점에서 탈

피할 필요가 있다. 주지주의(intellectualisme)의 유혹에 대해서는 여러 요인들이 고유한 방향 감각을 갖고 있으므로, 지적이고 사회적인 분류[1]와 계층에 속하는 개념들과 문제들을 활용한다는 점을 생각해야 한다. 사르트르 · 마르크스 · 니체 · 칸트 · 뒤르켕 · 베버는 읽기, 주석, 그리고 그들의 생애를 통해 그 용도나 사용자들이 정의한 독트린들을 가리키며, 이 작업 안에서 그 요인들은 사회적으로 조건지어진 특성들에 따라 이해되는 것이다. 유산은 이를 소유하기로 미리 정해진, 그래서 다른 가능성은 배제된 상속자들에 의해서만 사용된다.

철학적 생산의 축들

1950년대의 철학계는 실존주의가 지배하고 있었다. 이 분야의 지배적인 관점은 실존에 의거한 새로운 철학을 대부분의 다른 사상들, 즉 주지주의적 편견, 추상화하는 취향, 경험의 물화(物化; chosifi-cation) 등으로 대표되는 유파들에서 분리할 것을 요구하였다. 그러면서도 전후 세대인 젊은 철학자들, 즉 실존주의와 현상학의 문화에 길들여진 이들은 점차적으로 이런 배경에 불만을 품게 되었고, 그 중 일부가 합리주의적이고 역사적인 또 다른 문화적 전통을 발견하였다. 오래전부터 적어도 1920년대까지는 지배적이었던 이 전통은, 인식론적 문제보다 경험적 이해에 더 관심을 갖는 철학적 양상이 부상하면서 그 가치가 평가절하되었다. 이처럼 유사한 철학적 기질들이 반복적으로 되풀이되는 것을 보면, 철학계에서 상대적으로 불변하는 세력들간의 권력 형태를 볼 수 있다. 미셸 푸코가 '경험, 의

---

1) C. 수리에(Charles Soulié)는 철학도들이 인식하는 작가 계층을 분석한 적이 있다. (《철학적 취향의 해부 Anatomie du goût philosophique》,《사회과학 연구지 Actes de la recherche en sciences sociales》, 1995/109, p.3-28)

미, 주체의 철학과 지식, 합리성, 개념의 철학 사이를 가르는' 선인 '분배선' 운운한 것도 놀라운 일이 아니다. "그것은 한편으로 사르트르와 메를로 퐁티를 잇는 계보와, 다른 한편으로 카바예스 · 바슐라르 · 코이레와 캉길렘을 잇는 계보이다. 이 구분은 내력이 오래되어 19세기까지 거슬러 올라가 볼 수 있을 것이다. 베르그송과 푸앵카레 · 라슐리에와 쿠튀라, 멘 드 비랑과 콩트 등. 그후 어떤 식으로 가지를 치고, 충돌하며, 가까워졌든지간에, 이 두 유파는 프랑스에서 한동안 심하게 '이질적인' 두 줄기의 사상을 형성하였다."[2]

'지식, 합리성과 개념의 철학'은 과학사가(科學史家)들(그리고 '인식론자'들) 중에서 대표적인 철학자를 배출했는데, 오귀스트 콩트의 계보[3]에 속하는 과학사가들은 순수 문법의 형식주의나 논리주의, 혹은 후설[4]이 대표하는 초월적 철학의 계보보다는 일반적으로 역사 연구의 길을 선택하였다. 많은 이들에게 칸트주의의 이론적 배경, 특히 범주와 표상의 학설은 행위과학의 필요에 따라 유연해질 수 있는 것으로 간주되었다. 개방적 속성으로 정의되는 과학적 이성의 실제 산물을 통해서 객관적인 지식의 가능 조건들을 발견해야 한다는 것이다.

합리성은 역사 속에서 형성되어야 한다는 생각[5]은 적어도 19세기 말부터 널리 받아들여졌다. 즉 '구성주의적(constructiviste)'[6] 언어는

---

2) M. 푸코(M. Foucault), 《인생: 경험과 과학 La vie: l'expérience et la science》, 《형이상학과 윤리 연구지 Revue de métaphysique et de morale》, n° 1, 1985년 1-3월, p.4.

3) A. 콩트(A. Comte)의 과학사에 관하여 J. Heilbron의 《사회 이론의 진보 The Rise of Social Theory》, Polity Press, Cambridge, Oxford, 1995년 참조.

4) J. 카바예스(Jean Cavaillès)는 여러 변형으로 구성된 〈주체의 철학 la philosophie du sujet〉에 반대하여 〈개념의 철학 la philosophie du concept〉을 주장했다. E. 카티나라(Enrico Castelli Gattinara)의 《이성의 불안. 양차 세계대전 사이의 인식론과 프랑스 역사 Les inquiétudes de la raison. Epistémologie et Histoire en France dans l'entre-deux-guerres》, Paris, Vrin-EHESS, 1998년을 빼놓으면 과학과 인식론의 역사적 전통에 관한 체계적인 연구는 거의 없다.

'이론' 뿐만 아니라 기본적인 관찰 자료들과도 관계한다는 것, 더 정확하게 말하자면 이 둘 사이에 놓여진 '대상(objet),' 즉 문제 · 가설 · 확인의 지평을 가능하게 하는 객관화 과정의 산물로서의 '구성된(construit)' 대상에 관계한다는 것이다. 레옹 브룅스비크에서부터 장 카바예스[7]에 이르는 동안, 수학은 논리나 직관의 근거로 환원될 수 없는 특수한 대상의 미완성 산물로 취급되었다. 1950년경 '전제 없는' 근본적인 지식의 철학적 연구 계획이 버림을 받거나 신용을 잃었기 때문에, '대상의 구성화'라는 용어는 당시 활발하던 이론적 토론의 중심을 이루고 있었다.[8] 철학자들의 출발지인 '여건'이란 것은 경험의 특별한 형태가 보편화하면서 나타나는 착각일 뿐이다. 그리하여 역사에 대한 성찰은 '역사주의적인' 견해를 조정하기보다는 반대로 합리적 필요성에서 연루되었다. 과학의 역사를 쓴다는 것은 새로운 대상을 만드는 자율적 움직임을 기술하는 것일 뿐만 아니라, 대상들을 전통적인 의미로 '설정하지' 않는다면, 우연과 임의성에서 대상들을 분리시키는 설득력 있는 도구들을 기술하는 것이다.

가스통 바슐라르(1884-1962)는 실존주의 철학의 비장함이 지배적이던 불리한 상황에서 논쟁이라는 무기를 쓸 수밖에 없었는데, 그는 철학자들이 '일(travail)'(그의 어휘 중 중심적인 용어를 사용하자면)이라는 지적인 상황에는 무지하다고 비난하였다. 그 결과 철학자들은

---

5) 프랑스에서는 이 주제가 오래전부터 존재해 왔기 때문에 '상대주의'를 차분하게 받아들일 수 있었고, 다른 계통의 지적 전통을 취하는 작가들에 의해 '상대주의적' 도발은 심각하게 혹은 비극적으로 간주되었다.

6) 구성주의(constructivisme)는 제1차 세계대전 후에 러시아를 비롯하여 독일 등 서유럽에서 일어난 예술상의 한 유파이다. 전위 예술, 특히 사실주의를 배격하고 주로 기계적 또는 기하학적 형태의 합리적 · 합목적적 구성에 의하여 새로운 형식의 미를 창조하려고 한 것으로, 미술 · 건축 분야에서 일어나 문학에도 영향을 끼쳤다. 〔역주〕

7) H. 시나쇠르(Hourya Sinaceur), 《장 카바예스, 수학철학 Jean Cavailles, Philosophie mathématique》, Paris, PUF, 1994, p.92 이하.

8) 이러한 경향은 궁극적이고 근본적인 것에 대한 취향처럼 철학의 명예에 관한 저항력을 말살시킬 수 없었다고 반론을 제기할 것이다.

과학의 보잘것없는 이미지에 만족하고, 보편성과 추상성이 넘치는 과격한 성격의 개념이나 문제 제기와는 담을 쌓은 서술과, 수사학적 환영만을 불러일으키는 예들에 만족하게 되었다는 것이다. 그의 표현을 빌리자면 "과학은, 그에 합당한 철학을 지니지 못하고 있다."[9] 철학자들은 '단번에 기초를 쌓으려고'[10] 하기 때문에 '요약된 철학'[11] '철학자의 철학'[12]에 만족하는 경향이 있다. 좀더 명확하게 말하자면 철학자들이 사용하는 '단순하고' '원초적인' 개념들(질료 · 본질 · 질량 · 에너지 등)은 '오류' '개조' '수정' '분규'와 함께, 지식의 산물인 구체적인 일에 대한 무지에 근거한다.

대학철학이라는 전통에 맞서서 바슐라르는 개념을 초시간적인 본질이 아닌 역사적 도구로 다루기를 요구하며, 따라서 가장 기술적인 측면에서도 개념에 포함된 객관화 과정을 통해 조건지어진 일시적이고 상대적인 의미를 개념에 부여하고자 하였다. '방법이 존재를 정의'한다는 사실을 인정한다면,[13] 인식론적 다원론을 인정하여 가장 '원초적'이라 알려진 실존철학의 개념까지도 열린 것으로 받아들여야 한다는 것이다. 전자 · 핵 · 원자 · 분자 등과 같이 그 역사가 서로 다른 실체들에 관한 다양한 지식의 방편들에 주목하면서, 바슐라르는 실존철학을 겨냥하여 이렇게 말하였다. "내 생각에는 모든 것이 동일한 방식으로 사실적인 것은 아니다. 본질은 모든 면에서 동일한 일관성을 지니지는 않는다. 존재는 단조로운 기능이 아니다. 즉 존재는 사방에서 같은 식으로 입증되지는 않는다."[14] 실상과 가상

---

9) G. 바슐라르(G. Bachelard), 《합리적 유물론 Le Matérialisme rationnel》, Paris, PUF, 1953, p.20.

10) 같은 책, p.8.

11) G. 바슐라르, 《응용 합리주의 Le Rationalisme appliqué》, Paris, PUF, 1949, p.9.

12) G. 바슐라르, 《부정의 철학. 새로운 과학 정신의 철학 에세이 La Philosophie du non. Essai d'une philosophie du nouvel esprit scientifique》, Paris, PUF, 1940, p.8.

13) 같은 책, p.55.

의 철학적 대립은 추상을 구상으로 대체하고, 이해할 수 있는 수학적 관계의 이상주의를 감각적인 본질들의 사실주의로 대체하는 과학적 객관화의 과정을 나타내기에는 너무나 부족하다. 합리주의와 경험주의, 물질주의와 이상주의, 실재론(réalisme)과 유명론(nominalisme) 등 철학의 방향 설정에 반드시 필요하고, 또 명확한 길잡이가 되는 인식론적 쌍벽을 이루는 이들 전통적 이론들 중에서 어느 하나를 선택하기를 거부해야만 긴장과 운동 사이의 활발한 균형의 상태에 이를 수 있다. 인식 행위는 이론과 경험, 구축과 검증, 선험과 후험 사이에서 영원히 미완성인 변증법이다.[15]

그렇게 해서 아래의 몇몇 괄목할 만한 특성을 보여 주는 역사적 인식론에 관한 철학 과제가 탄생한다. 이는 '인식론적 방해물들'을 비판하며 객관적 지식의 '논쟁적' 구실을 역설하고, 역사성을 띠는 분석에 대한 우선권과 경험적 장치를 이론적 원칙에 연관시키는 내용('응용 합리주의')으로 구성된다. 이러한 인식론적 자세는 뉘앙스를 달리하며 여러 작가에게서 발견되는데, 특히 가스통 바슐라르는 (장 카바예스와 함께) 과학의 대상이 근본적으로 역사성을 갖고 있다고 주장하고 지적 전통의 혁명적 단절과 재구성의 '위대한 순간들'(레옹 브룅스비크)[16]을 선호하면서 일면 '불연속적인' 유형의 역사에 몰두하였다.

칸트주의를 자유롭게 해석하고 이용했던 지적 유산은, 뒤르켕[17] 이래로 선험에 대한 문제를 끊임없이 제기해 온 인간과학과 과학철학

---

14) 같은 책, p.54 '철학자들'(현재 철학적 합법성의 소유자들)에 대한 바슐라르의 전략적 원칙은 그들의 '개념'의 함축적이고 문화적인 차원을 탐색하면서 그들의 개념을 받아들이는 데에 있다.

15) "합리주의자의 선험적 추리를 살피고, 이 선험성에 후천성의 무게를 돌려 주어야 한다."《부정의 철학》, p.42. 바슐라르는 역설적이고 이단적인 표현을 사용하면서 적어도 전통적 용법에서 철학적 범주가 불충분함을 예언자처럼 보여 주었다.

16) H. 시나쇠르가 인용함, 그의 책 p.21.

에 의해 어느 정도 공유되었다. 즉 사회학은 과학적인 활동에 있어서 대상 구축의 중요성을 앞세웠을 뿐 아니라, 범주와 분류법을 통해서 현실의 사회적 구축을 경험적으로 분석하는 것을 내용으로 삼고 있었다. 뒤르켕으로부터 모스를 거쳐 레비 스트로스에 이르기까지, 본래부터 긍정적인 가르침은 신화와 제의라는 이색적 산물을 눈앞에 두고 지식의 가능 조건에 대한 의문을 제기했다. 그러나 철학에서 비롯된 지식에 대한 사회 이론은 동시대의 철학자들에게 잘 알려지지 않았고 민족학(ethnologie)[18]이라는 우회로를 통해서나 알려졌는데, 민족학은 대학에서 뒤르켕학파의 마지막 후계자들이 그 가치를 지키고 있었던 학문이며, 또한 품위를 위해 거리를 두었던 학문이기도 하다. 그 이유는 아마도 그들이 철학의 전통적인 대상들을 재고하는 인간과학에 대한 뒤르켕식의 과제를 거부하기 때문일 것이다.

간추려 보면 철학자들의 논증 장치는 일찌감치 자리를 잡았는데, 이때는 사회학이 대학에서 과학적 학문으로 형성된 시기였다. 오늘날보다 더 학문간의 교류가 활발하던 지적 상황에서, 또 상당수의 합리주의 철학자들이 뒤르켕처럼 철학 논문 작성의 지적 효능과 교수자격시험의 효율성을 의심하던 때에, 레옹 브룅스비크 · 쥘 라슐리에 · 프레데릭 로와 다수의 철학자들이 뒤르켕에게 여러 비평을 제기하긴 했으나 그의 철학적 소속을 의심하지는 않았다. 궁극적 문제는 사회 세계에 대한 과학이 가능한가였다. 엄격히 인식론적인 입장에서, 철학자들의 비평은 높은 수준의 수학화가 이루어진 물리학

---

17) 뒤르켕의 집단적 억압에 관해서는 P. 부르디외 · J. C. 파세롱(J.-C. Passeron), 〈Sociology and Philosophy in France since 1945: Death and Resurrection of a Philosophy without Subject〉, *Social Research*, vol. 34, n° 1. p.162-212 참조.

18) 민족을 발생적으로 또는 비교적 방법에 의하여 연구하는 방법. 여러 민족이 갖는 언어 · 종교 · 사회 제도 · 법제 · 예술 · 기술 등 생활 양상, 문화 전반에 걸쳐 그 특징적인 것을 적출하고, 인류 문화의 발생 · 전파 · 전개를 연구하는 토속학이다. [역주]

에 비해 직관에 파묻힌 사회학은 극복될 수 없을 정도로 뒤처져 있다는 것이었다. 사실상 대다수의 비평은 사회학 지식의 특이성에 관한 것이었다. 즉 철학자들은, 인간과학에 있어 패러다임의 역할을 하는 심리학처럼 개인의 의식을 문제삼지 않고 사회 현상을 다룰 수 있다는 사실을 이해하지 못했던 것 같다. 그들은 한편으로는 미래 지향적 시간과 자유를 향한 체험적 의미에, 또 다른 한편으로는 창조와 변화에 의미를 부여하려 하였다. 요컨대 이 철학자들에 의하면 사회학의 한계는 사회학의 도구가 지닌 조잡함에서 벗어나려는 월등한 대상들, 즉 영웅과 천재의 윤리라든가 고등 종교에 의해서 분명해 졌다. 이 새로운 학문은 물신, 위격(hypostase), '집합성,' '집단 의식'을 자유로운 개별성의 입장으로 대체하도록 했으며, 그 결과 브룅스비크에 의하면, 이 새로운 학문은 정치면에 있어서 보수 사상가들(보날드 같은)의 유기적 사회관(organicisme)을 참조하게 하였다. 이제까지 보았듯이 철학자들은 사회학을 거부했는데, 악의는 없었으나 반성, 결정론, 유물론, 기초적 통계 사실, '평균' 등에는 별 관심이 없었던 것이다.[19] 이 학문이 표방하는 사실의 영역은 초시간적 개념의 내적 분석으로 환원될 수 없음으로써 철학의 세력권에서 벗어난다는 것을, 그들은 다소 혼돈스러워하면서도 분명히 느끼고 있었다.

합리주의의 영역은 그 지적인 위세가 대단했음에도 불구하고 1950년대에는 다소 억눌려 있었다. 대학 저술 작업의 핵심은 철학사 아

---

19) 뒤르켕과 그에게 영향을 준 철학자들에 대해서는 L. 핀토(L. Pinto), 〈세부 사항과 뉘앙스.《형이상학과 윤리 연구지》(1893-1899)에 나온 철학자들이 본 뒤르켕의 사회학 'Le détail et la nuance. La sociologie durkheimienne vue par les philosophes' dans la *Revue de métaphysique et de morale*(1893-1899)〉, 《형이상학과 윤리 연구지 *Revue de métaphysique et de morale*》, 1-2, 1993과 〈의식과 사회. 쥘 라슐리에의 신과 뒤르켕의 사회학 Conscience et société. Le Dieu de Jules Lachelier et la sociologie durkheimienne〉, Revue *Corpus*, 24-25, 1994 참조.

니면 당시 유명했던 베르그송으로 대표되는 유심론(spiritualisme) 유파의 형이상학이 차지하고 있었다. 수십 년 동안 변화가 없어 보이던 대학철학의 영역에 큰 변화가 있었다면, 그것은 독일 철학의 도입이었다. 이 명칭하에 몇몇 공통점을 지닌 여러 작가가 모여 있었는데, 이들에게서는 '프랑스적 명료성'과 결별하는 기술적이고도 난해한 문체와, 학문적 합리주의의 기교를 넘어 '사물 자체'를 볼 수 있는 독창적인 구역으로 상승하려는 의도를 볼 수 있었다.[20]

제2차 세계대전 이후 헤겔·후설 등과, 범위를 좁혀서 니체·키에르케고르·하이데거 등의 이름이 장 왈과 같은 인물이 주도하는 대학 아방가르드의 활동에 힘입어 위세를 떨치게 되었다. 그리하여 학문적 합리주의나 프랑스식 형이상학과 구분되는 현상학적 실존주의의 분파가 형성되었다. 이 분파는 동질적인 것은 아니었으며, 독일 작가들의 역할도 다양했다. 그래서 헤겔은 그의 철학 논리인 변증법 때문에 기술적이고 난해하게 사용될 수도 있고, 또는 좀더 세속적으로 철학적 마르크시즘이 부추기고 지켰던 역사에 관한 논쟁의 기여도로 평가될 수도 있었다. 사실상 철학이 제기하는 난해한 문제들 중 하나는 '휴머니즘'의 문제(인간은 이론적이고 윤리적인 근거가 되는가? 어떤 면에서 인간이 역사 속에서 자신을 실현하는가?)였는데, 이는 기독교 철학자와 무신론 철학자 사이의 논쟁의 장이었다. 마찬가지로 후설도 철학을 '엄격한 과학'이라 생각하는 작가들, 형이상학자들, 그리고 개념과 도구들(초월적 환원, 지향성(志向性), 노에시스(noesis),[21] 노에마(noema)[22] 등)의 필수 불가결한 무기를 인용하는 실존

---

20) 1930년대에 들어온 '독일 철학'에 관해서는 L. 핀토, 《자라투스트라의 조카들. 프랑스에서의 니체 수용 Les Neveux de Zarathoustra. La réception de Nietzsche en France》, Paris, Seuil, 1995 참조.

21) 사유(思惟). 현상학적 용어로서 의식의 기능적 작용을 말하며 의식이 지향적 대상에 의미를 부여한다. 〔역주〕

주의 사상가들에 의해 동시에 다방면에서 언급되었다. 이 작가의 위력은 특히 젊은층의 철학자들에게서 나타났으며, 푸코·부르디외·데리다는 그의 영향하에 첫 발자국을 내디뎠다. 현상학과의 연관성은, 비록 추상적인 언어로 변모되긴 했지만 미셸 푸코의 저서 《말과 사물》에서 다루어졌다.[23] 현상학은 실증주의의 함정을 피하려 애쓰는 동시에, 인간과학에 대한 철학적 무지에 종지부를 찍겠다고 약속을 하였다. 현상학은 막연한 사변도, 심화된 과학도 아니면서 경험의 기초이며 경험을 존중하는 담론이 되기를 갈망하였다. 현상학은 궁극적으로 존재론적인 문제들을 속단하지 않고, 유연하고도 개방적인 방법론의 위상을 천명하는 듯했다. 푸코의 초기 저술에서 나타난 바와 같이, 바로 이 점이 현상학이 약속한 바를 믿었던 푸코와 같은 작가를 당황하게 만들었다. 현상학적 사고 방식이 위험스럽다는 것은 과학의 실증주의적 성향이 심해지는 것을 오로지 형식적으로 극복하겠다는 것이며, 즉 같은 것이 두 번 반복되는 '경험적 초월주의의 중복' 때문이다. 경험 안에 주어진 것은 동시에 간단하게 의미 부여라는 경험 외적 어조로 다시 서술되며, 그리하여 철학은 결국 경험적인 면(여기서 철학은 과학들보다 풍부하지 않다)과 초월적인 면(여기서 철학은 그것이 주장하는 것보다 덜 순수하다) 양쪽 모두에서 손해를 보게 된다.

1950년대말까지 실존주의는 현상학과 결합하여 거기서 몇몇 개념을 빌려 와서 사용하였으며, 철학 분야에서 지배적 위치를 점유하였다. '합리주의' 전통과는 반대로, 실존주의는 뒤르켕이 말하던 '변증법적' 기교에 대해 상당히 학구적인 문체로 근접하고 있었다.[24]

---

22) 사유된 것. 현상학적 용어로서 의식 내면에 있어서의 객관적 대상을 말한다. 〔역주〕

23) M. 푸코, 《말과 사물. 인문과학의 고고학 Les Mots et les Choses. Une arché-ologie des sciences humaines》, Paris, Gallimard, 1966년.

실존주의는 특히 사르트르식으로 '즉자' '대자' '존재' '불안' '죽음' '타자' 등의 개념만을 끊임없이 이어 나가는 것 외에는 다른 길을 찾지 못했기 때문에, 고등사범학교 출신의 젊은 학자들로부터 점점 호응을 잃고 있었다. 그러나 어떤 종류의 비난을 받았다 할지라도 실존주의를 단순한 수사학적 유희로 격하시키는 것은 당치도 않은 일이다. 실존주의에는 일반 대중이 쉽게 소화해 낸 선택·환경·참여 등 '실존적' 문제들 외에도, 특히 하이데거와 메를로 퐁티의 사상에서, '주체'와 '세계'와의 사이에서 갈등하던 유심론적 철학에 대한 여러 해석과 철학적 객관주의 사이의 갈등을 극복하려는 집요한 질문들이 있었다. 즉 철학적이든 과학적이든 이론 단계보다 앞서는 서술 단계에 위치함으로써, 지배적이었던 주지주의적 전제에서 생성된 '주체'의 물화와 '사물'의 물화 같은 철학적 물화(物化)를 근본적으로 차단하려는 작업들이 있었던 것이다. 순수한 경험의 세계, '삶의 세계'에 대한 반성 전(前)단계의 관계의 문제는, 예를 들어 모리스 메를로 퐁티(1908-1962)의 저작에서는 핵심적 중요성을 띠고 있었다. 그 시대의 여러 젊은 철학자들에게 중요한 좌표의 역할을 했던 메를로 퐁티는, 부르디외의 표현을 빌리자면 현대 프랑스 철학에서 독보적인 위치를 점유하고 있었다.[25] 메를로 퐁티의 의도는, 심리학과 생물학 같은 긍정적인 학문의 성과에 힘입어, 그렇다고 생명론에 빠지지는 않으면서 주지주의 철학과 자연주의 심리학(특히 행동

---

24) E. 뒤르켕(E. Durkheim), 《철학 교육과 철학 교수자격시험 *L'enseignement philosophique et l'agrégation de philosophie*》, E. 뒤르켕, 《글모음 *Textes*》, 제3권, Paris, Minuit, 1975, p.422.

25) P. 부르디외, 《말해진 것들》, p.15; 그리고 《미셸 푸코와 동시대 사람들 *Michel Foucault et ses contemporains*》에서 디디에 에리봉(Didier Eribon)에 의해 인용된 L. 알튀세(L. Althusser)와 M. 푸코, Paris, Fayard, 1994, p.106-107. 그러나 알튀세에 의하면 그 시절에는 '사르트르를 경멸하는 것이 유행이었던' 것 같다. (L. 알튀세, 《사실들 *Les faits*》, 《미래는 오래 간다 *L'avenir dure longtemps*》에서, Paris, Le Livre de poche, 1994, p.363)

주의 유파)의 대립된 두 갈래 길은 결국 막다른 골목에 부딪치게 됨을 보여 주는 데에 있었다. 즉 이 두 갈래의 길은 실제로 파생 의미만을 지닌 용어(정신, 육체)를 제시하는데, 왜냐하면 구성과 추상화 작업을 그 결과로 갖게 되기 때문이다. 또한 철학의 작업은 다소 문제성이 없으면 역설적이기도 한 서술, 즉 그 유래를 우선은 지각에서, 다음은 말과 예술에서 논리 정연하게 재구성하여 기술하는 것을 사명으로 삼고 있다. 그러나 메를로 퐁티가 누리던 위세가 어떠했든 지간에, 그가 한 작업과 같은 방식의 일은 전통적 철학 방식의 한계를 강조할 뿐이었다. 그에 의하면 철학 담론의 수수께끼를 극복하는 데 적합한 수단을 제공하는 지각(perception)은 연구의 구체적 계획을 제시하기에는 미약한 수사학적 한 방편일 뿐이다. 결국 그에게 적용되었던 '구체성'이라는 주장은 고려된 경험들의 우연적이고 반역사적인 특성 때문에 냉혹하게 부인되었다.[26]

프랑스 철학의 양극을 대조해 본 이 시점에서, 이 둘 사이에 교류와 차용이 있었다는 사실을 부인할 수는 없다. 부정적인 이유에 지나지 않는다 할지라도 몇몇 논점들은 근접한 입장을 보였으며, 이 중 세 가지 논점은 짚고 넘어가야 할 필요가 있다. 우선 초월적인 이상주의의 유산은 실증주의의 갖가지 유혹을 물리치고, 의미를 부여하는 구성 형태로서의 선험(a priori)(혹은 그 동의어로 규범·가치·의미가 있다)이라는 개념의 가치를 인정하는 식으로 파악될 수 있다.[27] 그래서 에른스트 카시러의 저술들이 여기저기서[28] 긍정적으로 읽혔

---

26) 현상학은 "사회 세계의 '산' 경험을 특징짓는 자명하고 명백한 대상으로 이 세계를 이해하여 묘사하는 것보다 더 나아갈 수 없다." P. 부르디외,《실천 감각》, Paris, Minuit, 1980, p.44. 이 관점에서 보면 메를로 퐁티의 이론적 틀을 부르디외 분석의 대안으로 내놓는 것은 설득력이 없어 보인다. J. M. 오스트로우(J. M. Ostrow),《사회적 감수성. 습관과 경험에 대한 연구 Social Sensitivity. A Study of 'Habit and Experience》, New York, State University of New York Press, 1990년 참조.

는데, 그 이유는 분명 그의 저술에서 문화의 역사적 분석과 마찬가지로 도식(schème)의 여러 체계가 갖는 구조적 성격에 근거한 인류학 역시 가능하다는 것을 느꼈기 때문이다. 독일 신칸트학파 철학자이며 다수의 저서, 특히《상징 형식의 철학》의 저자인 카시러(1874-1945)는 과학사가들이 그들의 영역에 적용했던 조사 연구의 유형을 새로운 분야로 확장시키는 독창적인 길을 보여 주었다. 칸트주의를 보존하고 전복시키는 '상징적 형상'이라는 개념은, 선험에 대해 상당한 일반론을 제시하면서 동시에 그 선험을 역사적 대상으로 취급할 수 있게 했다. 칸트주의의 유산을 매개로 한 이 시도는 범주의 역사화라는 뒤르켕의 연구의 한 부분을 활용한 것이었다. 이런 사소하지만 무시할 수 없는 차이는 신의 철학적 내재성과 지식사회학의 거부라는 편견에 기인한다.

철학의 양극 사이의 또 다른 일치점은 실천의 우위를 들 수 있으며——이를 카바예스는 제스처라 부르고, 바슐라르는 인식론적 행위 현상학자들은 행위·품행·태도라 부르는 등 여러 이름으로 불렀다——또 그후에 부르디외가 사용한 용어를 빌리자면 '표면적 가치'에 대한 명제의 내용에 비해 아주 다르거나 반대되는('개념' 철학/'주체' 철학) 용어를 사용하는 것이었다. 분석은 드러나 있는 주제들을 넘어서서, 주제의 명료성의 조건인 '구성' 원칙이나 생산 법칙을 향해 나아가야 한다.

---

27) 조르주 캉길렘의 미출간 저서인《방법론 수업 Leçons sur la méthode》을 참조한 것은 흥미롭다. 이 글은 P. 부르디외가 그의 저서《사회학자의 역할 Le Métier de sociologue》(J.-C. 샹보르동·J.-C. 파세롱과 공저, Paris-La Haye, Mouton, 1968, p.336-339)에서 인용하였던 만큼, 부르디외는 이 글을 잘 알고 있었다. 1930년대부터 1970년대까지 우세하던 신실증주의에 있어서의 집단적 연관성을 잘 보여 준다.

28) 1930년부터 1950년대까지 카시러는 언어학자·심리학자·철학자 등 여러 분야의 프랑스 독자와 청중들을 갖고 있었다. 그러나 그의 저서가 의미 있게 번역되기 시작한 것은 1960년대 이후부터이다. 주요한 글들이 피에르 부르디외가 주도하여 미뉘 출판사에서 출판하던《Le Sens Commun》총서에 수록되었다.

결론적으로 바슐라르와 메를로 퐁티처럼 서로 다른 생각을 갖고 있었다 할지라도, 철학자들은 어느 부분까지는 오늘날 '전체론적(holistique)'이라 불릴 수 있는 논증 형태를 공유했다는 사실을 알 수 있다. 즉 철학자들은 의미를 원자화시키는 경향이 있는 경험주의에 맞서서 개념들이 다소 좁은 망을 형성하고, 명제들은 하나하나 동떨어져 이해되거나 시험되는 것이 아니라, 이 명제들이 감싸고 있는 이론 체계를 통해서 총체적으로 이해된다는 것을 알게 되었다. 철학자의 역할은 의미의 질서가 갖는 일관성을 포착하게 하는 문법들, 논리들, 사고와 행동의 문체들을 재구성하는 데에 있다.

그러므로 조르주 캉길렘(1904-1995)에게서 볼 수 있는 바와 같이, 어떤 저작물들이 이중으로 영향을 받은 흔적을 가지고 있다는 것은 놀라운 일이 아니다. 캉길렘은 1950-60년대 프랑스 철학계의 중심 인물로 꼽힐 수 있다.[29] 그는 인식론의 대가였으며, 좁은 전문 지식에 틀어박히지 않았고, 교육과 학교 제도의 여러 책임을 맡는 등 여러 특성을 겸비한 인물이었다. 철학계 내에서 바슐라르나 코이레처럼 소외되지 않고, 대학의 여러 학위로 빛나던(고등사범, 교수자격시험, 박사학위) 캉길렘은 심각한 문제들에 대한 철학적 성찰과 생물학과 같은 긍정적 지식에 대한 친숙함을 조화시켜 여러 세대의 학생들에게 실천적 지성의 본보기가 되었다. 그는 먼저 의사가 되는 교육을 받은 후에 철학으로 전향하였다. 그때까지 주로 물리학 분야에서 다른 학자들이 내놓은 구성주의적[30] 인식론의 원칙을 기본적으로 탄탄

---

29) 이러한 캉길렘의 영향은 대학교수가 된 수많은 그의 제자들이 펴낸 논문집과 저서들을 통해 확인되었다. 부르디외의 글은 고인이 된 그의 스승의 언행을 통하여, 친근감을 상기시키는 지적 입장을 회고하고 있다.(P.부르디외, 〈그는 결코 철학자연하지 않았다 Il ne faisait jamais le philosophe〉, 《레쟁로큅디블르 Les Inrockuptibles》, 1995년 9월 25, 27일-10월 3일 p.12)

30) 예를 들면 G. 캉길렘, 《17-18세기의 반성이라는 개념의 형성 La Formation du concept de réflexe aux XVIIe et XVIIIe siècles》, Paris, PUF, 1955.

히 다짐으로써, 그가 전공한 과학의 역사는 생물의 특성에 관한 고찰이라는 부가적 영역을 첨가하는 것을 목표로 삼고 있었다. 그는 나름대로 '삶의 세계(Lebenswelt)'라는 후설식의 현상학이 명시하고자 했던 사고되지 않은 바를 사고한다는 이론적 요구에 이르고 있었다. 캉길렘에 따르자면, 제대로 교육된 철학자라면 규범이나 규범성의 원조인 동시에 실수를 만들어 내는 원천이기도 한 고려 대상이 학자나 철학자가 던지는 질문을 가능하게 하는 특징을 갖고 있다는 사실을 모를 수는 없다는 것이다. 모든 일은 마치 '삶에 대한 지식'이 동시에 객관적이고(대상과 같은 삶) 주관적인(지식의 원칙이자 조건인 삶) 의미를 지녀야 하는 것처럼 진행된다. 실상 삶에 대한 지식은 지식 자체가 삶에 관련하여 갖는 의미에 관한 질문을 내포한다. 즉 "지식과 인간의 삶에 대한 연관성을 통하여, 지식과 생명체에 대한 보편적 연관성이 드러난다."[31] 삶은 지식이 지식 자체에 관하여 질문하기를 명하는 지식의 그 '대상'이다. 다시 말해 지식은 요약된 객관주의를 금한다. 철저한 합리주의자였던 캉길렘은 베르그송식의 '모호한 신비주의'를 고발하여 수학과 수학적 물리학의 사례들이 지배한 전통적인 철학의 '투명한 주지주의'에 빠지고 싶지 않았다. 이런 식의 택일적 선택 유형에 맞서 권장된 '합리적 합리주의'는 '자신의 한계를 인식하고 훈련의 조건을 통합할 줄 아는' 것이다.[32] 그의 표현대로 "생물에 대한 사고는 생물로부터 생물의 개념을 얻어야 한다"라는 말이 사실이라면, 캉길렘에게 있어서 의미와 전체라는 개념은 근본적인 개념이 되는 셈인데, 이 두 개념은 메를로 퐁티가 선호하던 쿠르트 골드슈타인에게서 빌려 온 개념이다. 생물에 대한 '지식'[33]에 있어서의 명료성의 틀은, 유기체가 그의 주위 환경과 맺는 총체적

---

31) G. 캉길렘, 《생명에 대한 지식 La Connaissance de la vie》, Paris, Vrin, 1965(초판, 1952), p.11.

32) 같은 책, p.12-13.

관계인 '토론'을 통하여 얻어진다. 이는 '생명의 독창성'을 무시하고 운동성·지각·습관과 같은 추상성에 맞추어 일하는 대신에, 과학은 객관적이라는 잘못 이해된 요구하에 실제 행동이 기록되는 의미적 합체를 축소시키는 것이 아니라 반대로 이를 확대시키는 데에 힘을 기울여야 한다는 것을 의미한다.

이상이 대강 살펴본 1950년대의 철학적 가능성의 공간이다. 그 시대에 뒤르켕과 일군의 학자들은 대학식 철학사가 지나치다고 고발했고, 갓 입문한 철학자들은 이러한 대학식 철학사의 거부가 필요하다고 여겼다. 일시적인 제도적 권위하에 당시 압도적이던 대학식 철학사는 진정한 이론적 역할이 결핍되어 있었고, 이를 따른다는 것은 그들에겐 순전히 고행처럼 여겨졌기 때문이었다. 따라서 학구적 정통파에 대한 이들의 반기는 여러 측면에서 격려를 받았다. 특히 과학사나 인식론, 혹은 인간과학의 영역에서 혁신적이었던 여러 연구가들(에밀 벤베니스트·조르주 뒤메질·클로드 레비 스트로스 등)로부터, 또한 개방적이고 호기심이 많은, 자유로운 정신의 소유자인 메를로 퐁티 같은 철학자로부터 많은 격려를 받았다. 메를로 퐁티는 여러 한계에도 불구하고 현상학의 영향을 받은 철학 과제에 최신 과학 정보를 포함시키려는 노력을 구현하는 철학자였다. 지적 개혁은 과학적 자본과 함께 이루어질 수밖에 없었는데, 우선 프랑스에서 과학사의 전통에 힘입어 형성된 유파와, 한편으론 부르디외가 선호하던 비트겐슈타인이 알려지기 시작하면서 차츰 앵글로 색슨계의[34] 분석철학이라는 형태로 나타난 유파가 있었다. 이러한 개혁은 철학의

---

33) 이 용어는 학문·연구·분석 등의 동의어보다 폭이 더 넓은 의미를 지닌다.
34) 메를로 퐁티 같은 프랑스 철학자들과 '영미학파의 대표들'이 로와요몽에 모여 회의를 했다. (《분석철학 La Philosophie analytique》, Cahiers de Royaumont, Paris, Minuit, 1962년 참조.)

영역과 문학의 영역과의 접선 지대에서 활발한 교류가 일어나면서 이루어졌다. 《비평》 같은 잡지는 한편으론 알렉상드르 코이레와 에릭 베유 같은 작가들과, 다른 한편으론 조르주 바타유 같은 작가로 대표되는 양 갈래 노선을 잘 대변하고 있었다. 일반적으로는 대학가의 상황이 학문적 모델들을 문제삼기에 적합했었다. 늘어나는 대중을 수용하기 위한 교수직의 창설, 인간과학 영역의 학과목에 대한 교육 증대, 변화에 대처하는 연구 기관(L'Ecole Pratique des Hautes Etudes의 제6부)과 소외된 고증학 연구의 강화 등이 새로운 지성의 출범을 위해 준비된 상황들이었다. 덧붙일 말은 대학으로부터 제도적으로 인정받지 못한 채, 이 세대의 많은 사람들이 열세에 몰려 추방당하다시피 했다는 사실이다. 68 학생 운동 이전에 소르본대학에서 강의하는 학자는 극소수였다. 미셸 푸코도 여러 해 동안 외국과 지방을 전전했고, 뱅센대학이라는 실험대학에서 가르친 후에야 콜레주 드 프랑스에서 강의할 수 있었다.[35]

철학과 인간과학

1960년대 초반에 여러 예비 철학도들이 보인 학문적 경로의 차이들은 철학의 장(champ philosophique)의 구조를 살펴보면 알 수 있다. 철학 영역이 두 축을 중심으로 조직되었다는 것을 다른 글[36]에서 이미 언급한 바 있다. 첫번째 축은 대학 교육을 담당하는 전문가들로 구성된 이 방면에 조예가 깊은 유파와, 주로 대학 입시생이나 문외

---

35) 디디에 에리봉은 《미셸 푸코 *Michel Foucault*》(Paris, Flammarion, 1989) 회고록에서 푸코의 대학교수 시절에 대해 심도 있게 다루었다.

36) L. 핀토, 《고등학교와 아방가르드 사이의 철학자들 *Les Philosophes entre le lycée et l'avant-garde*》, Paris, L'Harmattan, 1987, p.63 이하 참조.

한들을 상대하는 비전문가들로 구성된 세속적인 유파로 형성된다. 두번째 축은 순전히 저작물이나 작가를 재생산해 내는 유파와, 개혁에 잘 대처하는 생산적 유파로 나뉜다. 교수자격시험을 통과한 철학자들은 오랫동안 재생산의 유파가 지배하는, 즉 고등학교 교육이나 고등사범 문과를 준비하는 수험생 교육, 혹은 대학의 철학사 교육이 지배하는 풍토에 갇힌 운명이었다. 철학적 가능성의 공간은 1960년대에 대학 체계가 바뀜으로써 변화하였다. 교수의 직위가 다양하게 만들어졌고, 선발 방식도 다양해졌으며, 대학교수직에 임명되는 것이 예전보다 '계승 순위'에 훨씬 덜 얽매이게 된 것이다. 그전까지는 이 계승 순서를 통해 직책을 얻은 사람이나 계승 후보자들만이 신분을 보장받고 있었다.[37] 달리 말하자면 이러한 상황은 철학자가 되는 다른 방식, 독창적 창작에 훨씬 더 유리한 철학자 양성 방식들을 부추겼고, 적어도 외부의 시각에서는 '대학식'이 아닌 방식을 가능케 했다. 제도적 정통성과 결별하는 양상은 무엇보다도 축적된 자산의 특성과 그 구성에 의해 결정되었는데, 이는 과학 문화와 인문학의 상대적 무게가 결정적인 역할을 함으로써 가능해졌다. 개혁은 여러 다른 의미를 띤다. 즉 제도적 철학은 경우에 따라 실증적 지식들과 대면하여 혹독한 시험을 받기도 하였고, 철학하기의 이단적 방법인 철학사의 전복이 시도되기도 하였다. 끝으로 과학적 유형의 자산을 소유한 학자들 가운데에는 적응 단계에 따라 철학 세계로의 개종, 또는 결별 정도에 따라 어떤 차이들이 나타났다. 푸코 식으로 지식의 역사를 논하는 것은 민족학에 몸을 바치는 것과 같은 결과를 가져오지는 않는다.

철학적 가능성들이 열림에 따라 새로운 분위기가 형성되었다. 많은 사람들이 사양길에 접어든 실존주의에 관련된 아마추어주의나

---

37) P. 부르디외,《호모 아카데미쿠스》, Paris, Minuit, 1980, p.171 이하 참조.

쓸데없는 말장난과 결별할 필요를 느꼈고, 과학은 경솔하게 거리를 두고 취급되어서는 안 되며, 또 단순한 도구로 처리되어서도 안 된다는 것을 이해하게 되었다. 구조주의와 인식론은 같은 거부에서 나왔으므로 병행하여 함께 유행의 물결을 탔다. 그러나 철학의 전통이 니체 이후의 철학, 과학의 역사, 인간과학과 문학이 지닌 상이한 가능성들을 조합한다는 관점에서 볼 때 철학의 전통과 결별한다는 것은 다소 애매한 점이 있다. 그리하여 일부 작가들은 '실증주의'라고 의심받는 지적인 전형을 거부함으로써 대학 제도가 허용하는 범위 내에 안주하면서 정통성과 맞설 의도를 갖고 있었다. 즉 그들은 문제들과 문체, '인식론적 결별'이라는 박학다식에서 오는 특권과 전통을 완전히 '위반'한다는 심미적 대담성들을 주제 안에 혼합하는 독창적인 아방가르드의 형태로 높은 철학적 수준의 감각을 보존하였다. 이 지적 타협은 다음의 상징적인 작가들의 명단을 통해 잘 드러난다. 아르토 · 바슐라르 · 바타유 · 블랑쇼 · 브로델 · 캉길렘 · 뒤메질 · 프로이트 · 라캉 · 레비 스트로스 · 말라르메 · 마르크스 · 니체 · 사드 · 소쉬르 등. 예를 들어 루이 알튀세의 연구는 바슐라르식 술어들을 활용하여 마르크시즘에 인식론적 기품을 더하여 주었는데, 이는 인간과학을 높은 곳에서 내려다본 철학적 시선을 재고할 필요가 없었기 때문이다. 그리고 미셸 푸코가 철학 영역의 새로운 상황에서 지배적인 위치를 차지했다고 말할 수 있다면, 이는 분명 그의 연구가 다방면의 문화계로부터 동시에 호평을 받았고, 고유한 전문 분야에서 가장 개혁적 입장을 대표하는 학자들의 인정을 받았기 때문일 것이다.[38]

지각(perception)이라는 고유의 범주에 부응하여 '구조주의'라는 팻

---

38) 모리스 블랑쇼 · 조르주 캉길렘 · 조르주 뒤메질과 같은 여러 이름을 인용할 수 있다.

말 아래 놓여 있던 철학 장의 상황은, 젊은 철학자들의 재전환이나 적어도 이론적 작업의 재정의에 상응하여 전개되었다. 마치 이 학문이 과학의 장을 고려하여 만들어진 것처럼 모든 일이 진행되었다. 각 개인들은 긴장감에 노출되어 있었고, 긴장감은 그들의 선택이나 주저함에서 그대로 드러났다. 어떻게 해야 철학적 소속, 과학성, 문학적 아방가르드주의의 다양한 요구들을 제대로 조화시킬 수 있단 말인가? 철학자들은 표면적으로는 어느 정도 대학식 정통주의에서 해방되었으나 그들이 차지하고 있던 지배적 입지로 인한 의무의 짐을 지고 있었다. 그들에게 가해진 제재를 이해하려면 미묘한 대립 질서에 대해 언급해야 할 것이다. 즉 고상한 대상과 하찮은 대상, 외견상 형식화된 학문과 외견상 '경험주의적인' 학문, '인류학'으로 격상된 민족학과 멸시받던 학문인 사회학,[39] 즉 몇몇 예외를 제하면[40] 탁월한 지성과는 견줄 수 없으며 상대적으로 보잘것없는 대학교수들에 의해 대표되던 사회학이 대립했던 미묘한 계급 질서에 대해 언급해야 하는 것이다.

지적 선택의 상징적 경제성이 어떠하였든간에, 여러 연구 활동들이 동일한 가능성의 공간 안에서 형성되었기 때문에 어느 정도까지는 그 기원과 내용을 비교해 볼 수 있다. 그래서 미셸 푸코의 '역사철학적인' 방법론과 피에르 부르디외의 문화사회학은, 에른스트 카시러가 제시한 '상징적 형식'들의 사회 역사를 실천하는 두 가지 방식으로 간주될 수 있다. 간단히 말해서 철학과 인문과학이 그 내부

---

39) 《말해진 것들》에서 부르디외는 철학 지망생들의 태도를 다음과 같이 언급했다. "사회학에 대한 우리의 불신은 가중되었는데, 왜냐하면 사회학자가 철학 교수자격 시험을 심사하고 플라톤이나 루소에 대해 형편없는 강의를 했기 때문이다. (…) 그 당시에는 이론적이거나 경험적 발상이 모자라는 초라한 경험적 사회학만 존재할 뿐이었다."(p.15)

40) 레이몽 아롱을 예로 들 수 있다. 그러나 그는 사회학 분야에 대해 전문적 이론을 지닌 사람이라기보다는 교수·에세이스트 또는 시사해설가로 더 잘 알려졌다.

에 자리잡은 상대적 무게로 인하여, 이 두 학자의 사고 방식은 신 칸트주의의 흐름을 철저하게 제시한다는 공통점이 있다. 순수하게 철학적인 관점에서 본다면, 모든 창설주의적(fondationniste) 시도에 대해서도 확실한 결별이 이루어졌다. 즉 철학에 관한 문제들은 긍정적인 탐구라는 관점으로 옮겨졌다. 그리고 탐구라는 측면에서 볼 때에도 중요한 것과 무의미한 것, 합법과 불법의 경계를 뒤흔드는 연구 대상의 다양화가 이루어졌다.[41] 오해의 근원이 되는 이 다양화는 그 사회학자의 입장에 내재된 것이고, 철학자 푸코가 외부의 몰이해와 멸시를 무릅쓰고 얻어낸 바로 그것이다.[42]

상징적 형식(예술·종교 등)에 대한 사회학은 사회학의 야심적인 이론을 지성의 영역에 심어 놓는 중요한 역할을 했다. 이 분야의 사회학이 일부 소외된 인사들(뤼시앵 골드만)로 대표되는 사회학적 경향의 비판철학과 결별했듯이, 근대화와 적응주의라는 목표를 지닌 인식론적 경험주의와 마르크시즘적인 진보주의[43] 사이의 타협에 근거한 1950년대의 지배적 패러다임과도 결별하였다. 부르디외는 철학 교육을 받았고, 과학의 역사(가스통 바슐라르·조르주 캉길렘)와 후설과 모리스 메를로 퐁티의 현상학이라는 이중적 유산을 물려받았으며, 클로드 레비 스트로스가 제시한 탁월한 모델에 매료되어 있

---

41) 철학의 장과 연결된 미셸 푸코의 이론 프로젝트에 관해서는《고등학교와 아방가르드 사이의 철학자들》에서 분석하였다.

42) '해체(déconstruction)' 작업은 이 용어가 생기기 전에도 푸코(칸트에 대한 그의 미출간 연구에서 인류학에 대해)나 부르디외(칸트의 미학이나 데리다의 '해체'에 대해)에 의해 활용되었음을 보여 주면서 이러한 비교를 해볼 수 있을 것이다.

43) 이 시기의 사회학에 대해서는《프랑스 사회학지 Revue française de sociologie》(1991년 7-9월, XXXII-3)에 실린 장 미셸 샤플리(Jean-Michel Chapoulie)의 논문〈프랑스 사회학의 두번째 설립 La seconde fondation de la sociologie française〉과 요한 엘브롱(Johan Heilbron)의 논문〈마지못해 된 개척자들? 사회학 연구센터에서의 초기 연구(1946-1960) Pionniers par défaut? Les débuts de la recherche au Centre d'études sociologiques(1946-1960)〉를 들 수 있는데, 이들은 상반된 견해를 갖고 있다. 이 시대의 쟁점은 뒤르켐학파와의 연관성이었다.

었지만, 1950-60년대의 대학사회학의 영역에서는 자리를 찾을 수 없었다. 그 당시의 대학사회학은 창안자들의 주석에 전념하는 교수들이 지배하던 학교라는 축과 상대적으로 명성도 타당성도 부족했지만 응용 조사 연구에 관심을 가진 독창적인 사람들로 구성되어 경험적 연구를 주로 삼는 또 다른 축이 대립하는 양상을 보이고 있었다. 철학을 모태로 삼은 그에게 민족학은 합리적인 전환의 장을 열어 주었고, 그 구조적 위치로 말미암아 철학과 사회학 사이에서 매개적 장소로의 기능을 할 수 있었다.

끝으로 지식에 대한 비평적이고 성찰적인 관계라는 또 다른 중요한 관점에서 부르디외와 푸코를 비교할 수 있다. 이 두 학자가 공통적으로 거부하는 것이 있다면 그것은 만인이 인정하는 권위를 지닌 학자의 위상이다. 두 학자는 합리성의 진보는 이성의 횡포에 대한 다소간 부드러운 형식 분석과 불가분의 관계에 있다는 생각을 어느 정도 공유하는데(푸코에 의하면 "이성은 동시에 횡포이며 빛이다"),[44] 부르디외는 푸코와는 달리 이성은 사회학의 엄격한 이론과 양립할 수 있다고 믿는다.

남다른 학문의 길

그러므로 철학에서 사회학으로 전향한 피에르 부르디외가 걸어온 학문의 길을 자리매김하려면, 현대 철학이 걸어온 길을 살펴보아야 한다. 1930년 베아른 지방의 한 마을에서 태어난 그는 루이 르 그랑 고등학교를 거쳐 윌름 가의 파리고등사범학교를 다니기 전에는 지방에서 학교를 다녔었다. 1955년 철학 교수자격시험을 통과하고, 1년

---

44) M.푸코, 《삶: 경험과 과학》. 언급된 논문, p.7. 참조.

동안 지방의 고등학교에서 교사 생활을 하였다. 그의 초기 야심은 박사 논문을 끝까지 마치는 것이었다. 그러나 그는 그 일을 그만두고 민족학과 사회학의 현지 조사 연구에 몰두했다. 군 복무와 알제리대학에서의 강의(1958-1960)는 철학과는 또 다른 연구 대상과 관점들을 발굴하는 기회가 되었다. 즉 알제리의 카빌리아 지방의 전통 사회와 경제적 · 정치적 변화가 이런 유형의 사회에 일으키는 효과에 대한 연구가 그것이다. 그의 초기 저작물들은 이 방면에 관한 것으로 다음과 같다. 《알제리의 사회학》(PUF출판사, '크세주' 총서, 1958), 《알제리의 노동과 노동자들》(A. 다르벨 · J.-P. 리베 · C. 세벨과 공저, 파리-헤이그, 무통 출판사, 1963), 《이향. 알제리의 전통 농업의 위기》(A. 사야드와 공저, 파리, 미뉘 출판사, 1964).

부르디외의 학문적 특성에 다소간 동조하던, 그와 같은 학력을 지닌 당시의 학자들이 이루어 낸 공손한 전복과는 달리 피에르 부르디외의 시도는 철학적 위엄에 대항하는 것이었다. 철학적으로 우세한 위치에 있던 저자들이 철학의 경전이라 할 수 있는 저서들에 관해 다른 읽을거리를 제시하거나 단순히 조금 색다른 관점을 보이고 있을 때, 부르디외의 시도는 '현장'과의 대면을 내세울 뿐 아니라 이론서가 인정받기 위해서 필요로 했던 극복이라는 철학적 담론을 **아예** 제쳐 버렸다. 카빌리아의 농민들이나 알제리의 하급 프롤레타리아처럼, 그가 처음 연구한 '토착민들'은 생소한 인류학에 관심이 없는 학자들의 눈에는 보잘것없이 여겨졌다. 대상들이 하찮아서 대상에 접근하는 방식조차 없었으며, 민족학자들이 철학애호가들을 매료시킬 가능성은 전혀 없었기 때문이다.[45] 마찬가지로 취향의 판단이

---

45) 철학자들에게 있어서 민족학은 일상 세계의 진부함을 논하는 사회학에 비해 이점을 갖고 있다. 민족학자 중에서 철학자들의 호감을 산 학자들의 명단을 만들어 보는 것도 유익할 것 같다. 왜냐하면 이들이 인류에 대한 거대한 성찰을 야기하든지 또는 단순히 다른 세상이 갖는 여러 특권을 내세우기 때문이다.

라는 예민한 분야에 관하여 후에《예술 사랑》[46]에서 보여 준 것과 같은 전통적 글쓰기와의 단절은 탐미주의적 급진주의에나 어울릴 법한 합법적 위반과는 아무런 상관이 없었다. 유산의 누적은 지적 개혁에 기여했다 하더라도, 독창적이고 두드러진 선택에 따라서만 담론을 해석해 왔던 독자들에게는 오해를 줄 뿐이었다. 학문적 분류학상으로 부르디외의 위치는 불안정했고, 그가 맹렬히 부인했던 객관주의와 주관주의 같은 이분법적 대립으로 분류될 운명에 놓이게 되었다. '구조주의'의 객관적 지향성이 지배하던 1960년대는 현실 묘사는 '감추어지고' '무의식적인' 구조를 밝혀야 한다는 사실이 분명해진 시점으로, 그와 동료들의 '이론' 문화에 대해 행위자의 경험에 대한 되풀이되는 호기심이 '인본주의'의 향수에서 나온 것이라고 의심받을 수도 있었다. 왜냐하면 전통적으로 철학자의 위상을 정의하던 상식적 견해를 거부함으로써, 인간과학의 영화(榮華)가 만들어 낸 새로운 경향에 유리하게 표현될 수 있기 때문이다. 두드러진 위치에 있는 어떤 사상가가 엄중하고도 차분한 언어로 사회와 역사 세계에 대한 진실을 말하고, 추상적 개념('구조와 역사' '생산 방식'의 '심급 (instances)'[47] 등)에 대해 논하기를 격려한 '구조주의'의 철학적 정당화의 한 가지 조건은 철학과 인간과학 간의 적절한 영역 분계의 조건이기도 한데, 원칙적으로 객관적 인류학이 철학자들에게 고유한 사회 세계라는 당연한 견해에 잘못 적응함으로써 가까운 대상들을 다루지 않고, 상대적 비현실성을 즐거움의 원천으로 받아들이기 때문이다.[48] '이론적' 논쟁에 참가한 사람들은 피에르 부르디외의 글에

---

46) P. 부르디외(A. Darbel, D. Schnapper 공저)《예술 사랑. 유럽의 미술관들과 그 관중 *L'Amour de l'art. Les musées d'art européens et leur public*》, Paris, Minuit, 1966.

47) 심급이란 정신분석에서 심리 조직의 다양한 계층(자아 · 초자아 · 무의식)을 지칭한다. 〔역주〕

서 원하던 대답을 발견하기가 어려웠던 것으로 보인다. 즉 그들은 사소하고 친근한 세계에 관한 경험적 작업을 통해 이론화하는 길을 찾아야 했다. 이는 학교 제도 내에서는 호응받지 못하는, 실제(현실주의적으로) '이론'을 사용하는 능력이 요구되는 일이며, 고상한 주제와는 사회적으로 결별하고 철학적 도구들과 일상적 분야를 관련짓는 것이다.(칸트의 미학/사회 계층, 사진)

지금까지 말한 것은 피에르 부르디외가 학문의 장에 발을 들여놓게 되었던 조건들이며, 거기서 유래한 지성 세계와의 관계들이다. 사회학자로서, 그리고 지식인으로서 그의 작업이 갖는 중요성들을 제대로 파악하기 위해서는 이러한 면들을 살펴보는 일이 반드시 필요하다. 그의 학문적 여정을 사회학적으로 분석하기 위해서는 이 짧은 관찰들을 계속해야 할 것이다. 그러나 그것이 내가 여기서 다루고자 하는 바는 아니다. 전부냐 아니냐의 택일적 선택을 하지 않고, 다만 다음 장들을 이해하는 데 필요한 간략한 전기적 정보를 전달하는 것에 그칠 것이다.

알제리 전쟁 말기에, 부르디외는 대학식 규율이라는 각도에서 보면 눈에 띄는 존재였다. 1961년 릴대학에 임명된 이 젊은 철학자는 어렴풋이 운명지어진, 자신의 미래를 다소 위태롭게 할 사회과학 연구 쪽으로 방향을 돌렸다.[49] 그가 선택한 첫 분야는 문화 실천과 학교

---

48) 구조주의 언어학이 프랑스에서 지적 열광을 불러일으켰다면, 이는 구조주의 언어학의 기반이 되는 방법론적 자율성이 언어의 사회적 용도에 대한 문제를 다루지 못하게 만들었기 때문이다. 그래서 소쉬르는 사회과학들의 내부에서의 사회학에 대한 저항을 상징하는 '트로이의 목마' 역할을 한 셈이었다. (P. 부르디외, 《말하기의 의미 Ce que parler veut dire》, Paris, Fayard, 1982, p.8 이하)

49) "나는 '정서 생활의 현상학'에 대한 연구를 착수했다. (⋯) 나는 스스로 철학자라고 믿으며 시간이 흐른 뒤에야 민족학자가 되었다고 스스로 받아들였다." P.부르디외, 《Fieldwork in Philosophy》, A. Honneth, H. Kocyba, B. Schwibs와의 대담. 1985, 우선 독일어로 출간되었고, 이후 《말해진 것들》에 실림, p.16-17.

에서의 성공이었다. 그 결과 일련의 논문과 저서들이 나왔다.(《상속자들. 학생과 문화》, 장 클로드 파세롱 공저. 파리, 미뉘 출판사, 1964;《대중 예술. 사진의 사회적 용도에 대한 에세이》, L. 볼탄스키 · R. 카스텔 · J.-C. 샹보르동과 공저. 파리, 미뉘 출판사, 1965;《예술 사랑. 유럽의 미술관들과 그 관중》, A. 다르벨 · D. 슈나퍼와 공저, 파리, 미뉘 출판사,1966) 사회학의 방식에 관한 고찰은 《사회학자의 역할》에 소개되었다.(J.-C. 샹보르동 · J.-C. 파세롱과 공저, 파리-헤이그, 무통 출판사, 1968)

이때부터 그의 대학교수로의 삶은 학구적으로는 소외되었으나(대학이나 국립과학연구센터(CNRS)에 비하여) 지적으로는 신망이 있는 기관들에서 펼쳐지게 되었다. 후에 인정받았다 해도 그 인정은 결정, 선택, 승진을 좌우하는 대학 조직의 결정 기관(CNRS, 대학들의 국립심의회)에 대한 제한된 영향력과 그의 학문적 독창성 사이의 대비를 감출 수는 없었다. 1964년 부르디외는 고등교육원(Ecole Pratique des Hautes Etudes, 1977년 이후 사회과학대학원)에서 당시 레이몽 아롱이 이끌던 유럽사회학센터의 연구소장이 된다. 많은 연구원들과 학생들이 그의 세미나에 참여하였다. 여러 인물들이 참여한 대단위 앙케트들이 이루어졌다.[50] 부르디외의 가설에 영향을 받은 저작물들이 많이 출판되었으며, 기존 사회학 잡지들의 틀이 너무 협소하다고 판단한 그는 1975년에 《사회과학 연구지》라는 새로운 학술지를 창간하였다. 이 학술지는 사회과학 장에 관한 그의 관점을 반영했는데, 다음과 같은 몇몇 원칙들을 기반으로 삼았다. 즉 대상의 사회적 위계에 대한 항의, 논문의 제시와 편집에 있어서의 학원적 관습에 대한 거부, 여러 다른 사회과학들간의 협조 등이다. 또한 1964년부터 미

---

50) 그들을 언급해야 할까 언급하지 말아야 할까? 어떤 사람들은 제외되었는데 말이다. 여하튼 그 이름들은 당시 출간된 책이나 연구지들에 수록되어 있다.

뉘 출판사에서《르 상스코멩》총서를 편찬했는데, 젊은 작가들의 사회학 연구 외에도 고전 작가들의 작품이나 철학·언어학·민족학 분야의 번역물 등을 다루었다.

1960년대말에는 부르디외의 연구 분야가 더욱 다양해졌다. 교육이 중심적 위치를 차지함으로써 문화재의 생산과 소비에 관한 여러 다른 양상들이 연구되었다.《재생산. 교육 체계의 이론에 대한 요소들》(J.‒C. 파세롱과 공저, 파리, 미뉘 출판사, 1970),《실천 이론에 대한 소고》(제네바, 드로즈 출판사, 1972),《구별짓기. 판단에 대한 사회비평》(파리, 미뉘 출판사, 1979)《실천 감각》(파리, 미뉘 출판사, 1980),《사회학의 문제들》(파리, 미뉘 출판사, 1980)《말하기의 의미》(파리, 파야르 출판사, 1982),《마르틴 하이데거의 정치적 존재론》(파리, 미뉘 출판사, 1988)[51]가 연이어 출판되었다. 1981년 부르디외는 콜레주 드 프랑스의 교수로 임명되었다.(사회학 교수직) 후에 간행된 저서들에는 교육에 관한 것(《호모 아카데미쿠스》, 파리, 미뉘 출판사, 1984;《국가의 귀족층. 그랑제콜과 지도층 정신》, 파리, 미뉘 출판사, 1989), 예술과 문학에 관한 것(《예술의 규칙. 문학 장의 발생과 구조》, 파리, 쇠이유 출판사,1987;《자유 토론. 한스 하아케와의 대담》, 파리, 쇠이유 출판사, 1994), 정치에 관한 것(《세계의 비참》, 부르디외 책임 편집, 파리, 쇠이유 출판사, 1993; '행동의 이유' 총서 중《텔레비전에 대하여》, 파리, 1996과《반사열. 신자유주의 침략에 대항한 레지스탕스를 위한 이야기》, 파리, 1998), 남녀의 대립에 관한 것(《남성 지배》, 파리, 쇠이유 출판사, 1998), 그리고 '이론'이나 철학적 문제에 대한 것(《대답들. 반성적 인류학을 위하여》, L. 바캉트와 공저, 파리, 쇠이유 출판사, 1992;《실천 이성. 행동 이론에 관하여》, 파리, 쇠이유 출판사, 1994;《파스칼적 명상》, 파리, 쇠이유 출판사, 1997) 등이 있다.[52]

---

51) 이 글의 초본이 1975년 발간된《사회과학 연구지》에 실려 있다.

필요에 따라, 이론적 가능성들의 공간을 독립적이고 추상적인 방법으로 소개했다. 그러나 독보적 인물이 한 영역과 맺는 관계는 결정된 역사의 산물이기에 그에겐 고유한 것이며, 대부분은 영역 내의 위치에서 고려된 행위자가 지닌 속성들에 의존하는 지각 구조의 중개로 연결된다. 그러므로 피에르 부르디외가 후에 자신의 고유한 과학적 입장의 독창성을 명확히 할 필요가 생겼을 때 작성한 지배적인 두 이론(주관주의/객관주의)의 대립에 대한 이중적 비평의 담론이 지닌 적응의 부분을 잘 살펴보면, 그의 지적 과제의 성립 근원을 더 잘 이해할 수 있을 것이다. 장의 입장으로부터 이론적인 입장 표명으로 향해 가는 과정은 다음장에서 살펴볼 것이다.

---

52) 피에르 부르디외의 글들을 잘 알지 못하는 독자들은 대담을 모은 책이나 논문집 등을 참조하기 바란다: 《사회학의 문제들 *Questions de sociologie*》, 파리, 미뉘 출판사, 1980; 《말해진 것들》, 파리, 미뉘 출판사, 1987; 《대답들. 반성적 인류학을 위하여 *Réponses: Pour une anthropologie réflexive*》, 로익 바캉트(Loïc Wacquant)와 공저, 파리, 쇠이유 출판사, 1992(이 책의 참고 문헌은 풍부하다.); 《실천 이성. 행동이론에 관하여 *Raisons pratiques. Sur la théorie de l'action*》, 파리, 쇠이유 출판사, 1994. 프랑스어판으로 된 부르디외 소개서 중에, 《대답들》의 p.13-42에 실린 로익 바캉트의 서론과 부르디외의 저술에 관한 입문서들을 참조하기 바라며, 특히 알랭 아카르도(Alain Accardo)의 《사회적 착각에 관한 사회학 입문. 부르디외 읽기 *Initiation à la sociologie de l'illusionnisme social. Lire Bourdieu*》, 보르도, 르 마스카레 출판사. 1983; 피에르 앙사르(Pierre Ansart), 《현대 사회학들 *Les Sociologies contemporaines*》, 파리, 쇠이유 출판사, '푸앵 에세' 총서, 1990. 알랭 아카르도와 필립 코르퀴프(Philippe Corcuff)가 낸 글모음집 중 《피에르 부르디외의 사회학. 몇몇 텍스트와 주석들 *La sociologie de Pierre Bourdieu. Textes choisis et commentés*》, 보르도, 르 마스카레 출판사, 1986.

제2장

실천을 사고하기: 전제와 예비 성향

지식 활동에서 이론의 의미와 그 구체적 용도를 구분하지 않는다는 부르디외 자신의 원칙에 항변하거나 반박하지 않고, 그의 저술이 이루어 놓은 이론적 공헌과 그가 철학적 분석에 끼친 공로를 논할 수 있을까? 실제로 우리가 철학자의 입장이 되어 '명제(命題; thèses)'의 언어를 사용할 때, 전제를 만들어 내고 검증하는 논리로는 때로 잘 식별되지 않는 전제를 등한시할 우려가 있다. 배경은 지시적이거나 발생론적이어서, 근본이 되는 담론의 내용에 비해 상대적으로 부차적이고 장식적으로 보이는 경향이 있다. 그러나 아무리 형식화되었다 할지라도 내용은 투명하지도, 일의적이지도 않다. 이는 마치 초기의 문화적 맥락에서 의미를 가졌던 담론이 다른 문화적 맥락으로 이전되었을 때 발생하는, 피할 수 없는 (그러나 필요 이상으로 완강하지는 않은) 착각과 오해가 증명하는 바와 같다.[1] 정해진 상황에서 현실적 기능 활동의 조건으로부터 분리되었기 때문에 허공을 맴돈다든가, 비트겐슈타인의 말을 따르면 '제 길에서 벗어나서' 헛되이 기능하는 이상, 이론적이며 철학적인 담론이 얼마나 특수한 환상을 낳기 쉬운지를 돌이켜보는 것은 극단적인 상대주의나 패러다임의 광대함을 변론하기 위해서가 아니다. 한마디로 지적 토론은 훨씬 더 명료해질 수 있다. 만일 지적 토론이 통일성과 일관성을 가져오는 지적 아비투스에 따라 '명제들'을 파악할 수 있고, 아비투스를 정의하는 (반응에 따라, 재표명에 따라) 문제들과 과제들을 동시대의 공간으로 되돌릴 수만 있다면 말이다. 지적 실천을 낳는 원칙인 이 아비투스에 관하여 가능한 한 적절히 논한다는 것은, 명제라는 내적 분석이나 요인이라는 외적 분석은 아니지만, 한 담론의 실천적 관여성을 이끌어 내려는 시도인 역사적 인식론의 한 형태를 암시하는 것이다. 그러나 이론을 여러 실천 중의 하나로 이해하는 것은 반박할 여지없이 실천 자체로 향한 학문적 시선의 전환을 요구하는 것이다.

아비투스[2] 개념의 범위와 용도

알제리에서 행해진 연구 덕분으로 부르디외는 대부분 구조적 인류학으로 이루어진 이론적 자산을 잘 활용할 수가 있었다. 그의 아비투스 이론이 현지 조사 연구 경험과 여기에서 얻은 이론 작업의 덕을 얼마나 많이 보았는지 우리는 잘 알고 있다. 여러 장소 사이를 왕

---

1) 이 사회학자의 담론은 물론 보편성이라는 자부심을 담고 있다. 그러나 보편적인 것으로의 접근은 직접적인 것이 아니다. 외국인 독자는 수입된 생산물들을 해독하는 데에 있어서 자연스럽게 보이는 명칭과 분류 등이 그 자신의 관점에서 나온 것이 아닌지 자문하면 된다. 맥락을 파악하지 못함으로써 학식 있는 해석자는——수입된 생산물에 대해 친근감을 나타내도록 대중의 요구에 시달리든지, 광대하고 느릿느릿한 파노라마를 격려하는 학문적 박식함이라는 기준에 귀속되든지——잘 알려진 스타일의 신간에 집착하는 태도가 주는 안정감을 갖고 솔직한 독자들의 순진함에 노출된다. (이 주제에 관하여는 로익 바캉트의 〈미국에서의 부르디외: 대서양을 건넌 사회이론에 관한 고찰 Bourdieu in America: Notes on the Transatlantic Importation of Social Theory〉을 참조, C. 컬훈(C. Calhoun)·E. 리 퓨마(E. Li Puma)·M. 포스톤(M. Postone),《부르디외, 비평적 전망 Bourdieu. Critical Perspectives》, Cambridge, Polity Press, 1993, p.235-262에 수록). 이런 이유로 부수적인 듯 보이는 작품의 수용에 대한 질문은 해석에 대한 지식 범주의 자가 분석이라는 결정적 역할을 할 수 있다. (이 문제에 관해서는《실천 이성》의 서두를 보라.)
2) 인간의 신체를 제약하는 것은 축적된 역사로서의 사회적 제도만이 아니다. 장구한 역사는 인간 안에 체화되어 지속적인 성향을 이루며, 이 성향이 인간의 충동과 욕구에 대한 충족을 끊임없이 억제하고 있다. 이것이 부르디외의 아비투스(habitus) 개념이다. 〔역주〕

복한 결과 점진적으로 이루어진 이 개념은 행위자의 실천과 객관적 구조(노동 시장·결혼 시장) 사이의 유사 관계, 즉 위기 상황이 **반대급부로** 드러내 놓은 관계들을 이해하는 데 도움이 되었다.

아비투스는 이를 생산하는 객관적 구조에 적합한 실천들을 생성하는 문법으로서 이해되어야 한다. 그 형식화와 기능 활동을 주재하는 순환성은 한편으로는 행동의 객관적 규칙성의 생산과, 다른 한편으로는 규칙의 실행이 아닌 즉흥성에 기초하는 실천의 양태를 설명한다. 객관적인 면(구조)과 주관적인 면(지각·분류·평가)의 두 측면을 합침으로써 아비투스는 외면적인 것을 내면화한다고 말할 수 있고, 그 반대로 내면적인 것을 외면화한다고도 말할 수 있다. 그런데 이러한 성향 체계는 정해진 조건 안에서 생성되었기 때문에 다른 조건하에서는 다른 식으로 적응한다. 그리고 심각한 부적응으로 인해 이 체계가 겉으로 드러나게 된다. 바로 1950-60년대 알제리에서처럼, 사람들이 서로 친숙하게 지내던 시골 땅을 버리고 낯선 도시 경제와 자본주의 경제 속으로 전락했을 때 발생한 사건이 그 한 예이다. 그들은 적당한 대응책을 생각해 내지 못했을 뿐 아니라, 자신들의 사회적 운명을 숙명이나 우연의 소산으로 생각하기에 이르렀다.

초기 맥락에서 추출된 아비투스 개념은 객관적 구조들과 내면화된 구조들 간의 적응이 어떻게 그리고 어떤 한도 내에서 이루어지는가에 대해 반복적 질문을 던진다. 다양한 자료의 제시를 통한 총괄적인 반복 질문은 보편적 성격을 띠게 되었다. 이 개념은 사회 생활과 관련된 분야에서 방향잡기를 촉진하는 실천 감각의 형태로 행위자에 의해 합체되어 내면화된다. 내부와 외부, 주관과 객관 사이의 조정이라는, 문제시되는 관계의 변증법이 바로 아비투스의 첫번째 차원이고, 이는 실천주의적 영역(사회적 방향 감각)과 정서적 영역(소망·취미 등)으로 나눌 수 있는 순수한 '성향적' 영역을 말한다.

(알제리의 카빌리아와 프랑스의 베아른 지방의) 농민들처럼 물질적

이고 상징적인 박탈을 당한 이들을 대상으로 한 초기의 민족학 작업에 이어, 부르디외는 합법적 문화라는 주제하에 미술관 방문과 학교에 대한 일련의 연구 작업을 단행하였다. 어느 면에서는 이 연구들이 사회학의 공적 이미지와 부합한다고 말할 수 있다. 왜냐하면 합법적 재산의 점유와 거기에 따른 당연한 결과로 생기는 계층간의 문화적 불균등성의 재생산을 설명하는 메커니즘을 연구 목표로 삼아 사회의 주요 계층들(상류, 중류, 하류로 나뉘어진)간의 차이를 연구했기 때문이다. 사회적 격차를 무비판적으로 받아들이는 보수적 실증주의를 거부함으로써, 이 연구들은 문화의 불평등이 문화 앞에서의 불평등을 반영한다는 사실을 보여 주었다. 실상 문화의 사회학은 자연 발생적인 경제주의[3]가 숨길 수 있는 것, 즉 질서와 분배의 명목하에 일해야 하는 필요성을 드러낸다. 문화적인 그리고 학교 제도상 합법적인 재산에 대한 주관적인 성향으로 인해 사람들은 불평등하게 서로 거리를 두고 있고, 그런 성향은 이 거리밖에는 다른 내용도 정의도 없다. 그렇기 때문에 이 재산의 희귀함이 그 소유 수단의 희귀함에 의해 (그 역도 성립함) 재생산될 우려가 있다. 주요 개념들 중 첫번째로 밝혀진 아비투스라는 개념이 장(알제리의 카빌리아와 프랑스의 베아른 지방의)이라는 중심 개념 내에서 명백해지고 체계화될 수 있는 어떤 가능성들을 포함하고 있지 않았는지 자문해 볼 수 있다. 즉 아비투스 이론이 그렇게 유도하듯이 성향이라는 이름으로 생각한다는 것은 이미 부분적으로나마 관계를 생각한다는 말인데, 왜냐하면 사회 세계에서 존재한다는 것은 각자의 고유한 가능성에 맞추어 서로 다른 공간 안에서 위치되어지고 위치한다는 말이기 때문이다. 어떤 관점에서 보더라도 예술과 문학의 사회학에 있어서는 아비투

---

3) 경제 원칙을 합리적으로 실현하려는 주의로서 경제적 이익을 모든 것에 우선시키는 입장이다. 〔역주〕

스의 '분포적' 측면이 중심적인데, 이 영역들은 합법적이기 때문에 생기는 특수한 효과로 인해 학교에서의 성공과 예술의 세계에서 인정받는 경로에 대해 밝혀진 일반적 요인들의 작용을 배가하는 차별의 상위 형태들을 내포하고 있기 때문이다.

이론적 구조화라는 이러한 측면은 천부적 재능이라는 카리스마적 이데올로기나 저작물의 자율성처럼 논의되지 않는 전제들을 문제시하여, 확고하고 그대로 적용시킬 수 있는 교시들을 이끌어 냈다. 우선 첫번째로 합리적 분석의 걸림돌이 되는 문화적 우수성이라는 신비로움은 교양 있는 아비투스의 특성들과 연관지을 수 있는데, 특히 이중적으로 거리두기 즉 일상적인 물질적 존재의 필요에 관련하여, 그리고 고려된 규범과 취향에 관련하여 취해진 거리두기에 연관된 타고난 재능이라 할 수 있다. 지배적 아비투스와 피지배적 아비투스의 대조는 장들간의 주요한 불변수로 간주되었다. 다음 두번째로 언어학적 물신 숭배로 대표되는 지적인 물신 숭배에 대한 비판은, 내적 속성에 대한 전통적 차원의 분석으로부터 재산과, 꼭 계산에서 나온 것은 아니더라도 이를 소유하려는 행위자 사이의 관계 체계의 분석으로 이동하는 것을 염두에 둔 이론적 입장에서 완수될 수 있었다. 근본적으로 자율적인 형식을 소개하는 세계들(언어·법·예술·문학 등) 앞에서 무기력해지는 대신, 사회학은 아주 불리한 경우에도 실천의 논리는 명료함의 원칙을 포함한다는 것을 보여 줄 수 있으리라는 기대에 차 있었다.

카빌리아의 민족학 연구와, 문화와 교육의 사회학 연구를 이론적으로 병합한 것은 학문적 주지주의의 여러 형태에 이익, 전략, 또는 자본[4]과 같은 개념을 빌려 쓰는 경제 언어가 대체시킨 결과를 가져왔다. 이는 대담한 결단이었지만 어쨌든 정당한 것이었다. 늘 반복되는 비난이지만, 이는 명예나 문화처럼 반(反)경제적 분야를 단순한 경제 법칙으로 판단하는 것이 아니라 무사무욕이라는 공식적 요구에 순응하는 이 분야들이 지닌 기능 활동적 속성들을 확인하고, 동시에 그 구조가 이 방면의 변별적 재산(신용·명성·직위 등)을 소유할 수 있는 기회의 사회적 배분을 총괄적으로 재생하는, 차별화된 보수를 마련해 주는 것이 목적이었다. 실천이라는 전략은 자본과 비슷한 어떤 것을 전제로 하지만, 이들 자본들 중 일부는 확실한 계산을 금한다. 적합한 생산품과 행위(미학적일 뿐 아니라 윤리적 또는 정치적인 의견 표명)를 통해 생산(그리고 재평가)의 실천을 바라보는 문학 사회학은, 상징적 재산의 경제라는 좀더 일반적인 이론의 특별한 한 경우일 뿐이다.[5] 그러므로 이러한 아비투스의 또 다른 영역은 '경제적' 특성을 지닌다.

　끝으로 여러 연구들이 아비투스의 또 다른 양상인 '범주적인' 양상을 밝히는 데 도움이 되었는데, 이는 소수의 구조들(schèmes)로부터 시작하여 세계의 질서화를 이끌어 내어 일반화와 전환이 가능한 논리적 작업을 지칭하는 것이다. 사회학자들은 행위자들의 토착 경험의 형태들을 이해하고자 하고, 행위자들은 스스로 학문적 명철함을 가지고 있다는 착각을 피하고자 한다면 실천에 내재한 범주들을 검토해야 한다. 사회 세계의 대립들은 정신을 끊임없이 구조화하지만, 이 대립들은 항상 다소간 인지적·윤리적·미학적인 분류라는 변모된 형식 안에서 나타난다. 학문적 영역들간의 구조적 유사성——이 경우 건축과 이성적 신학이 되겠지만——을 명증하기에 알맞은 저서인 어윈 파노프스키의 《고딕 건축과 스콜라 철학》[6]의 번역 후기에

---

　4) 부르디외는 자본을 단지 경제적 자본으로만 간주하지 않는다. 자본은 개인의 물질적 부를 축적하는 수단만이 아니라 개인의 생활 양식과 그 생활 양식의 터전, 그리고 다른 생활 양식과 맺는 관계까지를 포괄한다. 가령 개인의 예술적 취미와 생산들은 문화적 자본으로, 개인의 학력·혈통·사교는 사회적 자본으로, 그리고 개인들의 생활 양식과 터전이 다른 것들과 맺는 관계는 상징적 자본의 형태로 나타난다. 〔역주〕
　5) 문학 장의 구조, 명예의 의미, 의상 디자이너의 상표와 같이 다양한 분야에 관하여 행해진 연구 작업들을 동시에 읽기를 권한다.

서 부르디외는 파노프스키의 용어를 빌려서 '습관의 창조력'에 대하여 특히 강조하였는데, 이것은 현상적으로(상식적인 의미로) 다양한 내용을 구조화하는 원칙으로서, 원칙에 의해 가능해진 내용으로 환원될 수 없다. 달리 말하면 분석을 통해 표층 구조를 드러내는 작품들 속에서 관찰될 수 있는 규칙성들을 설명하기 위해서, 사회 공간의 구역들(경우에 따라 서로 다른 정도의 자율성을 지닌) 사이의 유사성과 이 공간 내에서의 이동 및 재전환을 설명하는 심층 문법에 도달해야 한다는 것이다. 이외에도 아비투스의 습득에 있어서 학교의 역할이 강조되었고, 유일한 창조자라는 이데올로기를 도외시할 것과, 내면화됨으로써 보이지 않는 집합적인 생산과 생산자들의 비인성적인 메커니즘을 주시할 것을 제의하는 분석 프로그램의 윤곽이 잡혀졌다. 이 범주적 양상은 저술 학문에 있어서 물론 중점적이었다.

아비투스라는 개념은 다양한 조사 현장에서 행해진 연구 결과로부터 나온 것이지 처음부터 정의된 것은 아니다. 지식의 대상으로부터 결정된 양상들을 파악하려는 발표문의 속성상 구분될 필요가 있었던 여러 영역들——성향적·분포적·경제적·범주적인——은 경험적인 작업 안에서 분명하게 연결되어 있다. 예를 들면 한 행위자가 제안하는 분류는 그가 사회 공간 안에서 차지한 위치로 인해 영향받는다는 것과 이 분류는 상대적인 정의, 정해진 가치에 의해 그 위치와 상통한다는 것을 확인할 수 있을 것이다.

6) 부르디외가 프랑스어로 번역하여 1967년에 파리 미뉘 출판사에서 출판된 E. 파노프스키(Panofsky)의 저서《고딕 건축과 스콜라 철학 *Architecture gothique et pensée scolastique*》의 후기를 보라.

논리적 택일의 거부

지금까지 간단히 소개한 아비투스의 개념은, 그 실천적 논리 내에서 철학의 장을 구성하고 여기에 한계를 부여함으로써 이론적 택일을 피하게 하는 지적 도구로 이해될 수 있다. 그렇기 때문에 이 개념이 창안되었던 이론적 맥락으로 되돌아가야 한다. 그런데 작가들의 글들은 이론적 의도를 구체적 상태에서 실천으로 파악하려는 의도를 가진 독서 훈련에는 걸맞지 않다. 피에르 부르디외의 저서 중에서 이 요구를 가장 잘 충족시키는 책이 적어도 한 권 있다면,[7] 《실천 감각》의 첫 부분(서문과 제1권의 머리글)을 들 수 있을 것이다. 이 글은 두 가지 측면에서 유용하다. 한가지는 부르디외의 이론이 한편으로는 반대되면서도 다른 한편으로는 대비를 이루는 두 갈래의 지적 전통을 명확히 지적하고 있고, 그럼으로써 철학의 장에 이어진 관계적 특성을 밝혀 준다는 점이다.[8] 또 한 가지는 문자 그대로의 내용을 넘어서 이 글의 장점은, 연구의 실천에 있어 요구되는 이론적 택일을 성찰하여 다루기 위해 실행된 일반화와 전환이 가능한 구조들을 드러낸다는 점이다. 다른 글들, 특히 지식·커뮤니케이션·의미를 중시하는 전통과 그룹들 간의 권력 관계[9]를 중시하는 전통간의 대립을 논하는 글들에서처럼, 객관주의와 주관주의의 대립이 대두되는 《실천 감각》에서 양자택일의 거부는 반대되는 것들을 이해(화해를 넘어서)

---

7) 그것이 유일하다는 것을 뜻하는 것은 아니다.

8) 부분적이나마 자서전적인 글 중 《말해진 것들》, p.13-46; 《호모 아카데미쿠스》(Cambridge, Polity Press, 1988)의 영어본의 서언, 《명상》의 후기 〈객관적인 고백 Confessions impersonnelles〉의 p.44 이후를 참조.

9) P. 부르디외의 논문 〈종교의 장의 기원과 구조 Genèse et structure du champ religieux〉, 《프랑스 사회학지》, vol. 12, N° 3, 1971, p.295-334와 〈상징적 권력에 대하여 Sur le pouvoir symbolique〉, 《아날 Annales》지, N° 3, 1977, p.405-411.

하는 거의 라이프니츠식의 입장을 취하는데, 이 입장은 어떤 관점이 숨기고 있는 합리적인 부분을 드러내고, 겉보기에 반대되는 견해들 간의 갈등은 그 외양이 순수히 논리적인 이유에서 기인된 것이 아니라, 그 전망이 그렇게 보이지는 않을지라도 사회적 제약 때문이라는 것을 나타내는 데 있다.

이미 《대중 예술》의 서문에서──어느 부분에서인가 부르디외가 주장한 바와 같이 처음부터 '중대한 이론적 취지'를 갖고 있었다는 점을 확인할 수 있다[10]──부르디외는 《실천 이론에 대한 소고》와 《실천 감각》에서 중심 사상이 될 개념들의 초안을 제안하였다. "구조주의적 결정론으로 환원될 수 없는 창조적 행위의 순수 태동의 장소를 찾아 헤매는 고집 센 주관주의와, 일종의 이론적 단성 생식에 의해 직접적으로 구조를 생성한다고 주장하는 객관주의적 범주 구조의 사이의 허구적 양자택일권을 인간과학이 철학에게 넘겨 주어야 할 때가 왔다. (…) 객관적 조건은 성향 체계라는 객관적 조건이 내면화된 산물 내에서, 또 이것에 의해서만 현실적으로 존재하고 실현된다는 것을 상기하는 것은 순진한 주관주의나 '인격주의'로 되돌아가는 것은 아니다."[11]

《실천 감각》의 서문에서는 분명 다른 글에서보다 사회 세계관의 탈본질화와 다르지 않은 구조주의적 방법(혹은 '상대적 사고 방식'[12])의 큰 공로가 강조되어 있다. 뒤르켕과 모스의 뒤를 이어 클로드 레비 스트로스가 관찰자의 관점을 바꾸는 데 성공하였는데, 그는 명료함을 개인의 의식이라는 분할할 수 없는 핵심에서 찾지 않고 순수하게

---

10) 《말해진 것들》, p.33.
11) P. 부르디외의 글, P. 부르디외 · L. 볼탄스키 · R. 카스텔 · J.–P. 샹보르동 공저, 《대중 예술 Un art moyen》, 위에 인용, p.22.
12) 〈구조적 방법, 혹은 간단한 상관적 사고 방식 La méthode structurale ou, plus simplement, le mode de pensée relationnel〉, 《실천 감각》, p.11.

이상적인 통일성이, 소쉬르의 용어를 빌리자면 '차이'인 조직된 체계들 안에서 찾을 때 얻는 모든 것을 보여 준 것이다. 인류학은 철학자들이 특히 좋아하는 해석학적 연구 영역인 의식 지향적 의도에 대한 연구가 아니라 남-녀, 하늘-땅, 해-달, 여름-겨울, 건조-습윤 등과 같은 다소간 보편적이고 순환적인 영역들이 동질성을 갖고 작용하는 추상 개념, 교환과 친족성의 체계, 신화들에 관해 연구하도록 격려했다. 자연·집·신체와 같은 논리적으로 명확한 세계에서 구조적인 불변 요소를 가려내는 것은, 세속적이든 현학적이든 간에 아마추어들의 자연 발생적인 직관주의에 비추어 보면 상당한 발전을 보여 주는 것이었다. 후에 사람들이 구조주의에게 추궁한 범리론(汎理論)과 주지주의는 적어도 상징적 구성 작업과 야생 상태, 즉 학술적 형태를 갖추기 전의 타고난 인지적 진리 안에서 포착된 오성의 범주에 세심한 주의를 기울이는 장점을 갖고 있다.

 '실천 이론' 내에서는 부르디외가 도입한 것처럼 과학 문화의 축에 가까이 속한 작가들의 이론적 문화가 가져오는 결과의 일부를 극단에까지 이르게 한 구조주의적 문체에 대한 반발을 볼 수도 있다. 하지만 이는 이 반응이 그 방책의 일부를 현상학과 실존주의라는 반대되는 전통에서 얼마나 얻을 수 있었는지를 본다는 조건하에서 생긴 현상이다. 그의 동료들과 마찬가지로 부르디외도 이 지적 세계에 친숙했었는데, 이는 그의 초기 철학 연구 계획이 사르트르와 메를로 퐁티의 사상의 중심 주제인 감정의 분석에 기여할 수 있었다는 사실을 보아도 잘 알 수 있다. 인류의 총체적 경험을 취급하는 데에 익숙한 철학적 아비투스의 한계를 지닌 채, 메를로 퐁티는 그래도 실천적 경험의 특수성을 드러내는 데 가장 앞장섰던 철학자들 중의 한 사람이었다. 물화주의적 자연주의(naturalisme chosiste)와 주지주의적 신비주의(spiritualisme intellectualiste)[13]라는 두 측면에 동시에 대항하면서, 그는 기본 요소들이 폐쇄된 실체들이 아니라 역동적 체계를 이루는 기술 방법을 제안했다. '게슈탈트' 즉 '세계와의 관계'와 같은 통합적 개념들을 사용하면서, 그는 철학의 전통에서 생성된 대부분의 문제와 논리적 난점(아포리마)들이 자연 발생적 의식에는 분해할 수 없는 단위처럼 보이는 대상들을 해체하고 분해하려는 현학적 관점에서 기인한다는 것을 보여 주려 했다. 감각·관념·운동성들은 분석이 구별하는 추상 활동이며, 이들은 의식 지향적 의도라는 통합적 통일성 내에서 조직된 경우에 한하여 의미를 지닌다. 객관과 주관을 넘어선 곳에 위치하는 지각 작용은, 일종의 신적 오성을 위해 펼쳐진 존재들의 총체같이 세계를 존재하게 하는 것이 아니라 해야 할 것으로 주어진 모든 것의 지평으로서 세계를 존재하게 한다. "뛰고 있는 선수에게 경기장은 '대상'이 아니다. (…) 경기장은 그에게 주어진 것이 아니라 그의 실천적 의도의 내재적 용도처럼 현존한다. 선수는 경기장과 일체가 되어 제 몸의 종횡적 움직임처럼 즉각적으로 '골'의 방향을 느낀다."[14] 메를로 퐁티식으로 의식은 코기토(cogito)[15] 이기 이전에 '나는 할 수 있다(Je peux)'[16]라고 말하는 것은, 이를 정의하는 가능성들로부터 출발하여 '명제적'이 아닌 간접적인 방식으로 자아(Ego)라는 초점에 맞춰진 실천적 경험의 우월성을 의미하는 것이다.

메를로 퐁티의 분석과 그 문체 안에서 우리는 현상학적으로는 결정지을 수 없는(주관적도 객관적도 아닌) 부분에 접근하면서 감탄하는 감정을 알아차릴 수 있는데, 이 부분은 메를로 퐁티식으로 말하면

---

13) M. 메를로 퐁티, 《행동 구조 *La Structure du comportement*》, Paris, PUF, coll 'Quadrige' 1990(초판, 1942), p.100.

14) 같은 책, p.182-183.

15) 라틴어로 '나는 생각한다: je pense'〔역주〕

16) M. 메를로 퐁티, 《지각현상학》, 파리, 갈리마르 출판사, 1945, p.160. 이 관점에 대한 메를로 퐁티의 생각은 아비투스의 분석에 핵심적이며, 이에 관해 로익 바캉트의 논문, 〈소개 **Présentation**〉 참조. 부르디외와 바캉트 공저, 《대답들》, p.27에 수록.

'변화 반복법(chiasme)'[17]의 '중의성(ambiguïté)'을 지니고 있다. 이런 이유로 하여 실천적 경험의 '주체'는 이 용어의 여러 뜻과 함께 세계에 의해 전적으로 '영향'을 받는 것으로, 다시 말해 세상에 의해 만져지고 점령되며 변화받는 것으로, 동시에 이 주체는 주도권을 갖고 즉흥적으로 행동할 수 있는 것으로 기술될 수 있었다.[18] 모순은 전혀 없다. 습관이나 아비투스처럼,[19] 어쩌면 가장 비성찰적인 것이 구조화의 능력을 가장 잘 증명할 수 있을 것이다. 경험은 선험과 같은 무언가를 전제한다. 선험(a priori)이란 개념은 메를로 퐁티가 자주 사용한 개념인데, 흔히 이 개념을 받쳐 주고 있는 초월적 주체와 이를 구별하고 있다.[20] 개체를 파악한다는 것은 이를 순화(馴化)시키는 것이 아니라 관찰 가능한 현상학적 표출의 다양성을 넘어서, 이것의 체계적 통일성을 설정하는 원칙에 접근하는 것이다. 메를로 퐁티는 그가 '세계를 향한 일반적 자세'라고 부르는 이 원칙에 대해 언급하면서 "각 개인마다 행동거지의 일반적 구조를 갖고 있으며, 이 구조는 품행·감각적 한계·정서·기질·호흡·맥박·혈압 등의 몇몇 변하지 않는 요소들에 의해 나타난다"[21]고 주장하였다. 이런 식의 진술——좀더 일반적으로 수많은 지침, 분석과 개념(구조, 지적인 이해/추진적이고 경험적인 이해의 대립 등)——은 젊은 부르디외의 초기 철학 연구 계획들에 영향을 주었는데, 이는 이 진술들이 여러 형태의 경험주의적 포기에 빠지지 않고 철학의 주도적 주장들을 피할 수 있는 논

---

17) 수사학의 한 법칙. 단어의 반복이 자리바꿈하며 나타나는 현상: 예를 들면 "살기 위해서 먹는 것이지 먹기 위해 사는 것이 아니다."〔역주〕

18) 다음 내용을 예로 참조:《행동 구조》, p.131. "타자로 받아쓰거나 오르간을 연주할 줄 아는 주체는 즉흥적으로 읊을 수 있다. 다시 말하면 한번도 본 일이 없는 단어나 한번도 연주되지 않은 음악에 상응하는 운동적 멜로디를 만들어 낼 줄 안다."

19) "의식은 물질적 세계에 투영되며 육체를 지니는데, 이는 의식이 문화적 세계에 투영되고 아비투스를 지닌 것과 마찬가지이다."《지각현상학》, p. 160.

20)《행동 구조》, p.185.

21) 같은 책, p.160-161.

리적 길을 모색해 주었기 때문임을 알 수 있다.

학문적 지식의 자율 제한

행해진 일을 일하는 방법에서 분리하지 않는다는 것, 이는 구조의 주제이며 맥락의 구조이다. 즉 피에르 부르디외가 행위자의 실천에 대해 가르쳐 준 것은 실천이라는 그의 이론의 대상에 그대로 적용된다. 실상 이 개념이 기여한 바를 아는 순간, 이 개념을 생산 조건에서 동떨어진 명료한 관념 정도로 격하시키는 것은 역설적이 될 것이다. 학문적 해석이라는 '내부적' 접근과 사회 역사라는 '외부적' 접근 사이의 전통적 한계를 넘어선 진정한 개념적 계보만이, 사회 세계에서 정해진 관계로부터 발생된 어떤 유형의 지적 성향이 주지주의적 주장(혹은 입장)의 거부로 인해 전제되었는지를 이해하기 위해 이상적으로 추구되어야 할 일이다. 이는 학문적 경로의 특성만큼이나 지성의 장의 형상을 고려하는 문제였을 것이다. 부르디외의 개념들이 지닌 이론적 특수성을 드러내려면, 개념들을 마르크스(포이어바흐에 관한 그의 논제)·비트겐슈타인·메를로 퐁티──제일 중요한 이름만 거론하자면──같은 작가들의 개념들과 비교해야 하는데, 이는 그의 주장대로 보편성의 독특함을 이해하는 한 방편이기 때문이다. 그런데 이런 야심은 도가 지나치고 실현성이 없는(알기 쉽지 않으며 자료가 방대하므로) 것이다. 이런 이유로 여기서는 실천의 이론이 지닌 두 가지 근본성──인류학적 이성에 대한 비판과 사회학의 반성적이거나 '코페르니쿠스' 적인 개념──에 대해 몇몇 논지를 풀어 나갈 것이며, 이 지적 실천의 개념들이 '이론적' 지식의 차원과 지적 세계의 내부에서, 그리고 그에 대한 행동의 차원이라는 이중적 차원 안에서 어떻게 이해되는가를 살펴볼 것이다.[22]

실천 이론의 구체적 계보는 '논리적'이라 부르기가 망설여지는 경험의 형식화에 있다. 실천을 발견한다는 것은 우선 이론이 주는 안정성을 잃는다는 것이고, 또는 그보다도 학자를 정의하는 인지적 자본의 지상권에 대한 믿음을 잃는 것이다. 어떤 믿음일까? 학자를 생산해 내는 학교 제도는 합당한 지식만을 제공하는 것이 아니며, 지식을 소유하는 권한을 부여받아 세상을 합당하게 구현하는 사람들의 합당성을 보장한다. 따라서 학교 제도는 '있는 그대로의' 사물과 일치한다는 유효성을 적어도 이상적으로 가정한다. 실력 있는 자들에게 허락된 권위는 그들의 관점이 독특하기 때문에 그들의 활동을 문제시할 가능성을 아예 상상 밖의 것으로 내몬다. 엄밀히 말해서 그들은 '관점'을 갖지 않은 것처럼 보인다(쉽게 생각할 수 있는 인류학적 제약, 열정과 편견을 제외하고). 왜냐하면 이는 이론상, 이 관점이 어느 다른 장소로부터 결정될지를 모르기 때문이다. 부르디외가 후에 오스틴의 표현을 빌려 말한[23] **스콜라적 사고 방식**은, 관점의 부재라는 전제에 자발적으로 찬동하는 데에 있다.[24]

1950년대말 민족학자가 된 철학자 부르디외는 학문적 보편주의라는 환상을 고수할 수 있었고, 이는 그가 상당한 학문적 지위들을 다

----

22) 이런 시도가 지닌 어려움에 대해 강조할 필요는 없다. 전기 작가들의 전통적 순진함을 잃어버린 후, 부르디외의 사회학 같은 사회학이 가능하게 된 이러한 관점 덕분에 나는 사회적이고 지적인 여정은 이야기되는 것이 아니라 구축된다는 것을 알게 되었다. 특히 추후에 알게 되거나 얻게 될 것을 초기 단계에 미리 투시하는 회고적 환상을 피해야만 한다. 그래서 구체적으로 '초기 저작물'들을 잘 평가해야 한다. 그러나 그렇게 함으로써 소위 기원 신화에 밀리는 것은 아닌가? 어떤 반론이 나올지 알면서 나는 초기 저작물과 함께 비교적 최근에 출간된 책들을 언급했고, 다음 경우를 주의하였다. 가령 과거에 대한 명백한 증언을 제공할 경우, 이전 생각에 대해 더욱 명시적인 설명을 제공할 경우, 또 일반적으로는 이득과 사회학적 자세의 지속성을 명백히 증거할 경우이다.

23) 《실천 이성》, p.221 이하, 그리고 《파스칼적 명상》.

24) 대학의 장을 연구한 책, 즉 객관적으로 사고하는 사람들의 객관화를 연구한 책 《호모 아카데미쿠스》는 근본적으로 피에르 부르디외가 오래전부터 염두에 두어 왔던 지적 입장을 체계화한 것이다.

수 겸하고 있었기에 가능한 일이었다. 카빌리아 사회에 대한 저술 작업은, 당시 인류학에서 권위자로 추종받던 사람들로부터 적절한 학문적 성과를 인정받을 만한 것이었다. 이 관점에서 '집'에 대한 연구는 공간의 연구, 집 공간과 신체 간의 상응 관계에 관한 연구로 대표된다. 즉 이 연구는 구조주의의 지식을 잘 이용했고, 조사 연구의 일관된 프로그램을 예시하고 있었다.[25] 객관주의의 확실성을 뒤흔들 수 있었던 것은 구조주의적 접근의 한계를 발견했기 때문인데, 특히 규칙에 일치하는 실천이라는 환상을 유지하기 위해 적절하게 만들어진 정해진 장소와 정해진 대중에 밀접히 연관되어 나타난 한계를 말하고 있다.[26] 한 행위자가 동시에 조절할 수는 없는 여러 학문(민족학·사회학), 여러 장소, 그리고 여러 대상들 사이의 순환은 결정적인 역할을 했다. 이 점에 있어서 레비 스트로스보다는 뒤르켕의 관점에 더 가까운 부르디외는 통일적이고 통일된 사회과학에 대한 야심, 즉 이 학문의 여러 관련 분야를 하나도 놓치고 싶지 않다는 야심에 차 있었다. 민족학과 사회학 사이의 택일, 전통적 마을 안에서 관찰된 카빌리아의 농민과 알제리 하급 프롤레타리아와 베아른의 농민으로 대표되는 '농민의 생산 방식과 재생산 방식'에서 파생된 위기의 희생자들 사이의 택일 등, 이 모든 움직임은 구조주의의 이론적 자본을 그대로 사용할 수는 없고 '재해석'을 받아야 한다는 인상을 심어 줄 수 있었다. 이 자본을 초기 영역 밖으로 이동시켜서 보

---

25) 〈카빌리아 가정 혹은 전복된 세계 La maison kabyle ou le monde renversé〉. 1969년에 클로드 레비 스트로스를 추모하여 발간된 이 글은, 《실천 이론에 대한 소고》에 '카빌리아 민족학 연구(étude d'éthnologie kabyle)'의 이름으로 수록되었다가 그후 《실천 감각》의 부록으로 출판되었는데, 이때 간단한 소개문에서 '구조주의적 사고 방식의 한계'를 언급했다.(p.441)
26) 세 가지 성격을 지닌 '규칙(règles)'의 개념에 관해 비평을 할 생각은 없다. 즉 관찰된 현실의 묘사에 대한 이 개념의 비합당성, 내적 모호성, 사회과학의 총체적 목표라는 주제의 결과들이다.

존하는 방법 중 하나는, 여러 구조들을 실천 의미라는 불완전하고 대략적인 형태로 '토착민(indigène)'들에게 귀속시키면서 그 구조들이 존재하던 **지성의 원형**(intellectus archetypus)에서 끌어내리는 것이다. '전략'이 '법칙'을 계승한다. 일종의 수학적 물리학이 지닌 정확하지만 감추어진 법칙의 왕국으로 보였던 사회 세계는, 가정 경제에 속한 또 다른 개념에게 자리를 내어준다. 즉 행위자는 지속적인 계산과 반성이라는 작업을 면하게 해주는 체험이라는 수단을 통해 여러 상황에 적응한다. 만일 이 개념에서 항상 대립되든지, 아니면 대등하게 사용되는 용어와, 이 용어들이 모여 생긴 모순(위/아래, 좌/우, 성/속, 남/녀 등)이 문제시된다 해도 이들의 위상은 세속화된 듯 보인다. 간단한 도식처럼 이 구조들은 유연하고, 유한하게, 조건적으로 기능한다. 이 용어들이 위치하는 곳은 순수 사고, 또는 레비 스트로스에 따르면 그 사회의 경험적 표현일 수밖에 없는 사고들의 '복합체'에 대한 형식적 유희가 아니라 자율적 행동의 가능성들과 그 조직들이 갖고 있는 궁극적 조건으로서의 신체이다. 따라서 행위자들의 속성과 그들의 이해 관계에 얽혀서 구조들은 사회적 역할을 수행한다. 끝으로 인지적 구조는 초월자처럼 절대화되기는커녕 객관적 구조나, 사회 교육으로 구성된 대립 구조에 결부되어야 하는데, 이는 이 구성적 대립이 유일한 '인간의 오성(entendement humain)'안에 기초를 두지 않는 제약들로부터 생긴 결과일 때에만 그러하다.

객관주의와 구조주의적 주지주의에 대한 이 투쟁에서, 철학 문화가 연구를 돕는 도구와 지적 합법성의 한 형태를 제시하는 것처럼 보인다. 이로 인해 실천 이론에서 현상학이나 실존주의적 영향을 받은 철학자들에게 고유한 '세계로의 소속' 개념 같은 무언가를 느낄 수 있다. 체험에 대해 많은 예시적 서술을 했던 부르디외는 당초에 (사회적으로) 소외라는 특징을 띤 이 경험의 의미를 주체가 다시 포용하는 것이라는 사회학의 개념을 계속 강조하였다. '주체'는 몇몇 철학자가 말하는 전적으로 초월적인 존재가 결코 아니며, 거리를 둘 수 없는 세계, 해야 할 가능성(책임져야 할, 완수해야 할, 구별해야 할, 취소해야 할 등)들의 지평을 강요하는 세계에 둘러싸여 참여하고 있다. 따라서 주체는 '전(前)작업(pré-occupation)' 내에서, 그리고 이로 인하여 이루어진다. 이런 이유로 사회 세계의 경험은 단계적 절차를 이루는 근본적인 양상――여기서 양상이란 존재 방식과 양태적 논리라는 양면의 뜻을 지닌다――이다. 개연성에 대한 적절한 지배력으로서의 확신, 불확실한 가능성의 탐색으로서의 긴장, 자기 운명에 순응하는 체념, 예상을 뒤엎는 당혹스러움 등의 양태적 단계를 그 예로 들 수 있다. 이러한 몇몇 양상들을 기술하기 위해, 부르디외가 인용한[27] 베케트나 카프카는 존재를 유형화하거나 강렬하게 표현하고 있으므로 이루 헤아릴 수 없는 도움이 될 것이다. 이 사회학자가 안다고 하는 경험들의 진리란 우선 내면적으로 볼 때, 현상학적 환원의 실천적 동의어인 환멸과 실망이라는[28] 시험으로 나타난다. 그 다음으로는 게임에 빠졌었다는 것이 명백해진다. 강압적으로, 혹은 오만하게 가능성들을 강요하는 게임의 긴박함은 동의와 신념과 참여를 숨기고 있다. 여기서 게임이란 물론 모럴리스트들[29]과 철학자들[30]의 전통에서 나온 은유적 표현인데, 이는 사회학에서 특별한 의미를 가진다. 왜냐하면 '대자(pour soi)'의 방식으로 기대감과 개연성, 성향과 구조라는 뒤얽힘을 나타내며, 학술적 분석이 이론 안에서 '즉자

---

27) P. 라자스펠드 · M. 야호다 · H. 제젤 공저, 《마리엔탈의 실직자들 Les Chô-meurs de Marienthal》, Paris, Minuit, 1982 서문 참조, 〈마지막 심급 La dernière instance〉, in 《카프카의 세기 Le Siècle de Kafka》, 파리, 퐁피두센터, 1984.

28) 부르디외는 베버의 영향이 지나치게 짙은 '실망(désenchantement)'이라는 단어보다 '환멸(désillusion)'을 선호한다.

29) moralistes; 인간의 습성 · 본성이나 심리를 탐구하는 사람이다. 〔역주〕

30) 메를로 퐁티가 세계에서의 존재를 묘사하려고 이를 빌렸다는 사실은 이미 언급한 바 있다.

(en soi)'를 구조화하도록 강요하기 때문이다. 게임을 생각한다는 것은 게임에서 벗어남을 전제로 반칙을 하는 것으로, 이는 지식인들에게서 웃음을 자아내는 타인들의 게임에서뿐만이 아니라 지식인 자신들의 게임에서도 그러하다. 그러나 모든 게임을 생각하는 사람에게는 아직도 그가 열중해야 할 게임이 남아 있으며, 이 게임이 암시하는 믿음은 모든 신념의 학문에서 실현되기 때문에 매우 독특한 게임인 것이다.

물론 사회학자가 말하는 '주체'는 사회 세계라는 배경에 위치하며, 철학자들이 주관성에 대하여 말하는 좀 막연한 일들, 즉 희망하다, 사랑하다, 증오하다, 투쟁하다 들에 대하여 몰두하지는 않는다. 사회학자가 말하는 '주체'는 순전히 근원적 연구의 성격을 띠지는 않지만 충분히 '객관적인' 분포적 메커니즘(수입·학력 등)에서 나오는 속성들에 의해 다양한 가능성을 지닌다. 그리고 정해진 집단(계층·성별)의 사람들이 모두 정해진 순간에, 객관적 개연성의 공간과 긴밀히 일치하는 속성들을 지니는 정해진 공간 안에 위치한다. 이 때문에 개인과 사회 세계와의 관계는 사회적 전망이 좋은 가능성으로의 진출을 보장하는 속성들의 소유와, 이 속성들이 전적으로 박탈된 상태 사이의 거리감을 반영할 뿐인 본질적 방식들이 초래하는 불가피한 특징을 지닌다. 확신은 지배자들에게 주어지며 그들의 특출함은 존재와 존재 의무를 통합시켜 당연히 이루게 될 것, 타인들은 노력해도 허사가 되기에[31] 실제 이룰 수 없는 것을 단번에 이루어 낸다. 그런데 사회 현실의 원칙은 이렇게 해서 각자가 자신의 가능성의 한계를 파악하게 하기 때문에, 외적인 결정 요인의 내면화라는 아비투스와 크게 다르지 않다. 이때의 내면화란 이 외적 요인들이 정신적인 어떤 것이 된다는 뜻이고, 또한 자기 자신과의 관계를 표시

31) 《구별짓기》, p.286.

하는 심층적인 어떤 것이 될 수도 있다는 뜻이다. 결국 내면화란 각자에게 '운명지어진' 길에 책임을 지고 자신의 것으로 받아들인다는 뜻이다.

　가능성(le possible)과 개연성(le probable), 주관적 소망(espérance subjective)과 객관적인 개연성(probabilité objective)을 아비투스란 개념을 통해 접근시키면서, 부르디외가 제시한 학문의 길은 청년 마르크스가 헤겔을 엎어 버렸던 것과 비슷하게 현상학적 실존주의 문화를 전복시켰다. 두 경우 모두 철학은 추방된 것이 아니라 다시 활기를 찾아 제 위치를 찾게 되었다. 관점에 따라 물론 보존 또는 초월에 우선순위를 둘 수도 있다. 철학이 제공하지 못하고 암시조차 하지 못했던 새로운 대상이나 설명에로의 초월일 수 있다. 또한 이론적 입장의 보존일 수 있으며, 이는 체험의 명료성과 주체 안에서의 총체적 통일성의 명백함을 결합시키고, 이는 의사 지향적 의도의 명백화가 아니라 인생 경로를 기반으로 하는 성향들의 틀이 명백해지는 것을 의미한다. 사회과학의 일관성 있고 비객관적인 개념은 아비투스라는 통합 원칙이 있기에 가능해졌다. 아비투스는 단조로운 획일성을 나타내는 것이 아니라 실천의 여러 영역, 겉보기에 분리된 세계(공/사, 가족, 직업, 문화, 경제 유산 등)로의 분리를 넘어서, 서로 다른 영역들과 관련 세계에서 같은 행위자가 행하는 실천 행위들 사이의 유사성을 골라내야 하는 필요성과, 각 유사성이 지닌 상대적 무게를 이해하는 필요성을 나타내고, 또 같은 얘기지만 각 실천(문화적·경제적·가정의 등)이 행위자의 사회적 신분의 생산과 재생산에 이바지한 공로를 나타낸다. 주체가 자신에게 느끼는 소외는 대부분이 실증주의 과학과 현상학이 재생산한 결과이자 사회 세계의 경험의 분할 결과이다. 피에르 부르디외의 사회학이 가져온 '전복(renversement)'은 주체의 환상을 포기하는 것인데, 이는 그 저변에 흐르는 전체화라는 개념을 저버리지 않고, 반대로 더 강력한 잠재력을 부여하면서 가능

해질 것이다. (정체성은 본질이 아니라 본질의 변형 법칙이다.)[32]

'이중의 나'

부르디외가 인정한 대로,[33] 구조주의의 극복이라는 순수한 지적인 필요성이 지적 세계의 독특한 경험에 연관된 충동들과 친화되어 행해질 수 없었다면 대체(substitution)라는 이론적 전략을 불러일으킬 수 없었을 것이다. "이 점에 있어서, 정직하게 말하자면 이론적 감각이 나를 이끌었다고 믿는데, 그러나 무엇보다도 나는 구조주의적 인류학이 내포하는 윤리적 입장을 거부하고, 학자와 연구 대상, 즉 문외한들 사이에 자리잡은 교만하고 소원한 관계를 깊이 거부한다는 사실에 몰두하였다."[34] 구조주의적 민족학이 그 극치를 달릴 때 가졌던 사회 세계와의 학문적 거리는, 학자와 토착민 사이의 거리가 멀수록 더욱 쉽게 용납될 수 있다. 외지인들을 알지 못할 규칙을 지닌 대상으로 간주하는 것은 실상 지적인 면에서는 비정상적인 일이 아닌

---

32) 불변성이라는 말로 정체성을 정의하면서, 부르디외는 현상학적 경계를 넘어서서 재생산의 전략 체계에 관한 연구와 '재전향'(사회 공간에서의 상대적 입장을 안정적으로 유지하기 위한 특성의 변화를 의미함)인 재생산의 제한된 형태에 관한 연구를 포함하는 재생산(개별적이든 집단적이든)의 분석을 제안하게 되었다. 추상적인 사유의 이런 발전(그의 적수들이 몹시 비방하는)은 오로지 상식의 대립만을 가중시키는 현학적 담론의 임의적 경계를 무능하게 만들기 때문에, 역설적으로 행위자들의 경험이 갖는 총체적 의미를 이해하는 데에 도움이 된다. 예를 들면 전통적으로 '도시 사회학'이라 불리던 분야인 개인 주택의 취득에 관해 논한 후에, 부르디외는 이 '재산'이 지니는 목표, 자아의 이미지, 혈통의 장래와의 관계 속에서 가문의 의미, 파는 자와 사는 자의 교환 관계의 의미 등에 대해 철저하게 분석을 했다. 특히 후자의 경우는 부동산 대여의 '기술적' 문제를 통하여 '협상되며,' 객관적인 가능성들 및 자신의 사회적 운명에 합의된 조절이라는 진정한 개인적 시련을 뜻한다.(《사회과학 연구지》에 실린 논문들 참조, 1990/81-82)
33) 특히 《말해진 것들》, p.32-33, 《대답들》, p.176-177 참조.
34) 《말해진 것들》, p.31.

데, 왜냐하면 '일이 잘되는' 한에는 이를 문제삼을 이유가 없지 않은가? 도덕적으로 객관화가 정당해 보이는 것은 학문적 세계관이 적어도 이론적으로는 각자 자신에게 들어맞는 세계관이기 때문이다. (이를 이용하지 않더라도 그러하다.) 반대로 외지인과의 사회적 거리가 미미한 경우, 학자의 정체성과 토착민의 정체성처럼 서로 분리되어야 존재할 수 있는 정체성들 사이에 긴장감이 발생한다. 이때 '이중의 나'[35]는 분열의 위험에 처한다. 왜냐하면 한 세계의 동료들에게 충실하려면 다른 세계의 동료들은 부인해야 하기 때문이다. 그렇기 때문에 학문적 명예를 유지하려면, 어떤 희생을 치르고서라도 여러 법칙의 학문적 언어를 우대해야 할 것이다. 설사 인정된 규칙을 통한 집단의 공공연한 구현이 현실적 실천과 다르다 할지라도 말이다. 그러므로 역설적으로 "산골 사람이라는 생각에 대해 보다 덜 추상적인 생각을 품은"[36] 본토박이처럼 우리가 알고 있는 모든 것을 잊어버려려야 할 것이다. 토착민들은 새로운 태도를 보인다든지, 해석이나 비판을 통해 규칙을 변화시킨다든지, 자기 행위에 대해 부분적으로 이해한다든지 등등의 여러 일을 할 수 없는 사고의 대상이라는 위상을 부여하는 오만이라는 지적 형태를 수용해야 한다. 대상이라는 위상은 학자에게 합법적 해석의 독점권을 줌으로써, 학자가 토착민을 정복하였다고 믿는 관점을 토착민이 이미 예상하고 스스로의 관점에 합쳐 놓았는지를 볼 수 없게 만들었다. 사회 세계에 대해 논한다

---

35)《실천 감각》, p.30.

36) 같은 책, p.30;《말해진 것들》, p.32와《대답들》, p.138 이하 참조.《말해진 것들》의 독일어판(《Rede und Antwort》, 프랑크푸르트, Suhrkamp 출판사, 1992)에서 부르디외는 알제리 독립 전쟁중에 그가 얻었던 경험이 어떤 역할을 하였는지 정확히 언급했다. 프랑스의 진보 지식인들(사르트르 등)이 갖고 있었던 일반적인 기본 원칙을 자발적으로 채택하여, 경험을 증언하기로 결심한 그는 전쟁의 주인공(알제리 혁명파, 인종차별주의적인 알제리 태생의 프랑스인들 등)에 관한 전형적인 지식인들과, 갈등 · 계층 · 정서에 대한 주인공들의 산 경험에 매우 근접한 그 자신의 '느낌'들 사이의 '틈'을 측정할 수 있는 '현장'에 심취해 있었다.

는 것은 겸손의 이중 형태를 받아들이는 것을 전제로 한다. 과학적 지식은 복잡하고 세밀한 객관화 작업을 내포한다고 선언하는 전통적 사고 방식 옆에, 우리는 이론적 지식의 한계와 사회 세계에 관한 이론적 관계와 실천적 관계라는 존재 양상의 이중성을 인정하도록 강요하는 더욱 특수한 사고 방식에 자리를 마련해 주어야 한다.

이 세상이 욕심 없는 사상가들을 위한 구경거리가 아니라 해도, 이런 한계가 과학의 대상이 되는 그런 학문을 착상해 볼 수 있다. "'박식한 무지'와의 관계, 즉 세상과의 실천적 관계를 정의하는 관계, 자신에게는 맹목적이지만 직접적인 이해 관계 안에서, 토착민이란 무엇이냐 하는"[37] 이론을 세우는 프로젝트가 형성되어야 할 것이다. 언급한 바와 같이 토착민들에 대한 신뢰는 윤리적 영역을 지닌 다음과 같은 운 나쁜 양자택일의 함정을 피할 수 있다. 즉 객관주의의 거부가 지식의 거리를 없애기 위해, 성찬식과 같은 신비주의적 침묵에나 열중해야 하는 지식 관계의 감정적 상황으로의 전환을 내포하는 것은 절대로 아니다. 학자가 아닌 사람들의 근원적 경험을 되찾겠다는 의도를 갖고 있고, 다양한 형태의 민중주의의 원칙을 이루는 반주지주의는 지배당하는 지식인의 유혹일 뿐인데, 이 사람은 이론에의 접근이라는 그에게 거부된 것을 거부하기 때문에 운명에서 벗어났다고 믿고 있으나 한(恨)의 논리를 피할 수 없는 사람이다. 이런 관점에서 볼 때 실천 이론은 이론과 실천, 즉 학교라는 숭고하고 탈현실적인 세계와 근원이 되는 속세 사이의 '이중의 나'라는 모순을 극복하려는 의도의 이론적 표현으로 보여질 수 있다. 이는 이론적 지배의 결과에서 탈피한 이론적이고 표현적인 형태를 창조하는 일이다. 즉 실천에 대한 담론 혹은 이론 속에 보존된 실천을 상상하는 것인데, 이야말로 학교가 제공하는 가능성에, '스콜라식' 전통

---

37) 같은 책, p.37.

에서 보면 새롭고 기묘한 용도를 부여하는 것이다. 한마디로 그 권위가 현실 도피에서 온 것이 아닌 학문이 있을 수 있는 것이다. 아니면 그 주된 용도에서 학문을 우회시킬 수도 있는 것이다. 후에 부르디외가 말한 것처럼 "내가 사회학이나 민족학에서 한 일은, 내가 받은 교육의 도움이라기보다 오히려 내가 받은 교육을 거슬러서 이루어낸 것이다."[38] 그러므로 주관주의와 객관주의, 현상학과 구조주의, 목적론과 기계론 등의 대립 중에서 취사선택하기를 거부하는 것이 순수하게 지적인 훈련은 아니다. 그것은 대립되고 대칭적인 두 개의 자리가 있는 수많은 사회적이고 지적인 놀이에 전적으로 참여하게 될 때, 사회적으로 주어진 자리에 이를 때, 그리고 서로의 의견 차이로 게임을 반복하고 그 차이로 정체성을 영속시키는 공범의 적수의 환상을 공유할 때 거의 '실존적인' 거북함을 느끼는 사람의 거부이다.

이론이라는 순수한 장으로 옮겨졌을 때, 주지주의에 대한 저항은 사회적으로는 정당하고 지적으로는 풍요로운 형태를 취했다. 사심이 없고 중립적인 학문적 오성에 맞서서, 그러나 과학으로 무장하여 사회학은 상식·행동·이해타산·신체·쾌락 등의 '토착민의' 권리들을 부각시키는 사명을 띠었다. 초기 경험의 학문적이고 지배적인 구현을 부인하면서, 사회학은 경험을 생각하는 데 사용될 수도 있고 사용되어야 한다는 것을 단언하였고, 더 이상 '구체적'일 수 없는(하층 프롤레타리아, 농민, 부르주아 계층의 학생들 등) 서술로 후기 현상학적인 방향 설정의 수많은 실례들을 제시했다. 경험이 가져오는 학문적 탈현실화를 반박하기 위해서 사용된 것은 바로 철학 문화가 제시하는 합당한 방책들이다. 이때의 문화란 '실천적 상태의' 것인데, 즉 학자들의 눈에 도구로 비치는 자유롭고 건방지기까지 한 방책일

---

38) 《대답들》, p.176.

뿐만 아니라 조용하고도 근면한 방식이며, 지적 지배를 위한 투쟁, 일상적으로 특징짓는 이론적 분류놀이를 피할 수 있는 유일하게 합리적인 방법이다. 알튀세(1965)와 푸코(1966)의 이론이 발표되었을 때, 지식 무대의 앞면을 차지하는 논쟁에 대해 취해진 이 단호한 거리두기는 오해의 소지가 많았고, 사회학이 철학적으로는 무능함을 입증하는 것처럼 보일 수도 있었다. 즉 그 시대의 지배자들의 눈에는 사회학이 무미건조한 경험주의에 묶인 것처럼 보였고, '역사라는 대륙'(알튀세식으로 말하자면)에 속하는 학문적 대상들은 '고고학' '마르크시즘' '인류학'(너무나 '인간'을 의식하는) 같은 고귀한 학문이 제공하는 세련된 도구들을 필요로 하고 있었다. '이론적 실천'(그 당시의 표현대로)에 속할 수 있는 일종의 거부들이 결점이라기보다는 지적 창조의 조건으로 보이기까지는 많은 시간이 필요했다.[39]

코페르니쿠스적 사회학: 객관화하는 주체의 객관화

대부분의 학문적 독서처럼 내적이고 맥락을 떠난 독서는, 과거 안에서 실천의 사회적 이론이라는 철학적 전철을 발견하기를 기대할 수 있다. 그래서 지적 전통의 맥락 안에 부르디외를 세워 놓으려고 애써 볼 수도(재미로라도) 있다. 그러나 아무리 가능한 모든 예증을 들더라도 근본을 잊어버릴 위험 부담이 있다. 세계에 대한 이론적 관계와 실천적 관계 사이의 차이를 명확히 하는 것은 연구를 위해 세

---

39) "'이론'들은 '이론적 논쟁'을 불러일으키는 연구 프로그램이 아니라 이를 반박하거나 일반화할 수 있고, 이론의 보편성에 대한 주장을 특수화하고 차별화하는 실질적 작업이다."《대답들》, p.56-57.《사회학자의 역할》은 좀 늦게 1968년에야 출간된 학술 서적으로서 사회학에 있어서의 경험주의적 입장을 나름대로 반박하고, 프랑스 인식론의 전통 안에서 이론지상주의를 부각시켰다.

계에 부여한 결과에 따라 의미를 가질 뿐이다. 위대한 메를로 퐁티처럼 '인생이라는 세계(Lebenswelt)'의 탐험에 나서는 철학자는 지식이라는 가공물을 넘어서서, '사물 자체'에 매이게 하는 방식을 찾는 데에 그토록 전념하여 역설적으로 학문적 생산물들을 문제시할 여유가 없으며, 그래서 학문적 생산물을 사고의 범위에서 제외시킨다. 그는 돌이킬 수 없는 이중성을 확인한 후에, 과학적 도구들을 사용할 수 없기 때문에 그렇게 생각할 수 없는 타고난 경험을 편들기로 선택한다. 즉 철학자는 부인된 객관적 시선과 약속된 땅처럼 뒤로 물러나는 경험 사이에서 맴돌 뿐이다. 그리고 스스로를, 즉 타인의 관념에 대한 자신의 관념을 볼 수 없기 때문에, 그의 초기 경험은 객관주의적 반대와 함께 학문적 가공물의 위상을 공유한다. 사회학자인 피에르 부르디외에게 있어서, 실천 이론이 논리적인 필연성을 지니려면 우선 인식하는 주체의 실천 이론이어야 했다. 토착민들의 이타성을 인정하는 것은 자기 반성이라는 보완적 움직임이 있기 전에는 불충분하다.

이 자기 반성은 연대적인 여러 양상을 제시한다. 첫째로 토착민들이 사고의 대상이라는 위상을 갖지 않으며, 반대로 여러 차원에서 이해 관계가 얽혀 있는 가능성들에 대한 관계에 의해 정의된다는 사실이 학문적 관점에 요구하는 한계를 이해하게 한다. 따라서 만일 사회학자가 타인의 필요[40]나 이유를 알고자 한다면, 혹은 타인의 언행 안에 들어 있는 실천적 명료함을 접하고자 한다면 사회적으로 거의

---

40) 이성과 자연, 자유와 필요 등을 대립시키는 철학적 전통은 실천적 논리를 명확히 하는데, 왜냐하면 실천적 논리는 추상적 가능성에 직면한 정신적 이성을 옹호하는 것이 아니라, 다음의 두 가지 원인을 지니고 있기 때문이다. 즉 객관적이고 조건적인(박물관 입장, 의사되기, 승마 클럽 회원 등) 가능성들과 객관적 입장과 같은 조건에서 생겨난 주관적 성향들(dispositions)인데, 후자는 전자와 같은 조건에 의해 생산되지만 더 많은 실현 가능성을 갖고 운명을 용이하게 하며, 또 혹시 운명과의 조율이 안 될 경우엔 과학적 분석의 대상이 된다.

불가능한 독특한 경험을 위하여 통찰력을 지닌 관찰자의 판단을 포기해야 한다. 비트겐슈타인이 증명했던 것처럼, 토착민의 신화로 간주된 것은 사실상 관찰자[41]의 언어와 견해 안에 기록된 신화를 숨기는 학문적 가공물일 뿐일 수도 있다. 즉 타인들의 실천은 프레이저가 구현한 주지주의적 전통이 단언하듯이 '무지'의 표현도, 또 구조주의적 주지주의가 단언하듯이 초월적 규칙들의 뻔한 놀이도 아니며, 단지 객관적이고 주관적인 한계와 불변수(예견·도전·타협·포기 등)를 지닌 조율되고 조건지어진 즉흥작일 뿐이다. 학문적 오성이 타인을 이해할 수 있는 것은 '원인'이라는 객관적 지식 때문이 아니고 이 지식을 통해서 이루어진 것인데, 왜냐하면 토착 논리의 원칙을 제공하는 이 지식은 교만과 호의적인 이색주의에 대한 헛된 유혹들을 없애는 유일한 현실적 수단이기 때문이다. 타인이 드러나게 되는 조건, 객관화를 객관화시키는 조건은 객관화되는 것이고, 이를 통하여 열정을 극복하는 것인데, 여기에는 인식하는 주체가 자신의 특수한 위치에서 베풀어야 할 지적인 열정도 포함된다. 이해될 법한 객관화라는 역설적 입장을 특징짓기 위해, 피에르 부르디외는 최근 해방된 지식에 영향을 주는 비난으로부터 자유로워져서, 사회학이라는 불가지론의 지평과는 다른 여러 지적인 지평에서 나온 '지적 사랑'과 '영적인 훈련'[42] 같은 용어들을 사용했다. 객관주의가 지니는 거짓된 거리감이 없어진 후에, 타인(l'autre)은 또 다른 나(autre Je)처럼 인정될 수 있다. 나(Je)처럼 인정될 수도 있는 것은, 타인이 어느 한도까지는 명예·관용·수치·당황 등과 같은 사람의 고유한 특성

---

41) L. 비트겐슈타인, 〈프레이저의 '황금가지'에 관한 고찰 Remarques sur 'Le rameau d'or' de Frazer〉과 J. 부베레스의 〈의례를 지키는 동물; 비트겐슈타인과 인류학 L'animal cérémoniel: Wittgenstein et l'anthropologie〉, 《사회과학 연구지》, 1977/16. 부르디외와 J.-C. 파세롱 공동 〈신화의 사회학자와 사회학자의 신화Sociologues des mythologies et mythologies de sociologues〉, Les Temps modernes, 211, 1963년 12월에서 반신화적인 입장을 읽을 수 있다.

과 공통된 경험을 나타내기 때문이며, 타인처럼 나타나는 것은 타인의 실천이 이성과 필요에 의해서 잘 뒷받침되었다 할지라도 이는 이방의 세계에 속하고, 이 이방의 세계는 사고를 통해서 간접적으로 자신을 적응시키기 때문이다. 저술이라는 마지막 행위에 이르기까지, 사회학자는 객관화된 이 '다른 나(autre Je)'의 위상이 가져온 의무에 대해 심사숙고해야 할 의무가 있다. 그러나 사회학의 문제인 이 본질에 대한 주요 문제는 연구 대상과 상황의 다양함 때문에 규격화된 해결책은 용납하지 않는다. 모든 경우마다 지식, 사회학자와 연구 대상 간의 관계, 그리고 결국 이 지식의 경험을 이야기하는 데 사용되는 언어라는 삼중적 측면에서 그 고유성을 발휘한다.

둘째로 성찰적 사회학은 상징적 생산의 과학이라는 기본 도구를 통해 학문적 관점을 객관화하는 가능성을 전제한다. 즉 '문화의 사회학'을 만들겠다는 것은 단순히 재산의 특수한 범주에 흥미를 갖는다는 뜻이 아니라, 우선 사회 세계의 학문적 구현(그리고 인식)에 대한 초월적이고 역사적인 가능성의 조건을 이해하는 것이다. 초기의 피에르 부르디외는 철학적 전통이 숭고한 것으로 기리는 연구 분야에 대해서는 정면 공격을 하지 않았다. (이 점에 관해서 미셸 푸코의 역사적 대상들과 비교하는 것이 도움이 된다.) 그러나 대학생과 문화라는 경험적인 소규모 앙케트를 통하여, 사회학에 있어서의 이 학문적 주체의 전제 조건에 몰두했다. 대학생에 대해 기술한다는 것은, 겉으로는 '견습생(apprentis)'에 대해 이야기하는 척하면서 학문적으로 완벽한 자들, '학문적 권위자'들이나 동문들의 학업적·문화적인

---

42) 부르디외의 지도하에 《세계의 비참》, 위에 인용, p.909에 실린 논문 〈이해하기 Comprendre〉를 참조. 이 문투(文套)를 사용한 의미에 관해서는 자크 메트르(Jacques Maître)의 저서 《어느 편집병자의 자서전. 베리 신부(1878-1947)와 빌리 인트로이보의 소설 L'Autobiographie d'un paranoïaque. L'abbé Berry(1878-1947) et le roman de Billy Introïbo》의 머리말에서 저자와의 대화를 참조, 파리, 안트로포스 출판사, 1994. '전향(conversion)'(시선 등)이라는 용어는 예전 용도인 듯하다.

우수성에 대해 그 조건과 양상을 한정하는 것이었으며, 개괄적으로 사회 분석의 수단을 제시하는 것이었다. 따라서 자기 자신을 예외적인 인물 또는 고유 명사로 생각하는 특출한 개개인들을 평범한 지식의 대상으로, 즉 지식의 일상적 작용에 좌우되는 지식의 일상적 대상으로 삼는 것이었다. 알제리와 제3세계의 '문맹'들에 대한 작업에서 시작된 학문적 민족중심주의와의 결별은 문학과 학식의 문화[43]를 소유하는 자들에 대한 최종 작업에서 모든 논리적 결과를 발견하였다.

이 작업들 사이에 유산의 형성과 전달[44]을 원칙으로 갖는 유사성이 있다. 사회 세계의 어느곳에서든지 상속자는 이익이나 특권을 받는 수신자일뿐 아니라, 계시적이거나 비판적인 가치를 지닌 자로서 소유의 기회를 배분하는 외적 질서와, 이것으로 인해 선택된 혹은 부여된 운명에로의 갈망이라는 내적 질서 사이를 가장 적절하게 조절하는 조작자인 것이다. 따라서 그는 그가 요구할 수 있는 것을, 그를 위해 준비된 것을 받을 '준비가' 되어 있는 사람이다. 사실상 재산이 그렇게 형성되는 것은 잠재적 소유자, 즉 재산을 소유하기로 정해지고 스스로 자격이 있다고 생각되는 사람들을 가정하는 소유 관계 내에서이다. 문화의 사회학에 있어서 그러한 상속자가 있다면, 이

---

43) "《호모 아카데미쿠스》는 내가 1960년대초에 시작한, 적어도 자서전적 의미에서 일종의 인식론적 실험의 절정이었다. 이때는 내가 알제리 농민과 노동자들의 세계라는 낯선 세계에서 친족 관계의 논리를 발견할 목적으로 이미 사용했었던 조사 방법을 익숙한 세계에 적용하고 있던 시기였다."《대담들》, p.47. 작업이 무르익던 시기에 이르기까지 문제시되던 '진보'는 지적 인정에 힘입은 과학적 이익의 증가로 특징지어진다. 초기의 사회학 연구가 익명의 인구에 대한 분석(통계 자료나 대담)에 근거하여 외적으로 사회학의 지배적 정의에 일치하였지만, 후속 연구는 고유명사나 단일성의 특권을 지닌 개인들(플로베르·하이데거·마네 등)의 학문적 지식을 대상으로 삼아 분야들간의 경계를 뒤엎으려 했다.

44) 부르디외가 제시한 사회학은 '얽매이지 않는다'고 스스로 생각하는('반항아' '소외된 자' '이방인' '예외' 등으로 자칭하던 유행을 따라) 지식인들의 경향에 맞서 지속적으로 투쟁해야 하기 때문에 일부 지식인을 성가시게 할 수 있다.

는 사회 세계의 경험, 즉 토착민과의 친숙함, 외지인과 제명된 사람의 빈곤 등 문화사회학의 불변 요소의 구조를 제한된 형태와 개별적 분야에서 분석하기 때문이다. 상속자는 신참자나 벼락부자처럼 제명된 자와 대립된다. 선택될 가능성이 없는 사람들, 즉 서민 출신의 상속자들에게 학교는 또 다른 아버지를 제시해 주는데, 즉 그들에게 계보를 정해 주고 수도승의 운명을 제공하는데, 잘못된 학문의 길로 들기 전에는 피할 수가 없으므로 선택은 불가능하다. 이 길은 달콤하고 정당한 상징적 찬탈의 과학인 것이다.

피에르 부르디외는 상속의 문제에 있어 여러 가능성의 공간들을 다 섭렵하였다. 유산을 받지 못한 식민지의 사람에서부터, 버려진 농토의 미래 없는 상속자들이나 또 합법적인 대담성을 지니고 가끔 '상징적 혁명'을 일으키는 불행한 상속자들을 거쳐서 많은 것을 물려받은 상속자, 즉 대고용주들이나 호모 아카데미쿠스의 표본들에 이르기까지 끊임없이 광범위하게 훑어보았다. 그는 사회성의 구조와 '그 무의식적 결정 기관들'과 이들의 '연계'에 대한 추상적인 사고에서 출발한 것이 아니라, 상속자와 상속 재산을 정의하는 소유 방식에 대한 구체적 분석들로부터 출발하였다. 대학 체제에 대한 연구를 통해 학교의 가치 위계와 아비투스의 사회적 위계 사이의 관계를 연구 대상으로 삼아 학교를 통한 선발 메커니즘을 밝혔을 뿐만 아니라, ('인적 자본'과는 달리) 결코 전적으로 객관화될 수 없는 '문화 자본'의 형태로 전승되고 성장하거나 또는 감소되어 사라지는 이 영예를 밝혀내었으며, 이는 정당하고 자연스럽게 이를 소유하는 사람들, 후에 완전히 [부르디외 편으로] 개종되고야 마는 불청객들의 의도를 꺾는 사람들의 흔적을 드러낸다. 아비투스를 정의하는 존재 방식은 소유하고(habere) 사용하는 방식이며,[45] 묵은 시간, 노력과 배움의 시간

---

45) 《실천 이성》, p.170.

이 나타나는 곳, 시간을 알리는 곳, 보장되고 준비된 미래 등을 획득하는 방식이다. 자신의 방식대로 자신의 분야에서 이 사회학자는 데카르트의 기계론에 대한 라이프니츠식 비판의 원칙들을 재발굴하는데, 특히 운동의 순수 외재성을 거부한다. 경험적 관찰에 제공된 순간적 상황과 일시적 현실의 뒷전에서 그는 지나간 동작의 보이지 않는 힘과 장차 올 '상태'에 대한 예견, 한마디로 에너지나 노력의 역동적 통일성을 구별하려 애쓴다. 따라서 적절한 현실은 '밟아 온 여정'[46]의 현실일 뿐이다. 존경받는 사람들은 세월이 흘러서야 그들의 탈바꿈의 법칙, 그들만의 '표현 방식,' 즉 자신들의 정체성을 모두 다 드러내기 때문이다. 자본이란 불공평하게 배분되고 사용될 수 있는, 즉흥적으로 얻어지지 않는, 소유의 도구를 필요로 하는 가치이다. 아무것도 자신의 한계를 피해 갈 수 없다.[47] 그래서 아무도 선택과 합리성의 근원을 이루는 순수 주체가 될 수 없다. 한마디로 상속의 결핍을 우리가 상속하는 것이라면, 사회 세계는 상속자로 가득 찰 것이다.

저서 《상속자들》(1964)이 가져온 혁신은 우선 학생 세계와 그 세계 밖에서 행해진 실천들의 전제를 설명하는 문화에 대해 이야기하는 방식을 창출해 냈기 때문이었다. 문화에 대한 지배적 담론이 내용의 내적 고찰(opus operatum)과 관련이 있다면, 과학적 관점은 역으로 우수한 모델들과 여러 존재 양상 내에서의 문화와의 관계(modus operandi)를 분석하는 데 있다. 이때부터 실천적 계통학이라는 비공식적 분야가 연구 대상이 되는데, 위계 관계(정당한/부당한, 자유로운/

---

45) 《실천 이성》, p.170.
46) 그렇기 때문에 문화 자본이 전수되는 조건을 분석하면 아비투스의 형성과 상속자의 조건을 더 잘 이해할 수 있다.
47) 매우 막연한 이 표현으로 인해 사회적으로 구분되는 수많은 세계에 대응하는 자본의 수많은 형태를 잊어서는 안 될 것이다.

교과서적인 등), 대립 관계, 등치(等値) 관계(부르주아 출신의 문과 대학생에게 재즈나 영화는 비제도적 영역의 위상에 가까울 수 있다)라는 교양 있는 전략의 계보학(系譜學)이 그것이다. 레비 스트로스가 분석한 《야생의 사고》가 철학자들 사이에서 그 거리화의 효과로 지적 성공을 과시한 동안, 학문적 사고가 미치지 못한 곳에 대한 연구는 지식인들의 자발적인 플라토니즘과 결별하는 반성적 자아의 작업을 요구했다. 그 때문에 적절성의 원칙은 많은 변화를 겪었다. 토착적인 규범에 의해 더 이상 보호받지 못하고 사회적 정의상 다양한 세계들로부터 생산되었다 할지라도 문화적 재산들은 제스처나 몸가짐, 취향과 (혐오) 등에 영향을 주는 신체, 그리고 정신 안에서 활동중인 아비투스라는 조직 원칙에 의하여 서로 가까워진다. 사르트르에 관해 대중 앞에서 강의를 하거나, 카페에서 정치를 논하거나, 전문 지식을 갖고 '지적인' 영화제를 관람하거나, 세련되고도 편안하게 옷을 입는 일 사이에는, 지적 계층화의 공식적 구현과 이와 관련된 믿음들을 뒤흔드는 사회적으로 설정된 '친화력'이 있다.

본 저서에는 지배자의 아비투스라는, 후에 더 설명되고 보충될 주된 불변 요소가 등장한다. 영역과 상황의 변화를 통해 우월함은 항상 상위 가치들과의 오래된 친숙성을 나타내는 기호들, 평안함·우아함 등의 자질로 특징지어지며, 이는 또한 법칙과 제약과 필요에 거리두기를 허용하는 확신의 표현이기도 하다. 이런 견해는 지식인이 '부르주아'에게 품기 쉬웠던 관점, 과거 급진주의적 담론의 대립에서 원병을 얻었던 관점에 대한 무언의 전제들의 일부를 문제시하게 된다. 옛날식 '소부르주아'라는 억압적이고 옹색한 적의 형상 대신에 이 견해는 공모적 취지, 즉 지배자와 부르주아와 지식인을 표면적 차이에도 불구하고 함께 묶어 주는 유사성의 모습을 드러내었다. 예를 들면 '착취자'와 '피착취자' 사이에 분열의 원칙을 세우는 것이 원칙인 정치적 고발과는 달리, 지배와 지배자의 사회학은 혁신인데, 지배자가 누리는 정당성과 인정의 효과를 연구 대상으로 삼으면서 어떻게 역사적으로 조건지어진 위치에 대한 독단이 '자연스러운' 것으로 취급되어(자연스러움이 없는 지배자는 어떤 지배자일까?) 감추어지고 보편적으로 이행되었는지를 이해하려 애썼기 때문이다.

'문화와의 연관성'이라는 형태로 실천 감각에 부여된 탁월성은 사회 세계를 학문적으로 재현함에 있어서 코페르니쿠스적인 혁명을 가져왔다. 객관적 지식은 객관화의 조건에 대한 지식을 내포한다. 상속자의 조건을 생각한다는 것은 여럿 중 한 연구 대상을 택하는 것이 아니라, 모든 종류의 상속에 대해 지적 자유라는 수단을 취득하는 것이다. 이론가의 방식대로 '서양적'인 체하는 은밀한 주장 안에서가 아니라, 정당한 사고를 결정하고 한정하는 무언의 구조(대수롭지 않고 효과적인) 안에서 비로소 그때까지 사고되지 않았던 철학적 양상을 보여 주는 것이다. 그리고 이로 인하여 특수 자본이 이론가로 만든 모든 이들과, 인정받을 수 있고 인정받은 선택권이 있는 논쟁에서 '이론적' 입장을 과학으로부터 기대하는 이론가들이나, 실천 이론이 '이론' 또는 철학에까지도 적용된다는 것을 알게 될 모든 사람들을 실망시킬 우려가 커진 것이다.

지식으로서의 이론과 권력으로서의 이론

피에르 부르디외의 이론의 공로 중 하나가 활동중인 실천 감각을 이론화 활동 안에서 파악하는 점이라고 주장한다면, 그의 실천 이론에 대해 순수히 이론적인 견해를 제시하는 것은 아마 역설적으로 들릴지도 모른다. 하지만 과학적 이점을 제시할 수 있다면, 초기에 그 결론이 주는 '명제적' 방식에 대해 설명되고, 명시되며 인식되기를 기다리는 자세에 지적 계획의 위상을 부여하려는 회고적 환상의 힘으로 가능하지 않을까? 좀더 미묘한 또 다른 환상이 있다. 이론의 우선성에 반대하여 정립된 이론을 순수 이론의 틀 위에 세울 우려가 있지 않을까 하는 것이다. 이론을 그 논리적 귀결에서 벗어나게 하는 지적 찬탈 행위를 피하려면, 이론 생산이라는 장(철학의 장과 사회과학의 장의 분기점에서)의 상태를 고려하면서 실천 이론의 실천적 계보를 만들고, 이를 통해 '코페르니쿠스적인'[48] 거부가 상속이라는 행복한 확신을 박탈한다면 어떻게 다른 식으로 보충될 수 있었는가 하는 것을 이해해야 할 것이다.

먼저 철학 문화에 의해 강하게, 장기간 동안 영향을 받은 '이론'의 지배적 구현이라는 경험적인 사회학이, 이론의 장이 지닌 한계 밖으로 밀려나게 되어 있었는가를 증명할 수 있다. 예를 들자면 대학생들에 대한 질문은 윤리적이고 정치적인 색채를 띠고 지적인 민족중심주의의 습관적 범주에 따라 해석되었을 때에만 받아들여질 수 있었다. 어떤 의미에서 이들은 '부르주아'일까? 그들의 확고한 태도에서 벗어날 수 있을까? 등.[49] 철학자들이 경멸하는 사회학을 대면하여 지배적인 견해였던 구조주의가 유사성·교류·신화와 같은 엄격하고도 복잡한 논리를 드러내면서 가장 완성된 형태의 주지주의를 구현하는 것처럼 보인 반면, 이 지배에 대한 논쟁은 더욱 강한 이론, 즉 그 한계를 내보이며 그 체험을 포용할 수 있는 이론을 필요로 했다. 공식적 규칙(예를 들면 결혼을 통한 동맹이나 친족 관계에서)과 관찰된 풍속이라는 실천 사이의 일탈을 드러내는 일은, 이 주목된 일

---

48) 코페르니쿠스적이란 여기서 혁명적이란 의미로 쓰였다. 〔역주〕
49) 대학가의 이론가 지망생들 사이에 반영되던 이론적 정치 논쟁에 대해서는 뤽 볼탄스키의 《지도층. 사회 집단의 형성 Les Cadres. La formations d'un groupe social》, 파리, 미뉘 출판사, 1982년을 참조. 특히 '1960년대의 소르본' p.358 이하 참조.

탈이 지식의 대상으로 이루어지지 않는 한 불충분해 보였다. 그런데 이것이 바로 실천 이론의 소재였다. 이는 부르디외의 표현대로 '엄청난 회피'[50]로 죄를 지은 선배들보다 앞서가는 이론, 학문적 오성에 가장 반역적으로 보이는 토착민들이 겪은 경험을 파악하는 그런 이론을 찾는 것이었다. 이 토착민들의 산 경험은 결코 쓰레기로 취급되어서는 안 되며, 현실에 완전히 부합하는 것으로 간주되어야 한다. 현학적 시선에 의해 드러난 '객관적 진리'는 행위자의 의식이나 무의식을 점령하거나 단지 은폐나 거부의 형태로, 즉 '셈하지 않고 주는'[51] 듯이 보이는 전통 사회의 덕망 높은 사람의 형태로, 혹은 구속 없는 삶의 무한성을 무한히 연장하려는 현대 대학생의 형태로 행위자의 의식과 무의식을 조건짓는다.[52] 만일 사회 세계가 재현과 견해의 객관성 안에 존재한다면, 무지에 대한 사회적 조건을 아는 것은 과학의 기본적 양상을 형성하게 될 것이다.

끝으로 구조주의의 대안으로 제시된 피에르 부르디외의 이론이 지역적 제약을 극복하고, 민족학과 사회학을 포함하는 일반인류학의 문제를 제기하도록 허용한다는 점을 주목해야만 한다. 구조주의의 주지주의적 전제들은 민족학자들이 연구하는 거의 미분화 상태인 세계의 특징들과 결부시킬 수 있는데, 민족학자들은 사정을 잘 파악하지도 못한 채, 세력 관계가 최대한 작은 극단적 사회 사례들을 연구하게 된다. 그리하여 구조들을 '감각'[53]이라는 인지적 관계에서 취급

---

50) 《대중 예술》, 위에 인용, p.17.
51) 논문 〈명예의 의미〉(《실천 이론에 대한 소고》에 재수록됨) p.43을 볼 것. 이 논문에서 명예와 경제, 기부와 교환의 관계에 관한 이후의 분석에 대한 초안(1960년의 글)을 볼 수 있다.
52) P. 부르디외 · J.‑C. 파세롱, 《상속자들 Les Héritiers》, 위에 인용, p.83 이하.
53) 구조주의를 진보된 사회 현장에 적용하여 보려는 여러 시도들이 있었으나 이 시도들은 의상, 문학 텍스트 등에서 '체계(systèmes)'를 찾으려 했던 '기호학적(sémiologiques)' 접근 방식인 형식주의와 이상주의에 갇혀 버렸다.

하라는 교훈이 생기게 된다. 이와 반대로 실천 이론은 전략·이익· 자본을 앞세우기 때문에, 근대 사회와 같은 차별화된 세계의 기술에 더욱 적합한 것처럼 보일 수 있다. 과학적 이득은 지속적인 해결책 없이도 얻어질 수 있다. 전기 자본주의 사회의 중심에서, 우리 사회 에서도 동등한 가치를 찾을 수 있는 상징적 자본이라는 자본 형태를 알아볼 수 있기 때문이다. 부르디외가 제시한[54] 일반인류학은 축을 따라, 거점이라는 제한되고 부분적으로는 맹목적인 역할을 부여함으 로써 당시 지배적이던 구조주의 이론의 위상을 변화시켰다. 기본적 인 선택의 공간에서 뒤르켕·카시러와 소쉬르의 이름으로 제안된 이 이론은 논리적 분류를 설명하기에 합당하긴 해도, 베버나 마르크스 같은 이름으로 설명되고 그 한계와 맹목성이 자명한 다른 거점의 역 할인 투쟁·갈등·정치 같은 일을 생각하기에는 무력하다. '기하학 적 장소'라는 그러한 입장은 명백한 특징을 지닌다. "이 마술적 서클 에서 상대방에게 빠지지 않고 무사히 빠져나오는 방법은 (…) 여러 다른 각도의 기하학적 장소에 자리잡는 것, 즉 각 관점에서 동시에 파악될 수 있는 것과 파악될 수 없는 것을 관찰할 수 있는 자리에 있 는 것이다."[55]

언어 중심의 주지주의적인 전제가 극복되었을 때 생기는 이득은, 이론적 방편을 지닌 경쟁자들로 하여금 사회 세계에 관해 외재성이 라는 그들의 특권을 버리도록 함으로써 게임의 규칙을 변화시키는 것이었다. 자신이 학자라는 사실을 잊지 않은 사회학자는 사회 세계 가 보여지고 구축되는 관점들을 연구 대상으로 삼을 필요성을 깨달 았다. 지배층의 관점을 재생산하는 지배적 위계에 반대하여, 그는 전 복이라는 유일한 무기를 내놓는데, 이것은 우선권도 검열도 없는, 가

---

54) 이론적 선언에 나타난 그 이상이다.
55) 〈종교의 장의 기원과 구조〉, 앞에 인용된 논문.

능한 연구 대상 전체를 포함하는 전체적 객관화의 무기일 뿐만 아니라 이 대상들의 객관화, 즉 결국은 이 객관화의 생산자들을 포함하는 객관화의 무기이다.

　그런데 이는 타인을 '사회화하기' 또는 스스로 '사회화되기'라는 식으로 쉽게 끝낼 이야기가 아니다. 이 투쟁의 특수성과 그 목적을 파악해야 한다. 이를 위해서는 개별적인 것인가 아니면 보편적인 것인가, 역사인가 아니면 과학적 합리성인가 등의 양자택일적 선택을 극복해야 한다. 곧 가장 순수하다고 평판받는 시니컬한 견해(학자들의 의도처럼)와 이상주의라는 양심 사이에서 택일하기를 거부해야 하는 것이다. 학문은 열정 없이는 이루어지지 않는 게임이지만, 경쟁으로 인해 환원할 수 없는 효과를 일으키는 게임이기도 하다. 그러므로 우리는 이 학문을 저술들 안에서 인식론자로, 그리고 사회학자로 고려할 수 있다. 특히 지식 세계에서 경쟁하는 위치에 대한 객관적 분석을 가능하게 하고 설정하게 하는 일은, 아비투스라는 개념보다 나중에 형성된 장이라는 개념이 갖는 역할들 중 하나이다. 직접적인 지지라는 실천적 방식(때로 잔인하고 고통스러운)에 대한 선택과 갈등을 겪는 대신, 장이라는 이름이 붙은 사고는 관점이라는 상대적 진리하에서 관점을 생각케 하는 지적 정복이 될 것이다. '최후의 무의식적 결정 기관'으로서의 과학이 설정한 이론적으로 토의 불가능한 부분을 문제시하면서, 이 사고는 상대적인 신앙 고백이 아닌 내재성의 긍정, 즉 모든 문화적인 생산물을 총망라하고, 특히 그 '극치'인 과학적인 이성의 생산물인 근본적인 역사성을 내포한다.[56] '객관화하는' 이 방식에는 교조주의도 테러리즘도 없지만, 모두에게 차이와 분쟁의 객관적 기반에 대한 간접적인 지식, 그래서 중요시되지 않는 그

---

56) 이성의 역사성에 대하여는 《말해진 것들》, p.43 이하 및 《대답들》, p.162 이하 참조. 이전 연구들을 보면 부르디외가 프랑스 작가들이 내세우던 철학적 전통을 잘 따랐는지를 알 수 있다.

지식을 줌으로써 이루어진다. 이 사고는 모든 입장이 구체적으로 장에 기록되어 순수히 긍정적인 기술에 좌우된다는 것을 보여 주며, 이 서술은 이를 상당히 그리고 결정적으로 명료화한다 할지라도 인식론적인 감정에 대하여 속단하지는 않는다. 사회학의 이 반성적 비전에 반대하는 적들은 여기에 논점 선취밖에는 대립시킬 것이 없다.[57] 그러나 극단적인 합리주의는 보편성의 탄생에서와 마찬가지로 역사적 결정론의 효과를 최대한 확대하여 인정하기를 원하지 않는가?

'실천 이론'을 제시한다는 것은 우선 이론의 정의에 영향을 주는 방식이고, 이론적 생산의 장에 개입하는 방식이다. 사회학자는 그의 이론적 도전으로 인해 자신을 구속한다. 왜냐하면 그가 말하는 바에 따르면, 그의 이론은 우리가 이해하는 바와는 상당히 다를 수밖에 없기 때문이다. 현실의 궁극적 본질에 대해서, 또는 내재적이고 초월적인 법칙에 대해서 존재론적인 긍정은 없다. 연구의 실천 내에 참여하는 것에서 벗어나는 사변적 구조는 없다. '이론'은, 이 단어가 적합하다면 반성에 기초를 둔 작업 방법이다. 이것이 바로 '(그의) 모든 작업의 주된 생산물'이다.[58] 사회학은 자신의 수단을 써서 사회 세계가 현실에서 언어로 구축해 놓은 것을 해체해야 한다. 사회적으로 효과적이고 정당하게 취급받는 구조들을 학문으로써 해체하는 것이다. 그러므로 사회학은 언어적 우상이나 이론적 담론의 물신적 숭배 대상, 집단 효과(학교 · 수업 · 국가) 등에 저항하도록 도와 주는 유익한 방법론적 유명론을 포함한다. 이런 비판적 자세는 철학적으로는 명백한 논리적 귀결을 지니지만, 전통적으로 철학에서 우세를 보이는 다음의 입장과는 다르다. 이 입장은 객관적 지식의 조건

---

57) 몇몇 저질적인 논쟁(〈자유와 결정론 liberté et déterminisme〉 등에 대한)을 제외하고라도.
58) 《실천 감각》, p.30.

이나 이를 방해하는 대상들을 숙고하기 위하여 늘 사회 세계로부터 출발한다. 단순한 현상학에 근거한 예시들이 빈곤한 데에서 볼 수 있듯이, 철학자들이 제기하는 문제는 종종 '사변적인(scolastique)'[59] 추상성에 의해 지배를 받던 지적 실천의 특징들을 반영한다. 이에 반해서 피에르 부르디외의 사회학은 '이론적인' 연구 대상을 사회학적 실천에 관련된, 경험적으로 실험할 수 있는 수단에 상응(相應)시킨다는 장점이 있다. 이는 주관과 객관, 이유와 원인, 설명하기와 이해하기, 경제와 문화 등 이미 언급한 대립 체계가 허구적인 모순에 근거한다는 것을 밝힘으로써 몇몇 문제들을 '와해시키는' 방법이다.[60] 그렇다고 이 문제들이 내면적인 것의 개념을 빌려 철학자들이 배제하는 사회적 기반이 없는 것은 아니다. 아마 이것이 그들의 마지막 순진성이리라.

---

59) 형식주의와 전통 고수라는 특징을 띠는 제도적 대학 교육에서 생성된 퇴폐적 경향의 스콜라주의이다. 〔역주〕

60) (…) 사회적으로 큰 문제들을 소수의 무의미한 대상, 그래서 제한되고 사진 찍기처럼 경험적으로 이해되기 쉬운 대상으로 취급함으로써 중요한 문제들을 '희석시킨다.'《말해진 것들》, p.30.

제3장

장의 이론: 사례 연구

대부분의 사회학자들에게 있어서 문학사회학은 본연의 연구와는 동떨어진 주변 활동이기 때문에, 피에르 부르디외의 사회학에서는 이 문학사회학이 어떠한 자리를 차지하는지를 알아볼 필요가 있다. 부르디외가 이 영역에 대해 쓴 저술을 살펴본다면, 또《사회과학 연구지》——이 방면의 드문 (아니 유일한)[1] 학술지인——에 발표된 다른 저자들의 논문을 살펴본다면, 문학사회학이 중요한 자리를 차지하고 있다는 것을 분명히 알 수 있다.

문제가 되는 것은 근거 없는 것에 대한 개인적 취향이라기보다 사회학이나 사회학자라는 직업에 대한 개념이다. 이 개념에 따르면 방법의 통일성과 지적 입장의 통일성은 연구 대상과 학문에 대한 모든 사회적 구분을 능가한다. 이 사회적 구분들을 사회학적으로 생각하는 부르디외의 사회학과 같은 '반성적인' 사회학이, 어떻게 중앙과 주변의 전통적 구분들을 지키면서 이 구분들을 있는 그대로 받아들

---

1) 1986년 실시된 계산(comptage)에 따라서, 나는 1975년부터 1985년까지 이 학술지의 약 10퍼센트에 달하는 논문들이 넓은 의미에서 지식인의 사회학을 대변하였고, 이에 반해 1960년부터 1980년까지《프랑스 사회학지》의 논문은 1퍼센트만이 이에 해당되었다는 것을 알게 되었다.(L. 핀토, 〈지식인들의 과학은 가능한가? Une science des intellectuels est−elle possible?〉, *Revue de Synthèse*, n° 4, 1986. 10−12, p.345) 직업적 통합은 학술 공동체를 분열시키는 모든 것들을 제거함으로써 이루어지고, 반면 현학적이거나 기술적인 주제들은 창시자들의 생각처럼 차이를 중화하며, 방법론적으로 세련되었지만 과학적 목표가 결여된 앙케트의 중화에 유용한 것으로 나타났다.

이고 훼손시키지 않고 수용할 수 있을까? 그의 학문과 같은 과학의 통일적 개념에 대하여, 사회 세계의 한 구역 안에서 법이나 규칙을 발견하는 것은 전혀 다른 지역에 반향과 공명을 불러일으킬 수 있으며, 지식의 대상에 대한 궁극적이고 일의적인 경계선을 가정하는 것은 조심성 없고 비논리적인 일일 것이다. 사회 세계의 구역들은 상식이라는 예비 구축된 현실의 단계에 있으므로 내재적인 성격이나 공식적인 정의로는 구별되지 않기 때문에, 연구 대상을 구성한다는 것은 건축 용어를 빌리자면 콘크리트로 일하는 것이 아니라, 반대로 서로 다른 세계의 유사성을 알아볼 수 있는 투명한 형태를 겨냥하는 것이 된다. 이렇게 이들 중 하나에서 분명해진 구조는 비교를 가능하게 하기 위하여, 변형된 그룹이 조정한 형태에 따라 무한히 그 모습을 바꿀 수 있다.

만일 사회학의 한 '영역'을 객관적 지식에 대립하는 여러 방해물의 성격에 따라 규정할 수 있다면, 문학사회학은 이 관점에서 볼 때 지식인의 사회학에서 중요하게 대우받는 중심적 위치를 차지한다. 앞으로 다룰 논점들, 나중에 더 언급하게 될 관념들을 미리 논하려는 것은 아니지만, 문학사회학은 목표를 지닌다고 말할 수 있을 것이다. 그 목표는 사회과학의 한계에 대한 질문으로, 어디까지 사회학화할 수 있느냐 하는 것이다. 이는 극히 중요한 목표이다. 왜냐하면 모두에게 진실만을 말하거나 의미를 전하기를 천명한 어떤 그룹이 지식의 대상이 됨으로써, 어느 정도까지 궁극적 입장을 상실할 수 있는가 하는 것을 알아내는 데 목표를 두기 때문이다. 실상 지식인들은 자신들과 거리가 먼 그룹(프롤레타리아)이나 그들이 거리를 두고자 하는 일부 그룹(소부르주아나 부르주아)을 객관화시키는 일에는 기꺼이 동의하지만, 그들이 인지하는 것을 극복할 수 없는 결함이나 고상한 취향의 결핍, 속단, 저속(혹은 모독) 등으로 치부하여 객관화하는 시도는 피하려고 한다. 고급 문화의 산물은 과학적 시선에 도전하는 성스러운 형태이다. 따라서 사회학자는 내용과 형식에 있어서 철저함과 섬세함, 행위자에 대한 '외적인' 접근과 '내적인' 글 읽기 등을 조화시킬 의무가 있으며, 특히 연구 작업이 지적 작업의 구분에 따라 결정되는 방식에 관련된 이러한 대립을 어느 정도로 극복할 수 있는지를 증명할 의무가 있다. 과거에는 흔히 마르크시즘과 연결되던, 외부적 요인들에 매달리는 '사회학 만능주의(sociologisme)'화(化)에 유혹받지 않고, 최종적 이해를 독점하려는 '문필가'들의 야심에 항의해야 한다. 만일 문학사회학이 다양한 토착적인 (문학적인) 문학 이론과 단순화시키는 것이 특징인 유물론적 접근 방식에 반대하여 정의된다고 생각한다면, 이 이중적 표절은 그 가능성 자체에 연루되어 있기 때문에 단순하게 복잡하기만 한 지적 상황으로부터 기인한 것이 아니다.

그런 사회학의 목표가 피에르 부르디외의 중요한 이론적 도구 중 하나인 장(champ)의 개념에 농축되어 있다. 그는 자신이 '문학의 장'이라고 부른 것을 분석하면서 그 특성이 다른 세계의 특성과는 판이하게 다른 이 역설적 세계의 기능을 좀더 일반적으로 이해할 수 있는 가능성을 찾았다. 그렇기 때문에 여러 글에서 내세운 예술가와 부르주아 간의 대립은 여러 주제들 중의 하나가 아니며, 이 대립은 다만 간접적으로 과학적 자세가 지닌 가능성에 관련된 불변 요소의 표현일 뿐인 것이다. 달리 말하면 한편으로는 결정권자들의 결정에 도움 주기, 경영권자들의 경영에 도움 주기와 다른 한편으로는 과학 안에서의, 과학의, 예술을 위한 예술 사이에서 의견이 일치하지 않음으로써 이 대립은 어떻게 보면 사회학자들간에도 나타난다.

문학사회학에 주어진 자리는 중요한 이론적 선택을 간결히 표현하기 때문에 그 분야의 공간에서 사회학자의 위치를 지적하는 좋은 지침이 될 수 있을 것이다. 그것은 우연한 일이 아니다. 그렇게 무보수이고 이해타산을 넘어선 주제를 놓고, 어떤 사람들은 자신들의 존재를 합리화시킬 급하고 우선적인 일들에 매여 있음으로써 할 말이 하나도 없고, 또 다른 사람들은 이런 기회에 그들이 지닌 과학이라는 개념을 놓고 한판 승부를 걸기에 말이다. 문학(혹은 통상적인 예술)이 학문 분야에서 차지한 위치에 따라, 좀더 정확히 말하자면 사실과 현실의 정의를 내릴 수 있는 사회적 권력을 쥔 지배자들이 그들의 물질적이고 상징적인 이득에 대해 얼마나 거리를 두느냐에 따라 겉치레인지, 아니면 근본적인 것인지가 결정된다. 선개념(prénotion)에서 벗어나려는 욕구는, 이에 반하여 과학이 구축되고, 상식의 확신에서 오는 어떤 관점을 상대화(相對化)하는 '정신적 훈련'의 기회를 제공하는 겉보기에 유희적인 영역에서 그 주된 수단을 발견할 수 있는데, 행동에 연관된 도덕적이고 지적인 관습이나 권력과는 거리가 먼 또 다른 관점 덕분에 얻은 자유를 누리면서 이 관점을 대상으로 삼아야 한다는 것이 바로 이 '정신적 훈련'이 요구하는 바이다. 이상의 관찰들로부터 사회학적 이론은 이 이론이 계획하는 연구 대상 하나하나에서 전적으로 시험받고 있다고 결론지을 수 있고, 또 상호적으로 문학과 같은 장의 이론은 장이나 아비투스의 개념들처럼 결정적인 부분들에 대해서 일반적인 이론적 귀결을 갖는다는 결론을 내릴 수 있다.

다음은 문학사회학에 관한 것이다. 이는 일종의 사례 연구라 하겠다. 우리는 머릿속에서 이 연구 사례가 위치할 통일된 이론적 전망을 그리려 한다. 개념 아래에 사례를 포섭하는 식의 분류의 성격을 갖지 않는 일반성과 특수성 사이의 체계적인 관계는 규칙적인 변이라는 부류에 속한다. 이것이 장 이론의 근본적인 이론적 검증을 만드는 요인이다. 이 점을 이해하지 못하면 피에르 부르디외가 전문가라면 마땅히 지키고 스스로 제한해야 할 의무를 무시한 채 매우 다른 여러 경험적 분야들 사이를 배회했다는 비난을 하게 될 것이다. 그런데 그 결과는 아주 인상 깊다. 어떤 장들은 심화되고 세밀한 분석의 대상을 만들고, 다른 장들은 이론적 초안들과 작업 계획안의 대상들을 만들었다.[2] 순환성이란 꼭 여러 분야들 사이에서 이루어지는 것이 아니라 얻어진 지식과 연구들 사이에서 이루어지기 때문에, 연구의 고유성은 필시 이 완성된 순환성에 있다고 본다.

장 이론이 문학적이고 예술적인 영역[3]에서 최초로 천명되었으므로, 우리는 문학의 장이 새로운 연구의 '도구'들을 창조하는 과정에서 패러다임의 가치를 취하도록 예비시키는 특성들을 지녔다고 추

---

2) 장(場)이라는 개념은 특히 다음 분야에 대해 철저하고 상세한 방식으로 사용되었다(주제와 참조는 참고하기 바람); 종교(〈종교의 장의 기원과 구조 Genèse et structure du champ religieux〉《프랑스 사회학지》, 1971, n° 3): 고위 성직자(〈성가족. 권력의 장에서의 주교직 La Sainte Famille. L'épiscopat français dans le champ du pouvoir〉, 모니크 드 생마르탱과 공동. 《사회과학 연구지》, 1982/44-45, p.2-53); 고용주(〈고용주 La patronat〉, 모니크 드 생마르탱과 공저, 《사회과학 연구지》, 1978/20-21, p.3-82);《국가라는 귀족. 그랑제콜과 집단 정신 La Noblesse d'Etat. Grandes écoles et esprit de corps》, 파리, 미뉘 출판사, 1989년. 고급 의상(〈의상 디자이너와 브랜드. 마술의 이론에 대한 고찰 Le couturier et sa griffe. Contribution à une théorie de la magie〉, 이베트 델소와 공동, 《사회과학 연구지》, 1975/1, p.7-36); 문화의 생산(〈상징적 부의 시장 Le marché des biens symboliques〉, L'Année sociologique, 22, 1971, p.49-126; 〈신념의 생산:상징적 부의 경제에 대하여 La production de la croyance: contribution à une économie des biens symboliques〉,《사회과학 연구지》, 1977/13, p.3-43;《예술의 규칙. 문학 장의 발생과 구조 Les Regles de l'art. Genèse et structure du champ littéraire》, Paris, Seuil, 1992); 과학의 생산(〈과학의 장 Le champ scientifique〉,《사회과학 연구지》, 1976/2-3, p.88-104); 고등 교육 기관의 교수들(Homo academicus, Paris, Minuit, 1986; Les Usages sociaux de la science. Pour une sociologie du champ scientifique, Paris, INRA, 1997); 고등 교육 기관의 학생들과 제도들(La Noblesse d'Etat. Grandes écoles et esprit de corp, op.cit.); 〈사례 연구 étude de cas〉와 함께 기업들(〈경제의 장 Le champ économique〉,《사회과학 연구지》, 1997/119, p.48-66), 개인 주택(〈가장의 투자. 개인 주택: 생산품의 특수성과 생산의 장의 논리 Un placement de père de famille. La maison individuelle: spécificité du produit et logique du champ de production〉, 사라 부에자 · 클레르 지브리와 공동, 《사회과학 연구지》, 1990/81-82, p.6-35); 국가의 관료 정치와 정치의 장(〈시장의 구축. 행정의 장과 '주택 정치'의 생산 La construction du marché. Le champ administratif et la prpoduction de la 'politique du logement〉, 로진 크리스탱과 공동, 《사회과학 연구지》, 1990/81-82, p.65-85, 그리고《국가라는 귀족 La Noblesse d'Etat》, op.cit.); 법률(〈법의 힘. 법률 장의 사회학을 위한 요소들 La force du droit. Eléments pour une sociologie du champ juridique〉,《사회과학 연구지》, 1986/64, p.5-19); 사회적 공간(특히《구별짓기》).

측할 수 있다.

문학사회학 :프로그램의 형성

부르디외의 초기 저작들(알제리 · 베아른의 독신 막내들, 대학생들 등을 주제로 한)은 학문적 생산물의 연구에 직접 반영될 학문적 도구를 지닌 '실천 이론'을 시사하였다. 이는 이 분야의 첫 논문이자 일반적 노선과 첫번째 분석 계획안이 제시되어 있는 '지적인 장과 창조적 계획'[4]을 보아도 알 수 있다. 이 저서에서 순수 연구 계획이나 문학사의 내적 변증법의 귀결을 보는 사람들처럼 실천 이론에 대해 합리적 설명을 하지 않는 이상, 이 저서는 전략적 효과의 결론으로 간주될 수밖에 없을 것이다. 부르디외는 그에게 강요된 객관적 잠재성의 세계와 마주하여, 다른 사람들과 마찬가지로 규제된 즉흥적인 생각에 열중하였다. 그럼에도 불구하고 문학적 전략은 특수성을 지닌다. 바로 이런 이유로 장의 개념에 도움이 필요하다. 자율화라는 역사적 과정의 여러 국면이 개괄적으로 암시되었던 문학의 장은, 문학의 사회과학이 요구하는 방법론적 자율성이라는 가정을 보장하는 것처럼 보이는데, 이는 자율성의 개념이 축소된 접근 방식에 맞서서

---

3) P. 부르디외, 〈지성의 장과 창의적 프로젝트 Champ intellectuel et projet créateur〉, *Les Temps modernes*, 246, 1966, p.865-906. 장이란 개념은 부르디외에 의하면 아비투스보다 최근에 생겼는데, 이는 "그가 1960년경 고등사범학교 시절 세미나에서 시작한 예술사회학 연구와 《가정과 사회 *Wirtschaft und Gesellschaft*》에서의 종교사회학에 대해 집필한 글의 주석 사이의 만남의 결과로 생겨났다." ('Fieldwork in Philosophy,' 《말해진 것들》에서, p.33)

4) 1966년 *Les Temps modernes*에 발표되었던 논문. 이 글에 '보충되는' 두 논문을 덧붙여야 한다. 〈권력의 장, 지식인의 장과 계층의 아비투스〉, *Scolies*, n° 1, 1971, p.7-26과 〈상징적 부의 시장 Le marché des biens symboliques〉, *Année sociologique*, n° 22, 1971, p.49-126.

연구 대상의 특수성을 보장하고, 연구 대상에 대한 주관적 접근의 유혹을 떨쳐 버릴 객관성을 부여하기 때문이다. 문학의 분석에 있어서 구조주의와 후기 형식주의가 지배적이던 지적 상황에서, 부르디외는 창작이란 간접적인 형태로 대중에게 말하는 것임을 상기시켰는데, 이는 곧 모방을 선택하거나 혹은 거절하는 동료들, 비평가들,[5] 독자들, 작품의 대중적 이미지를 형성하는 데[6] 획기적인 세력을 지닌 편집자들과 같은 여러 행위자들에 관련하여 스스로의 입장을 명확히 하는 것이다.

장의 개념에서 사실주의적 전제들과 현상학적 비전의 한계를 없애기 위하여 겪었던 초기의 어려움은 '사회적 관계의 시스템'이라는 당시의 정의에서 잘 나타난다. 작가는 크고 작은 수많은 기호들(성공이나 실패, 대중의 변화 등)을 분석하여 얻은 행동과 반응들로 표시되는 끝없는 조정 과정 속에서 다른 작가들에 준하여 정의된다. 자율적 심급으로서의 장의 외재성을 확립한 후, 부르디외는 어떤 방법으로 장이 행위자들에 의해 적응되고 '내면화' 되었는지를 설명하려 애썼고, 급기야 아비투스의 한 양상인 '문화적 무의식'이라는 개념을 차용하기에 이르렀는데, 이 개념은 외부/내부, 집단/개인 등 대립되는 개념들을 화해시키는 장점을 보여 주었다. 게다가 문학의 장이 지니는 구조와 역할에 대한 분석이 그 윤곽을 드러내고 있었는데, 부르디외는 후에 이 분석에 박차를 가하게 된다. 즉 작품과 장르의 위계는 '연구 계획'을 개발하려고 고심하는 모든 사람들이 느끼는 제약인데, 이를 통해 장의 기본적 속성이 나타난다. 이 속성은 창작자들이 장과 관련된 정당성이라는 형태를 정복한다는 특수한 목적을 따르도록 하는 성격이다. 그리하여 일부 개혁자들이 이끄는 이단적

---

5) 그리하여 알랭 로브 그리예는 비평가들로부터 처음에는 객관주의적 작품을 쓰는 작가, 나중에는 주관성의 소설가 취급을 받았다.
6) 미뉘 출판사는 그 명성 덕에 '누보 로망'을 대변하는 이름이 되었다.

행위의 놀라운 결과인 분류 원칙의 변화를 늘 참작하면서, 각 개인을 그가 인정받은 정도에 따라 분류하는 것을 목표로 하는 작업 프로그램을 구상할 수 있다. 실상 문학의 장이 다른 상징 세계들처럼 우월성을 지닌 지배자들과 주변의 하류층으로 밀려난 피지배자들과의 대립으로 구조화되어 있고, 또한 사이사이에 온갖 중간 대립으로 구조화되어 있기 때문에 지배는 비합법적인 계층에서 오는 저항보다는 합법적인 무기를 지닌 새로운 등장자들에게서 저항을 받을 수 있다는 점에서 일시적이다.[7]

후에 부르디외는 장에 관한 이 첫번째 글이 지닌 모호함을 설명하게 된다. 그가 보기에는 불완전하기는 해도 중요한 내용 대부분이 실려 있었다. 요약하자면 연구할 작가들의 실천 감각을 다시 살려서 그가 처해야 할 가능성의 구별된 공간에 이 실천 감각을 귀속시키는 것이다. 주관주의(현상학)와 객관주의(레비 스트로스의 구조주의) 중 택일을 해야 하는 갈등을 극복하려는 야심이 아비투스-장이라는 한 쌍의 개념에서 성취되는 것처럼 보였으나, 이 중요한 두 용어 사이의 긴장을 해소시키지는 못했다. 객관적 구조에 대한 강조에도 불구하고, 부르디외가 나중에 다른 의도로 사용한 '저자의 관점'에 집중된 분석 쪽으로 치우친 불균형이 나타나고 있었다.

이것이 상징의 과학이라는 더 넓은 테두리 안에 놓여야 하는 이론 연구 계획이 처한 1966년경의 상황이었다. 예술이나 교육처럼, 명예나 신화에 대하여 이루어진 모든 연구는 같은 방향으로 흐르고 있었

---

7) 《예술의 규칙》(1992)의 주석에서, 부르디외는 이 논문을 '근본적이면서도 지나친' 것으로 판단하게 되는데, '장의 기원과 구조에 관한 중요한 문제들을 제안'하지만, "두 가지 실수를 담고 있다. (…): 이는 행위자들의 상호 작용에의 입장들 사이에 객관적 관계들을 감소시키는 경향이 있고, 또 문화적 생산의 장을 권력의 장(場) 안에 위치시키며, 그렇게 함으로써 그 몇몇 속성에서 실제적인 원칙을 빠져나가게 했다."(p.260)

다. 장·자본·구분의 개념 같은 작업의 방편들은 여러 분야 사이에서 끊임없이 유통되고 풍부해졌다. 문학사회학의 초기 가정은 그 기초를 장의 개념에서 찾을 수 있는 문학적 관습의 자율성이다. 개별적인 의견들의 체계라고 할 수 있는 문학의 장은 고려되는 관습들을 설명하는 분석의 단위로서 외부적 요소들을 명료성의 유일한 원칙으로 삼는 것을 피한다. 구체적으로 이것이 의미하는 바는, 가령 한 작품을 고려할 때에는 그 작품이 암암리에 내포하고 있는 부정적인 면도 반드시 고려해야 한다는 것이다. 작품이 지니는 의미란 차이 안에, 즉 다른 작품이나 다른 창작가들에게 객관적으로 던져진 도전 안에 있는 것이다. 이 도전에서는 단순히 문서에 선포된 내용으로 요약되는 메시지만을 본다는 것이 문제일 수는 없는데, 왜냐하면 이 메시지가 겨냥하는 식자들은 경쟁이 행해지는 장의 상태에 따라 결정될 수 있는 요점, 즉 설정된 의견 표명을 파악할 수 있기 때문이다. 작품을 통하여 어떤 위상이나 자아의 이미지가 요구되고, 사회적으로 조건지어진 지적 성향들을 상징적 생산의 세계와 일치시키는 것이다. 이러한 일치를 그 본질적 내용만으로 고려하는 것은 허망한 일인데, 이는 일치가 두 구조 사이의 유사한 관계 시스템의 상대적으로 우연적이고 일시적인 결과이기 때문이다. 두 구조란 하나는 성향들의 공간 구조이고, 또 하나는 작품 공간(고전, 현대, 귀족적인, 소외된 등)의 구조이다. 대부르주아와 소부르주아 같은 외적인 대립은 장 안에서 보존될 수 있지만 재번역된 형태이며, 다시 말하면 인간적이고 문학적인 자질 사이의 대립(고상한/평범한)이나 학파 또는 문체 사이의 대립 등, 일련의 대립을 통하여 보존될 수 있다. 마찬가지로 대중에 대한 연구는 '요구'에 의한 직접적 결정이라는 사실주의적 혹은 실체론적 표현으로 사고되어서는 안 되고, 전체화와 대등성이라는[8] 구조적인 표현으로 사고되어야 한다. 즉 행위자가 작품을 선정할 때에는 객관적이거나 주관적인 자신의 특성으로 선정하는 것이 아니라 가능성의 공간 안에서, 소비자의 조직화된 공간 내에서 자신의 정체성과 차이를 확증하는 데 기여하는 작품을 선택하는 것이다. 사회학자는 논리적으로 그 지식에서 벗어나서 이질적인 요소들에게 호소하기 전에, 독립된 시리즈 하나하나(성향·작품·제도 등)를 더 깊이 아는 데에 쓰이는 작업 명령어처럼 장의 개념을 사용하여야 한다. 비평적 개념인 장은 '명제'라기보다 인과 관계의 추리를 나타내는 조건과 제약을 제어하는 데 쓰이는 방법이라 하겠다.

독특한 실천은 전략으로 간주될 수 있으며, 이 전략은 일정한 시기에 차지한 입장들의 체계, 특히 허락되거나 금지된 가능성들을 통해 각 입장별로 정해지고 바람직한 가치를 가지게 된 입장들의 체계에 준하여 의미를 갖는다. 어느 수준까지는 행위자들을 점령하는 장의 이 현실성의 원칙은, 그러나 이와 상반된 것처럼 보이는 대담성·실험·허풍·과오들과 양립 불가능한 것이 아니다. 게다가 우리는 문학적 경로의 여러 면모들이 장의 결정에 배려하는 거리에 따라 이 여러 면모를 구별할 수 있을 것이다. 탐구와 주저가 함께하는 학습 기간 동안에는 가능성들이 무한히 개방되어 있다는 느낌을 주는 반면, 나이가 든다는 것은 자신의 입장을 좀더 사실적으로 판단함을 의미하며, 세련된 듯 알쏭달쏭한 시인 행세를 하며 거들먹거리던 소부르주아식의 절망적인 첫사랑을 포기한 후, 마침내 현명함이나 시골 또는 지방을 노래하는 대중 작가나 인기 작가에게서 볼 수 있듯이,

---

8) 그러므로 문학과 사회학의 작업을 취미와 생활 양식에 관한 또 다른 축의 연구(가령 《구별짓기》(1979)가 정점을 이루는)에 접근시킬 필요가 있다. 합법적인 문화적 자산의 공간과 성향을 다루는 세속적 공간 사이의 구조적 유사성에 관한 문제는, 문학 예술의 장을 다루는 사회학과 계층(특히 지배자 계층의)의 사회학 사이에 위치한 분석을 대상으로 하였다. 특히 〈미학적 성향과 예술적 능력 Disposition esthétique et compétence artistique〉, *Les Temps modernes*, p.295, 1971년과 〈지배 계층의 분파들과 예술 작품의 소유 방식 Les fractions de la classe dominante et les modes d'appropriation de l'oeuvre d'art〉, *Informations sur les sciences sociales*, vol. 13, n° 3, 1974년을 참조.

가끔 포기와 환멸을 강요하는 필요의 법칙에 순종하면서 지속하려는 노력으로 이해할 수 있는 것이다.

1992년 출간된 저서 《예술의 규칙》 안에 제시된 체계적 형태 분석으로 전개되었던 이후의 변화에서 이론과 경험의 몫을 정확히 말하기는 물론 힘들다. 어쨌거나 부인할 수 없는 사실은 부르디외의 글이 보여 주는 풍부한 영감으로서, 그의 일반적 의사 표명에서 엿보이는 성찰의 흔적으로 드러나는데 이는 또한 이런 가설의 총체를 토대삼아 만들어진, 부르디외나 다른 사람들이 실현한 작업에서 명백히 나타나고 있음을 볼 수 있다.

유럽사회학센터 내부에서 관장한 새 작업들의 중요한 진행 단계들을 살펴보자면, 1960년말에 윌름 가의 파리고등사범학교(ENS)에서 시작한 세미나를 들 수 있는데, 이는 작품의 사회학과 문화의 사회학이라는 입지와 주제로 인해 젊은 문학도들에게 사회학에 관심을 갖게 하는 기회를 주었는데, 이들은 여러 학문들 가운데서도 문제 의식을 지닌 학문에 대해 모험을 할 만한 성향과 자본을 지닌 사람들이었다. 그리하여 이 중 일부는 19세기말부터 20세기초까지의 프랑스 문학의 장에 대한 상당한 자료를 모으기에 이르렀다. 또 다른 중요한 단계는 1975년 《사회과학 연구지》의 발간이었다. 사회학의 새로운 비전을 제시하려는 이 학술지에 의해, 연구 대상과 방법의 학술적 위계가 연구됨으로써 연구 작업은 산만하지 않게 되었다. 그외에도 그렇게 얻어낸 가시성으로 사회학 작업의 대중적이고 과학적인 정의를 변화시킬 가능성을 갖게 되었다. 연구 대상의 선택에 있어서도 변화가 있었다. 과거에는 틀에 박힌 통계, 설문지나 대담을 통한 일련의 대규모 앙케트들을 통해, 학업적이고 문화적인 재생산의 근본적 메커니즘을 밝히려는 분석들이 제시되었으나, 이후로는 근본적이고 새로운 시선으로 '학문적 전통'[9]이라는 야심에 찬 분야에 접근하는 지적인 권위를 드러내 놓고 주장할 수 있게 되었다. 의미심장한 사실은 여러 논문들이 무명의 대중에 대한 것이 아니라 고유 명사와 저명한 인물들을 소재로 다루게 되었다는 것이었다. 문학과 예술과 지식인의 사회학은 말하자면 전략적 중요성을 띠게 되었는데, 사회학 과목이 가진 아직 개발되지 않은 가능성을 입증했고, 모든 문화 생산에 유효한 분석 프로그램을 갖고 있었기 때문이다. 피에르 부르디외는 거의 같은 시기에 소설가 귀스타브 플로베르와 철학자 마르틴 하이데거에 대한 분석을 행하였는데, 공통된 원칙은 이 특출한 창작가들의 담론을 객관화하고 이들의 사례를 통하여 관련된 장[10]을 특징짓는, 합당하게 형식화하는 법칙을 기술하는 것이었다.

---

9) 〈문인 전통의 비판 Critique de la tradition lettrée〉, 특집 1975년 11월 5-6 참조.

10) 이렇게 크리스토프 샬(Christophe Chale)(《자연주의 시대의 문학 비평 La Crise littéraire à l'époque du naturalisme》, Paris, PENS 출판사, 1979)은 문학 생산자들과 문학 장르의 역사적 형태학을 실현했는데, 이는 시장 상황, 그 상황적 변화 등을 파악하기 위하여, 그리고 일반적으로는 문학 프로젝트의 형성과 점검의 가능성을 위한 객관적인 조건을 파악하는 필수 불가결한 도구이다. 레미 퐁통(Rémy Ponton)의 경우에, 그는 이 시대의 작가들의 자서전 연구에 근거해 장의 구조를 분석하기를 제안했다. 자료는 객관적 속성들(사회적·지리적 기원 등)과 문체와 장르의 내적 특성들을 긴밀히 조합하여, 문학 자본의 축적과 재전향을 파악할 수 있게 했다. 지난 세기말, 그가 그 역사를 연구한 '심리 소설'의 창안은 문학의 장이 지닌 기능 법칙을 해설한 것으로 간주될 수 있다. 고답파(les Parnassiens)와 상징파 시인들로 대표되는 고귀한 장르인 시가 과잉 창작됨으로써 부르주아 출신 작가 지망생들은 당시 자연주의 사조 때문에 비하되어 덜 붐비는 소설과 같은 장르로 진출했다. 그 결과 이들의 성공이 미학적 거리두기 효과와 내레이션과 묘사라는 제약을 화합시킬 수 있는 소설 장르를 재정의하기에 이르렀는데, 그 이유는 개성이 강한 개인의 '자아(moi)'는 다른 어떤 것보다도 새로운 표현 양식의 창안에 잘 맞기 때문이다. (R. 퐁통, 《1865년과 1905년 사이에 프랑스 문학의 장 Le champ littéraire en France de 1865 à 1905》, EHESS 박사학위 논문, 1977년; 〈심리 소설의 탄생. 19세기말 문화 자본, 사회 자본과 문학적 전략 Naissance du roman psychologique. Capital culturel, capital social et stratégie littéraire à la fin du XIX siècle〉, Actes de la recherche en sciences sociales, 1975/4 참조) 글을 보면 내적 접근과 외적 접근 사이의 단절이 효과가 없다는 것을 알 수 있는데, 그 이유는 심리 소설은 문학의 장에서 상위를 차지하려는 전략이고 동시에 이 시대 작가들에게 주어진 윤리적·미학적인 일련의 문제들에 순수하게 문학적인 해결책을 내놓는 전략이기 때문이다. 어떻게 '심리' 소설가가 되느냐 하는 문제에 있어서는 문학 작업을 가능케 하는 객관적이고 주관적인 속성들을 파악한 후에, 격려와 충고를 하는 동료 문인들과 비평가들의 계층을 연구하고 동시에 스스로의 자아에 대한 문학 작업의 실

이 주제에 관하여는 플로베르에게 바쳐진 그의 작업 의도를 알아
보는 것으로 충분할 것이다. 이 작가는 '예술가의 생에 대한 발견,'
즉 문학의 장이 지닌 자율화의 과정에 할애될 양식들의 조정에 있어
서 주요 인물로 대우받고 있었다. 정해진 장의 자율성을 이론화하는
다른 원칙들과 마찬가지로 예술을 위한 예술주의는 스스로를 부인
하지 않고 문자 그대로 자율성을 취할 수 없는 접근을 향해 도전하
고 있었다. 그보다 먼저 일련의 분석들이 순수 예술가의 가능성에 대
한 사회적 조건과 이 입장이 위치할 장의 일반 구조를 확립하는 데에
공헌하였었다. 이 오래되고 근본적인 문제는 이러한 주제를 다룬 일
련의 논문들로 막을 내린 것이 아니고, 더 풍부한 자료와 더 복잡하

천적 구조를 파악해야 할 것이다(어휘 배열, 문체나 구성에 있어서 '공통적'이고 '이미
아는' 것이나, '난해한' 것들을 배제하면서). 또 다른 연구들도 참조할 만하다. 세르지
오 미첼리(Sergio Miceli)의 저서(《브라질의 지식인과 권력(1920-1945) Les Intellectuels
et le pouvoir au Brésil(1920-1945)》, Grenoble, Paris, Presses universitaires de Grenoble/
Maison des sciences de l'homme, 1981)는 브라질의 '아나톨리엥(anatoliens)' 소설가들
경우에 지배 계층의 장 안에서의 작가들의 입장, 이들이 출생한 가족 집단의 구조, 성
(性)적으로 드러난 인간적 장점 사이의 대립들을 관련시키려고 애썼다. 또한 작가 아
미엘에 관한 뤽 볼탄스키의 논문(〈권력과 무기력; 아미엘의 《일기》에 보이는 지적 프로
젝트와 성 Pouvoir et impuissance: projet intellectuel et sexualité dans le Journal d'Amiel〉,
Actes de la recherche en sciences sociales, 1975/5-6, p.80-108)에서 이 작가의 모호
한 입장이 지배 계층의 공간 안에서 갖는 순수히 문학적이고 미학적인 효과를 보여
주었다. 또한 안 마리 티에스는 피지배 계층의 작가들(대중 작가·지방 작가)의 지적
여정과 작품을 연구했다.(《벨 에포크 시절의 대중 독자와 책 읽기 Lecteurs et lectures
populaires à la Belle Epoque》, Paris, Le chemin Vert, 1984) 알랭 비알라는 17세기 작
가들을 통해 초기 문학의 장이 어떻게 구축되었는지를 분석하였다.(《작가의 탄생
Naissance de l'écrivain》, Paris, Minuit, 1984) 최근 지젤 사피로(Gisèle Sapiro)의 연구들
은 1940년대의 문학의 장을 체계적으로 분석하고, 내적-외적 대립을 극복하려는
작가들의 여정을 비교 분석했다.(《문학적 이성. 독일군 점령(1940-1944) 시대의 프랑스
문학의 장 La raison littéraire. Le champ littéraire français sous l'Occupation(1940-1944)〉
과 〈문학적 구원과 구원의 문학. 두 가톨릭 작가의 여정: 프랑수아 모리악과 앙리 보르도
Salut littéraire et littérature du salut. Deux trajectoires de romanciers catholiques: François
Mauriac et Henry Bordeaux〉, 《사회과학 연구지》, 1996/111-112, p.3-35와 p.36-58)
좀더 최근의 시대에 관한 연구는 L. 핀토의 〈텔 켈. 사회 풍자적 지식인에 대하여 Tel
Quel. Au sujet des intellectuels de parodie〉, 《사회과학 연구지》, 1991/89.

고 체계적인 전개를 보임으로써《예술의 규칙》에서 중심 주제가 될 것이다. 그럼에도 불구하고 장 이론은 '외적' 독서로는 작품이 불가해하다는 회의론자들(또는 반대파)의 주된 반대를 정면 돌파할 수 있는 분석을 내놓기 전에는 문학사회학의 정당성을 증명할 수가 없었다. 사회학자의 관점은 그가 명료하게 윤곽을 잡아 놓은 작가의 관점과 완전히 양립할 수 있다는 것을 보여 주어야 했다. 다시 말하면 작품을 '해독'하는 형식주의적 입장에 관련된 지적 저항이 극복된 후, 사회학이 작품에 도입된 것이 아니라 그 작품 안에 자리잡고 있다는 것을 보여 주어야 했다. 이런 이유로 부르디외는 플로베르의 소설《감정 교육》에 관해 긴 논문을 쓴 바 있는데, 이 작품은 문학적 소재가 지닌 사회학적 명료성에 대한 가정을, 좀더 정확히 말하자면 사회 세계의 문학적 구성과 사회학자의 활동[11] 사이에 닮은 점이 있다는 가정을 시험할 기회를 주는 작품이었다. 실제로 이 소설에 나오는 등장인물들은 넓게 볼 때, 사회적 공간에서 주목할 만한 지위, 특히 권력의 장의 지위로 환원될 수 있다. 예술과 돈(예술가와 부르주아)이라는 양극 사이의 대립이 의미 있는 특질들(판단, 취향, 사는 곳 등)을 통해 그 소설에서 양식화되고 밀도 있게 재현된다. 주인공 프레데릭 모로의 태도가 갖는 의미는, 양극단 사이에서 택일을 해야 하는 상속자로서 자신의 가능성들을 간과할 수 있는 조직화된 공간 안에서 그가 선택하는 모든 의사 표현을 고려해야만 파악될 수 있다. 만일 소설가가 각 등장인물마다 발생적 양식을 부여한다면 이 양식은 시간의 흐름 속에서 나타날 수밖에 없는데, 이 시간은 사회적 노화의 시간, 즉 오랫동안 숨겨 온 갈망들을 나타내기 위해, 아니면 적어도 초기의 기대들이 무산됨으로써 부과된 체념된 지표들을 드러내기 위해 잘

---

11) P. 부르디외, 〈예술가의 삶에 관한 창안 L'invention de la vie d'artiste〉,《사회과학 연구지》, 1975/2.

형성된 상상적 경험들의 수단이다. 프레데릭이 다른 인물들과 구별되는 것은, 사회 세계가 제공하는 유한한 가능성들 중에서 무엇인가를 선택하거나 규정하기를 거부하기 때문인데, 다른 인물들은 원하던 위치에 진정으로 안주하는 반면에 그는 멀찌감치 서서 환멸을 느낀 관람자처럼 살아가기를 선택한다. 플로베르는 사회학적인 '자료들'을 찾는 자들이 우호적으로 양보하듯이 말한 바처럼 단순히 어떤 '사회 부류'를 묘사하지는 않는다. 프레데릭은 '귀스타브(플로베르)의 극복되고 또 보존된 가능성'이며, 이런 프레데릭을 통하여 작가는 '사회 세계의 이상주의'라고 할 수 있는 특수한 사회 세계와의 관계를 객관화하는데, 이는 곧 예술을 위한 예술에 몸바친 예술가의 속성이자 이 모델에서 스스로를 발견하는 모든 이들이 문학의 장에서, 나아가서는 권력의 장에서 차지하는 입장의 속성이라 하겠다. 그의 글쓰기는 부르주아 작가나 사회 예술을 추구하는 작가의 이중적인 진부함을 거부하는 한 방식이며, 프레데릭의 우유부단함은 부르주아 청소년에게 제공된 완전한 참여의 이중적 거부이다. 사회학자 부르디외는, 막스 베버가 말하듯 예술이 종교처럼 이 세상에 대한 넘을 수 없는 관계(Dieseitigkeit)로 낙인찍혔다는 것을 이해하기 위해서, 예술가 플로베르가 말한 것에 그의 식대로 귀 기울이는 것으로 만족한다.

장: 한 개념이 지닌 이론적 목표들

문학사회학의 여러 사고 방식들을 상세히 기술하기 전에, 그것이 들추어내는 문제들이 왜 훨씬 보편적인가 하는 것을 이해하려고 노력할 필요가 있다. 이를 확인하려면, '문화 생산의 장들이 지닌 몇몇 일반적 특성'(p.298)이라는 부제를 달고 있는《예술의 규칙》에서 '작가의 관점'편을 읽기를 권한다. 매번 이 단락에서 문학을 논할 때마다, 특히 괄호 같은 여러 방법들은, 말해진 것이 종교와 정치의 장들과 함께 다른 '문화 생산의 장들'에도 적용된다는 점을 상기시킨다. (이들 사이에 중대한 차이가 있다는 점을 속단해서는 안 된다.)

장의 개념은 순수 관념들의 사이에서 생성된 것이 아니고, 이론적 딜레마를 해결하기 위한 수단이었다. 예술·문학·신화·이데올로기 같은 문화 산물들을 설명하기 위하여 그때까지의 두 방법 사이에서 선택할 수밖에 없었던 것이다. 실제로 구조주의와 마르크시즘으로 대표되는 두 전통 사이의 대면 구조가 팽배하던 프랑스의 지적 상황 내에서는, 외적인 결정론을 배제하는 내적 일관성을 지닌 생산물들을 선호한다든지, 특히 지배 계층의 이익을 정당화하는 이데올로기적 역할 같은 사회적 역할로 이 생산물들을 특징짓도록 부추기는 경향이 강했다. 그런데 한편으론 이론적 수확으로 간주되는 것이 다른 한편으론 소모되는 대가처럼 보인다. 생산물의 명료성을 너무 강조하다 보면, 행위자는 피상적이거나 부수적인 존재가 되는 자율성을 생산물에 부여하게 된다. 그리고 역으로 사회적 이해 관계를 너무 강조하다 보면, 생산물들을 이해하는 과정에서 길을 잃을 수도 있다. 달리 말하면 문화적 재산의 내재적 논리에 주의를 기울이다 보면 이상주의적 비전에서 벗어날 수 없고, 이는 이 작업에서는 무기력하지만 문화적 산물들을 정치적으로 해석하려는 유물론자의 입장을 지닌 반대편에게 지적을 받게 되는 결과를 낳는다. 그렇다면 결과적으로 어떤 승리 혹은 어떤 패배를 선호해야 하는가?

이론적 양자택일의 특성은 아마도 대립의 한계에 관하여 반대편들로부터 의견의 일치를 이끌어 내는 데에 있을 것이다. 실제로 모든 것은 '이상주의자'와 '유물론자'로 대별되는 경쟁자들이 어느 정도까지는 상부 구조/하부 구조, 문화성/사회성, 상징성/경제성이라는 대립 구조로 특징지어지는 인지적 구조를 공유하는 것처럼 진행된다.

선택을 해야만 하는 상황에서, 각자는 그가 소유하고 있는 기반에 의해 규정되는 것 같다. 이 세상에 대해 주지주의적 입장을 취하고, 학문적 아비투스와 공모한 사람들은 의미·지식·메시지와 텍스트의 편에 자리를 잡는다. 그 반대로 세상을 사실주의적 입장으로 보는 사람들은 권력과 계급, 계급 질서의 편에 선다. 전자는 고귀하고 특권적인 재산의 내부적 해체와 분석에서 우월하고, 후자는 이 재산의 탈신화화에서 우월하다. 이름을 거론하자면 한편으론 레비 스트로스의 구조주의와, 지식의 여러 시대를 특징짓는 '인식소(épistémè)'[12]를 연구 대상으로 삼는 미셸 푸코의 고고학을 들 수 있고, 다른 한편으론 루카치의 전통, 프랑크푸르트학파, 마르크시스트학파(프레데릭 앙탈·아놀드 하우저)의 미술사를 들 수 있다.

구조주의가 대표하는 이상주의적 비전의 엄격함과 풍요함을 사회적 차이를 논하는 사실주의적 비전의 요구와 결합시키기 위해서는 개념적 양자택일의 영향력에서 벗어나야 했다. 의미와 폭력, 지식과 정치를 분석할 때에 분리하지 않는다는 일종의 도박인 셈이다. 이것이 바로 피에르 부르디외가 제시한 상징계(le symbolique)[13]의 과학이 지닌 원칙이다. 학술 용어는 그 안에 든 지적 도전을 표현한다. 즉 상징계는 권력과 폭력처럼 외면적 '역관계'와 함께 다루어진다. 이는 무슨 의미인가?

이론적 입장의 공간은 도표로 제시되었는데, 여기에 상징적 도구들의 여러 개념(언어·신화·예술·종교 등)[14]이 분류되었다. '신칸트주의'(훔볼트-카시러 혹은 워프-사피어)라 불리는 첫번째 전통은 이 도구들, 즉 상징적 형태들에 객관적 세계의 구성이라는 능동적 역할을 부여함으로써 이들을 '구조화하는 구조들'(혹은 '주관적인')로 간

---

12) 특정 사회·시대의 학문적 지식의 총체, 인식 체계이다. 〔역주〕
13) 상징적 사고는 이미지와 유추로 이루어진다. 〔역주〕
14) P. 부르디외, 〈상징적 권력에 대하여〉, 《아날》지, n° 3, 1977년 5-6월호.

주한다. 두번째 전통은 구조주의(소쉬르·레비 스트로스)인데, 이는 생산 행위보다 생산물에, 즉 **작용하는 방식**보다는 **작용이 가해진 산물**에 더 중점을 두며, 상징적 도구들을 내적 일관성과 내재적이고 일종의 자급자족하는 명료성이 동반된 '구조화된 구조' '객관적 구조'로 간주한다. 서로 이웃하며 또는 동일 작가(뒤르켐)에 의해 때때로 서로 접합하는 이 두 전통은 공통적으로 주지주의적 전제를 지닌다. 주체들과의 일치를 가정하며 (또는) 생성하는 지식과 커뮤니케이션에 우위가 주어진다. 세번째로 마르크시스트 전통(베버와 마르크스가 결합하는)은 "그 논리적 구조와 인식형이상학적 기능을 버리고, '상징적 체계들'의 정치적 기능을 우선시한다."[15] 이러한 관점에서 '상징적 도구들'은 개별적 이점의 보편화라는 이데올로기적 효과의 특징을 지니는 '지배의 도구'로 간주된다.

　이러한 관점들을 종합한다는 것은, 상징계라는 하나의 복합적 합체(totalité)에 특별히 기여하는 대립된 표현을 고려하기 위해 시선을 전환하는 것과 같다. 이 역설적인 작업은 반대되는 세력을 우호 세력으로 변화시키며, 이 두 세력이 만남으로 인해 우호적으로 작용한다. 목적론(finalisme)의 어떤 형태일지라도 검증하는 것처럼 보이는 모든 진술을 경계할 줄 알기 때문에, 우리는 지배는 겉보기에는 지식과 커뮤니케이션이라는 역할에만 할애된 상징적 '도구'들을 통해 실현될 때에 훨씬 더 효과적이라고 말할 수 있다. 신화·종교·예술 등은 내재적인 논리에만 복종하는 것처럼 보이면서 각 분야의 정치적 기능을 수행한다. 그런데 이렇게 말하는 것은 분석 작업을 위한 보충적 두 가지를 전제한다. 즉 한편으로 상징적 형태는 독자적 논리에 따라 기능해야 하고, 지배라는 사회적 기능은 '그 위에'(부르디외의 친밀한 표현을 빌리자면) 채워져야 하며, 또 한편으로는 라이프니츠의

---

15) 같은 책, p 408.

상징적 도구들*

구조화하는 구조들로서   구조화된 구조들로서   지배의 도구들로서

객관적 세계의 지식과   커뮤니케이션의 수단들   권력
구조화의 도구   (언어 혹은 문화 대 담론   일의 분할(사회 계층들)
                    혹은 태도)   이념적 일의 분할(육체
                                            적/지식적)
                                            지배의 역할

상징적 형태들   **상징적 대상들**   **이데올로기들**
주관적 구조들   객관적 구조들   (대신화들, 언어들)
(작용하는 방식)   (작용된 산물)   마르크스
칸트–카시러   헤겔–소쉬르   베버

사피어–워프   뒤르켕–모스   레비 스트로스   합법적 문화 산물의
문화주의   분류화의 사회적 형 (기호학)   독점을 위해 경쟁하
                 식들   는 전문가 집단

의미: 주체들과의 일치로   의미: 커뮤니케이션의 조
서의 객관성(합의)   건인 커뮤니케이션의 산
                            물로서의 객관적 의미

상징적 형태들의 사회학:
인식형이상학적 분야에 대한 상징적 권력의 기여
의미=합의, 즉 **공론**(doxɑ)

정치적 폭력(지배)에 대한 상징적 폭력(정통성)의 기여
로서의 이데올로기적 권력
지배 작업의 분할

* 피에르 부르디외, 〈상징적 권력에 대하여〉, 《아날》지, p.406 인용–원주.

용어를 빌리자면, 지배는 자율적 논리에 순종하는 과정의 한복판에서 '표현'되어야 한다. 그러므로 번역이나 재번역이 필요하다. 그런데 '단어 대 단어'식 직역일 수는 없다. 그래서 번역은 구조적일 수밖에 없다. 그러므로 외적인 사회적 입장과 상징 체계의 내적 요소와의 교감은 코드의 중재에 의해서만이 실현될 수 있는데, 코드는 구조적 분석에 의해 밝혀지고, "한 시스템을 정의하는 단어들은 차별화될 때 가치를 인정받는다"라는 격언에 일치하는 내재적 적절성의 원칙에 따라 같은 종류의 입장들의 총체를 재번역할 수 있게 한다. 예를 들면 '철학자' '지리학자' '칸트학파' '마르크시스트' '초현실주의자' 같은 용어들을 어떤 실제 사회 집단에 연결시킬까 하는 생각을 포기해야 하는 것이다. 또한 일의적인 사회적 특징에 따라 직접적으로 예술적 또는 철학적 작품들, 종교적 담론들을 특징짓는 것도 포기해야 한다. 반면에 상징 체계 안에 보존되어 있는 것은 구조적 동형성에 근거한 외적 입장의 관계들이다. 지배자들(귀족 · 부르주아 · 고용주 등)과 피지배자들(노동자 · 민중 등) 사이의 사회적 대립이 인정된다면, 그것은 예술적 · 문학적 · 철학적으로 고려된 세계의 기능에 따라 요구된 특수한 형태하에서 가능할 수 있다. 그리하여 여러 학문들이 상대적으로 자율적인 체계 안에서 상위권에서는 철학을 볼 수 있고, 철학의 분야들 중에서는 칸트주의자들을 보게 되며, 하위권에서는 지리학자들을, 철학의 분야들 중에서는 마르크시스트들을 볼 수 있다. 저작물들과 행위자들에 대한 분류는 인지적이자 경제적이고 정치적인 역할을 수행한다. 한 공간이 일정한 자율성을 누린다 할지라도 계층화된 공간 안에서 어떠한 위치를 차지하는 데에는 차별된 이득이 있다. 개별적 이득, 특히 지배자의 이득이 인식과 커뮤니케이션이라는 역할 성취에 필요한 격차에 의해 간접적으로만 주어질 수 있다는 사실은 상징적 권력의 속성이다.

(시스템의) 자율성과 (구조의) 상동성. 이것이 상징적 시스템의 분석

이 요구하는 필수 불가결한 명료성의 원칙이다. 우리는 여러 시스템들이 사회 세계, 행위자들, 사회적 계층의 공간과 함께 유지하는 관계들을 이해하려고 노력함으로써 이 체계들의 내재적 논리를 기꺼이 따르는 구조주의적 분석의 요구를 충족시킬 수 있다. 사회학의 역할은 언뜻 대립하는 것처럼 보이는 지적 전통들이 생산한 지식들을 화합시키는 것이고, '상위 구조'의 당돌한 축소와 문자적인 탈신화화 이외에 상징성을 마주하여 다른 무기를 지니는 필연적인 유물론을 창안해 내는 것도 기대할 수 있다.

이제 남은 일은 막스 베버의 족적을 지닌 보충적 단계를 완성하는 것이다. 상징적 시스템을 이해함에 있어서 행위자들을 자리매김하자면, 총괄적이고 막연한 방식으로 사회 계층 운운해서 이루어지지는 않는다. 상징적 산물에 부여된 자율성은 사회적 공간이라는 차별화된 공간의 중심에서, 행위자 집단들(성직자·학자 등)이 분업에 의해서 일정한 자리를 획득하고, 정해진 상징적 산물(구원의 재산·문화적 재산 등)을 합법적으로 다룰 자격이 주어진다는 것이다. 이리하여 상징적 생산(종교적·문화적 등)의 장은, 구조주의적 방식으로 지식과 커뮤니케이션의 내재적 논리에 바쳐진 세계처럼 간주될 수는 없고, 또한 마르크스주의 방식으로 계층의 지배를 위한 도구처럼 간주될 수도 없다. 문제시되는 이해 관계는 특수한 것으로, 먼저 관련된 전문가들간의 이해 관계인데, 이 전문가들은 그들의 입장과 관련된 장에 대한 관점에 맞게 조절된 재산의 정의, 사상적 문제의 정의, 인간의 우월성의 정의를 강요하기 위해 서로 맞서고 있다. 장의 구조는 항상 관계에 의해 정의되는 특징적 입장의 구조와 일치한다. 부르디외에 의하면, 바로 이런 방식으로 막스 베버가 기술한 이상적이고 전형적인 인물들을 이해해야 한다. 마술사와 예언자는 관료주의의 대리인인 성직자와는 반대로, 그 인물에 결부된 권력인 카리스마를 공통적으로 소유한다. 마술사와 성직자는 예외적인 상황의 인물인 예언자와는 반대로, 존재의 일상적 환경에 직면한다는 공통점을 갖고 있다. 성직자와 예언자는 순수하게 실제적인 목적(치유, 풍요한 수확, 적에 대한 험구 등)을 지닌 활동을 하는 마술사와는 달리 상대적으로 체계적인 담론, 즉 세상과 구원의 비전을 제공하는 '독트린'을 공통적으로 갖고 있다. 이러한 의사 표현(존재의 의미, 구원의 본질과 방식에 대해)은 종교 공간에 있어서의 여러 입장에 대응한다. 의사 표현의 일관성은 다른 입장의 변화에 따라 각 입장을 정의하는 것인데, 어떤 제도(교회)가 구원의 재산을 독점하여 취급하는 정도는 대부분 정해진 상황에서 전적으로 종교적인 재력의 분포를 설명해 준다. 한 행위자가 종교적 행위자가 되는 것은 그 장이 허락하는 무기를 갖고 행동하며, 계층화의 다른 원칙(정치적 · 경제적 · 문화적 등)을 기반으로 세워진 세계에서 끄집어 낼 수 있는 무기들을 포기할 경우에만 가능하다. 희생되거나 신용을 떨어뜨리는 특수한 힘인 상징적 권력이 바로 무기이며, 게임의 목적이 되는 이유이다. 관련되는 장에 담긴 상징적 권력은 이 장 안에서 정당하게 행동할 것을 허락하는 합법적 위상인 권위 안에 존재한다. 이 경우 장 안에서의 행위자들간의 힘의 관계는 의미 관계의 변질되고 완곡한 형태로 제시된다. 예를 들면 행위자는 성서의 해석을 제기해 볼 수 있다.(자신의 종교적 자본과의 관련하에) 이 경우 성전(聖典)은 파괴적이라 할지라도, 표현의 정당한 양식들을 충분히 존중하여 성직의 관료주의에 반대하는 팸플릿 같은 정치적 주장이 아니라 종교적 담론으로 인정될 수 있다.

제안된 사회학적 시도가 권력 또는 지식을 강조하는 여러 지적 전통들의 요구들과 교차하는 측면에서, 지배의 관계와 의미의 관계를 동시에 모두 유지하는 것은 가능하다. 상징적 생산물의 인지적 기능과 객관적 일관성은 행위자들 사이에 경쟁과 갈등 관계의 두드러진 효과처럼 간주될 수 있으며, 행위자들간의 관계는 그 장에 내재한 논리로 설명될 것을 필요로 한다고 말할 수 있다.

장의 개념은 다른 해설적 이점들을 제공한다. 우선 이 개념은 독특한 행위자의 독특한 의사 표현이거나, '현대인들'에게 고유한 다른 입장 표명(푸코의 인식소처럼)의 공통적 받침대이거나 간의 두 갈래 길에서 억지로 이를 설명하려고 택일하지 않도록 해준다. 장의 구조는 분화의 내적 원칙들을 동시에 설명하게 해준다. 이 내적 원칙들에 따라서 갈등·논쟁·경쟁과 장의 기능이 야기하는 역사적으로 정해진 한계 등이 조직되는데, 이들은 현재 차지한 어떤 의견과도 일치하지 않는 가능성들을 생각할 수도 없고 자격도 없는 것(유행이 지난, 적절하지 않은……)으로 만든다. 그 다음장의 개념은 어떤 용어도 그 의미를 절대화하거나 축소하지 않은 채로, 개념 내적인 사항과 개념 외적인 사항 사이의 관계를 이해하게 만든다. 생산의 장은 자신의 고유한 논리에 따르는 까닭에 외적인 사회 기능, 특히 한 사회 영역의 합법화된 사회 기능을 이행한다. 지배자들은 장의 기능이 지닌 내재적 덕목으로 인하여 사회 세계의 외적 분화(지배자/ 피지배자)가 인정받거나 오해받는 한, 이 기능을 그들에게 유리하게 변경시키기 위하여 성급하게 지속적으로 개입할 필요가 없다. 즉 장의 자율성이 그 상징적 효율성의 조건이 되기 때문이다. 끝으로 장의 이론은 서로 다른 세계 사이에 이미 설정된 조화를 추측하도록 유도하지는 않는다. 장의 내적인 논리는 만일 이 논리가 사회 세계의 분화를 재생산하는 데에 총체적으로 기여한다면, 다른 합법성의 원칙에 근거한 힘들과 어느 정도 갈등 관계에 놓일 수 있다. 자율성이 법률적으로[16] 영원히 보장된 상황이 아니고 역사에 기록되는 투쟁의 산

---

16) 과학과 교과목에 관한 역사는 책 제목과 담당자 선발 등 순수히 제도적인 양상을 띠는 교과목의 자율성을 기준으로 삼을 때에 오해와 불신에 노출된다. 이런 견해는 그 고장 출신의 '역사가'들에 의해 형성되어 그들이 위치한 존엄한 통로를 다루지 않고, 자율성과 타율성이라는 상반된 의미 안에서 활동하는 내부적 투쟁과 사회적 세력을 묘사하기를 잊고 있다.

물이라는 사실을 이해하기 위해서는, 세속적인 권력(국가·행정)과 영적인 권세(교회·예술가) 간의 관계를 생각해 보는 것으로 족하다.

자율성의 형식들

문학의 장처럼 일정한 장을 검토할 때, 우리는 지금까지 살펴본 연구가 순환성을 제시하고 있다는 것을 우선 생각할 수 있다. 작품의 형식적 특징들에 대한 지식은, 성향으로부터 시작하여 스스로 한정될 수 있는 생산자들의 입장에 연관된 특성들의 지식에서 분리될 수 없다. 예를 들면 한 개인(파리의 대부르주아 등)의 사회적으로 조건지워진 동경과 능력을 스스로 주장하거나 (또는) 부여받은 위상(아방가르드 시인 등)에 관련지어 볼 수 있는데, 이때 위상은 그에게 주어진 여러 새로워진 상황들 사이에서(참여, 탐미주의 등) 다양하게 선택하도록 이끈다. 그런데 세 가지 용어──입장, 성향, 입장 표명──는 보는 관점이 다르다는 것 이외에는 별다른 의미 차이가 없다. 아방가르드 시인(파리의 상류층 출신의)은 향토주의 소설가(지방 출신의 소부르주아)가 아니며, 마찬가지로 그들의 소망과 취향은 대립적으로 정의된다. 그러므로 한 작품의 의미는 항상 이중적으로──사회적 그리고 지적으로──특징지어질 수 있기 때문에 작가의 사회적 특성에서 비롯한 직접적 추론에 의해서는 이해될 수 없으며(아니면 예외적으로), 이 추론이 기록되는 가능성의 세계에 따라 간접적인 방식으로써만 이해될 수 있다. 그런 분석에서 관계를 맺는 것은 정확히 말하면 세 가지 관계 체계, 세 가지 '공간'이다. 이 세 공간은 어느 정도 서로 분리되며, 동시에 체계적으로 탐구할 필요가 있는 상동성들(homologies)을 제시한다. 각 공간은 일종의 게임을 허용하는 고유한 논리를 지닌다. 무엇보다도 경쟁자들과 대면하여 정의되는 문학 유파는 어느 정도 여러 다른 특성을 지닌 사람들의 주의를 끈다. 마찬가지로 문학 작품의 수용에 관한 한 연구[17]가 보여 주듯 작가는 대중의 구성에 영향을 주는, 나아가서는 그의 작품이 지닌 대중적 이미지에 영향을 미치는 여러 변화에 종종 노출된다.

그렇게 이해된 문학사회학은 텍스트를 무시하는 것이 아니라, 텍스트를 달리 생각하게 한다. 즉 이미 만들어진 내용(opus operatum), 즉 그 궁극적 진리 안에서 해독되어야 할 작품으로서가 아니라 상대적으로 구별되는, 그리고 투명하지 않음으로써 의문과 가정의 체계적 전체를 빌려 재활성화하는 행위의 객관화된 흔적(modus operandi)으로서 텍스트를 파악하게 한다. 문학사회학이 종종 올바른 이해를 방해하는 외면적 성격을 지닌다고 비난받을 때에, 우리는 그 반대로 이 방법이 작품을 만들고 스스로를 만들어 내는 작가를 발견하게 한다고 말할 수 있다. 대부분의 경우에 이 방법은 조건적 개연성들을 결정하는데, 이 개연성들은 나중에 보면 모호하고 막연하며 또 비본질적인 것처럼 느껴진다. 한 작가의 표현 의도는 변증법적 과정으로부터 나온다. 작가가 하려는 일은 문학적 가능성의 상태에 대한 그의 지각(사회적으로 조건지어진), 즉 위치와 능력에 대한 그의 지각(사회적으로 조건지어진)과 항상 일의적이지는 않은 호의나 불운을 암시하는 무한한 기호들에 의해 객관적으로 결정될 수 있는 그 자신의 입장들 사이의 관계에 의해 좌우된다. 문학적인 정체성은 텍스트를 거쳐 다른 수단들(정치적 입장 표명, 종교적 전향 등)에 의해 결정되며, 이들 덕분에 성공적이고 지속적인 분류와 재분류의 작업이 발생한다.

'작가의 관점'에 위치한다는 것은 이런 유형의 연구 방식이 주는

---

17) 《자라투스트라의 조카들. 프랑스에서의 니체 수용》, Paris, Seuil, 1995에서 L. 핀토가 연구한 니체의 경우를 볼 것.

희망 사항이다. 그러나 행위자의 경험이 여기서든 아니면 다른 곳에서든 어떤 구성의 결과이기 때문에 감정 이입은 전혀 포함되지 않는다. 관계적 사고의 방식은 고려된 세 가지 공간의 중심에 있는 대립이 제공한, 또는 이 공간들 사이의 상동성이 제공한 분석적 가능성들을 세밀하게 연구할 것을 강요한다. 그렇다 해도 이 공간들이 동일한 차원에 놓일 수는 없다. 입장들의 공간은 분석적 우선권을 부여받을 유일한 곳이며, 이는 이 공간이 객관적 구조들의 편이고, 또 논리적으로 입장이라는 개념이 성향과 입장 표명(역은 성립되지 않음)이란 다른 개념을 포괄하기 때문이다. 달리 말하면 작가로 인정받기를 원하는 행위자들은 이 공간 구조를 염두에 두어야 하는데, 이 공간은 견고성, 불투명성, 지속 기간 등의 특성을 지니고 있으면서 사물처럼, 즉 '현실'에서, '의식 밖에서' 존재한다. 입장들의 질서(장르들의 위계 질서, 한 장르 내에서의 형태들과 주제들의 위계 질서)는 다른 질서가 될 수 없는 내적인 논리를 갖고 있다. 질서는 행위자의 선별(성향)뿐만 아니라 합법적 선택의 선별(입장 표명)에 대한 조건과 방식을 명령한다. 특수성을 표현하고 경계선을 지닌 분석 단위인 이 공간이 바로 장이다.

그 자체로, 장의 개념은 주어진 인물들을 관계성에 의거해서 변별적인 특징으로 환원될 수 있는 입장으로 취급하라는 형식적 요구를 갖는다. 그러나 이 지시가 특수한 경우의 구체적 지식으로 활용되려면, 관찰되는 장의 고유한 자율성이라는 특수한 양상의 분석으로 보충되어야 한다는 조건이 따른다. 자율성은 보장된 법적 모델에 따라 사고되어서는 안 되는데, 장은 장의 고유한 목적의 정의에 따른 갈등으로 방해받으면서 줄곧 반대 세력의 행위하에 놓이므로 내부적으로 다양한 관점을 반영하고, 이 관점의 다양성은 자율성의 정도에 따른 다양성을 반영한다. 그럼에도 불구하고 장의 효과는 모든 행위자가 순수하게 문학적인 위계 질서를 요구하도록, 또 동료들로부터 인정받으려고 애쓰도록 강요함으로써 자율성이라는 근본 법칙을 무시하지 못하게 한다는 점에서 명백한 것이다. 장들의 공간 내에서 문학의 장을 설정하는 방법 중 하나는 순수하게 문학적인 가치가 다른 가치들, 특히 경제적 가치를 부인하여 얻는 것이 무엇인지 보여 주는 것일 터이다. 작가가 된다는 것은 그 가치가 금전적 이득이나 출판 부수로는 평가될 수 없는 그런 산물을 제시하는 것이다. 일부 작가들은 금전적 이득이나 출판 부수를 증후(독자는 내 편이다라는)처럼 여기기도 하는데, 이들은 결코 궁극적인 평가 수준에 도달하지 못한다. 경제성의 거부가 아마도 무사무욕이란 특성을 지닌 이 세계의 변별적 표적일 것이다.

장 개념의 논리적 귀결은 문학적인 장에 대한 연구의 중심에 있었다. 《예술의 규칙》 중 한 장인 '자율성의 정복'은 구조적 역사의 틀 안에서 플로베르 · 보들레르, 그리고 다른 작가들을 다루었는데, 이는 자율화 과정의 역사적 기술을 부분적으로 풍요롭게 하는 일이었다. 이 작가들은 부르주아 작가나 대중 작가라는, 대칭되는 사회적 인물들에 반대하는 이중적 거부를 통하여 예술가로서의 작가라는 모델을 창출하는 데에 기여했다. 예술을 위한 예술의 논리는 장의 이러한 자율성을 형식화하는 데에 기여했다. 예술가는 상업적 · 도덕적 · 종교적 · 정치적 등의 외적 규제와 압력을 무시하고 자신의 예술에만 몸바쳐야 한다. 이 이론의 옹호자들은 문학 활동에 대한 그들의 견해를 강압적으로 내세우기보다는, 그들의 위상과 생활 수단을 좌우하는 대중의 가치와 사고와의 끈을 약화시키는 데에 이득이 없는 사람들에게 의지해야 한다. 이 시기에 구별되는 문학의 장은 순수 작가와 '상업적' 작가 사이에 끼여, 제한된 생산 영역(동료들을 향한)과 대규모 생산 영역(비전문가들을 향한)을 대립시키는 이중적 구조를 지닌다. 이는 특전이 부여된 순간이다. 즉 바로 이 시기에 장의 내재적 법칙으로 계속 남은 역사적 제언이 형성되었다.

이런 전개를 진행하면서, 문학의 장의 구조와 역동성에 대한 이론적 모델을 제시해야 했었다. 이 모델이 지닌, 발견으로 이끄는 가치는 원칙적으로 모든 장에 적용되며, 동시에 수많은 구성들을 이해하기 위하여 특수화되기 쉬운 제안들의 일반성에 기초한다. 장이란 개인이나 입장들의 공존이 아니며, 힘의 장소이자 갈등의 장소이다. 자율성이 그 궁극적 목표이며, 행위자들은 이 목표를 기반삼아 분할된다. 그래서 예술가와 부르주아, 예술과 돈 사이의 대립이 문학의 장에서 반복된다. 경쟁적인 이 그룹들은 서로 문학적으로 인정받기를 원하는 반면, 그들 사이의 위계 질서에 대해서는 전적으로 의견을 달리한다. 순수 예술가로 자처하는 사람은 상업적 성공을 포기해야 하며, 반대로 돈과 명예를 추구하는 사람은 미학적 순수함을 단념(이는 그랑제콜과 같은 다른 공간에도 적용될 것이다)해야 한다는 전제와 결론을 내려야 한다. 선택을 해야 하는 것이다. 온갖 이득을 동시에 겸할 수는 없기에 말이다.[18]

　이리하여 권력의 장을 특징짓는 변화 반복법(chiasme)식 구조는 인물들간의 대립(순수 예술가와 부르주아 작가), 분배와 성공의 인정이라는 결정 단계 사이의 대립이라는 형태로 문학 장의 중심에서 식별된다. 이것이 의미하는 바는, 문학 장 안에서 그들의 의견과 기호를 강요할 권력을 지닌 부르주아 독자라는 정해진 대중의 요구에 어떤 재산을 부여하는 것이 정당해 보이더라도, 또한 겉보기에 가장 타율적으로 보이는 예술가라 할지라도 자율성이라는 절대적 명령을 지닌 장의 법칙에 종속되어 있다는 것을 의미한다. 이들은 가장 자율적인 작가들에 반대하여 정의되었고, 그리하여 진정한 창작자들에게 전통성이나 순간적 묵계에 양보하지 말 것을 요구함으로써, 역설적으로

---

18) 인정과 쇠퇴로 나타날 수 있는 이중 전략이나 문학에로의 이동 등을 금지하지 않는 것이다.

어떤 의미에서는 자율적이라 정의되었다. 그런데 장의 내적 요구에 대한 충성, 즉 고유한 '자부심'은 마지막 아방가르드 구성원이 지니는 명예에 관한 문제점이 아닐 수 없다. 만약 결과적으로 작가(혹은 지식인)의 이 두 모델 사이의 대립이 문학 장의 주요한 구조적 불변 함수를 구성한다면 그 이유는 장들 사이의 포함 관계에 있는데, 가령 불변 함수들을 좌우하는 '외부'는 종속된 장에서, 합법적인 입장으로서(어느 한도까지는) '내부'에 나타난다. "생산자들에게는 협소한 시장일 수밖에 없는 순수 생산과, 대중의 기대에 부응하려는 대규모 생산 사이의 주된 대립은, 제한된 생산의 장의 원칙을 따르는 경제적인 측면과의 근본적인 단절을 재생산한다. 따라서 이 대립은 순수 생산이라는 하위 장의 내부에서, 단순한 아방가르드와 이름이 알려진 아방가르드 사이에 설정되는 이차적 대립으로 다시 나뉜다."[19] 하나의 장은 그 고유한 논리의 분할로 인해, 장과의 관계와 장이 속해 있는 대상과의 관계를 지칭하는 두세 가지 축을 중심으로 구성된다. 이 축들은 곧 '대규모 생산'과 아방가르드와 인정된 아방가르드로 나뉘는 제한된 생산이다. 이 입장들에 부합하거나 유사하게 학파·잡지·출판사·학교 등이 상응한다. 논쟁과 형식의 개혁을 통하여, 문학의 장에는 문제시되는 자율성[20]보다 더 심각한 주제의 토론은 아마도 없을 것이다. 한편으로 내적 투쟁은 장의 공식적 정의에 암암리에 속하는 자율성의 주장을 보강하는 장점을 지니지만, 다른 한편으로 이 투쟁은 장의 기능에 기록된 구조적 한계에 부딪치

---

19) 《예술의 규칙》, p.175.

20) 실상 자율이라는 개념은 적어도 두 번은 시험해 보아야 한다. 한편으로는 장의 내재적 가능성을 활용하려는 순수 예술가들에 관해서이고, 다른 한편으로는 장의 세력을 증거하는 부르주아 예술가들에 관해서이다. 부르주아 지식인의 보수주의 의 안에는, 성상 파괴주의적이며 아방가르드에 속하는 지식인들이 요구하는 경기 규칙과 같은 승인이 있다. 《예술의 규칙》 안에 실린 〈장의 효력과 보수주의적 형태들 Effets de champ et formes de conservatisme〉, p.385 이하 참조.

지 않을 수 없다. 즉 행위자들은 지배자들의 일시적 지배를 부인할 수 있는데, 이는 단지 현실의 중립화와 순수하게 '미학적인' 부인이라는 상징적 무기를 통해서만 가능하며, 미학적 부인이란 저항하는 만큼 인정하고 저항하는 것을 인정하는 것을 의미한다.

어떤 입장이든지 문학적 우수성을 정의한다는 의도를 내포하고, 나아가서는 문학 장의 특수한 목표에 대한 인정을 포함함으로써 모든 입장은 경쟁에 이르게 되고 내적 개혁의 합법성에 대한 입장 표명을 내포한다. 이는 문학 장의 구조를 설명하는 원칙들은 또한 그 변형들을 설명하도록 하는 원칙임을 의미한다. 문학의 장은 시간성이라는 독특한 형태에 의해 특징지어지는데, 이 시간성은 장식적인 영역이나 이차적인 속성이기보다는 문학의 장이 갖고 있는 깊은 논리를 반영하는 것이다. 관찰자는 자신의 등급을 매기는 사람이 아니다. 또 행위자들은 스스로 "동시대인이며 동시에 일시적으로 의견의 불일치를 보이는"[21] 사람들이다. 실제로 장 내에서 여러 입장에 이르고자 하는 지망자들과 이미 거기에 자리를 잡은 사람들 사이에는 긴장감이 있다. 지망자들이 스스로에게(이것이 그들의 주장의 전부일 때에는 파렴치하다는 비난을 면치 못한다)뿐만 아니라 자신의 작품에서 새로움을 앞세울 때에 긴장감은 더욱 팽팽해진다. 아방가르드 예술가는 신/구의 구조적 대립을 통해 장의 논리에 기록된 시간성의 영역을 표명하는 사람이다. 예언자처럼, 그의 권위는 사람 자체로부터 나오는 것 같다. 물질적 이득과 즉각적이고 영광스러운 성공에 무관심함으로써, 또 다른 면에선 역사가 남긴 모델에 대해 자유로움으로써 그는 주제에 대한 정의와, 도구의 사용과, 일반적으로 독자가 방향을 잡을 수 있도록 도와 주었던 모든 것들을 전복시킨다. 그런데 이 동일한 예술가는 전에 이미 인정받고 명성을 얻은 아방가르드

---

21) 《예술의 규칙》, p.224.

의 구성원들이 차지했던 입장과 똑같거나 유사한 입장에 처할 뿐이다. 문학의 장과 같은 장에서 두드러지는 독창성의 효과는, 상대적으로 변하지 않는 입장에서 출발하여 일견 참신해 보이는 입장 표명들이, 특히 표현 방식의 개선과 가장 혁신적인 창작자들[22]에 의해 실현된 예측 외의 조합 덕분에 생성될 수 있다는 사실에서 기인한다. 혁신적 입장은 이중의 대립으로 특징지어진다. 이 입장은 한편으로는 부르주아 예술의 손쉬움이나 비결·수단들을 거부하고, 다른 한편으로는 예술을 위한 예술의 이전 형태들에 대한 충성을 거부한다. 이 혁신적 입장은 설정된 모든 입장들을 아주 다른 방식으로 노화시킨다. 즉 사교적 세계에 속하는 작가들이 직접적인 성공과는 대조적으로 빨리 잊혀지는 데 반해, 이전 세대의 아방가르드에 속했던 작가들은 동료들과 학교 제도의 활동을 통하여 고전의 위상을 갖고 지속적인 인정을 누릴 수 있다. 문학의 장을 구성하는 이중성, 다시 말해 위에서 언급한 '근본적 대립'이 '문화적 생산 계획의 두 주기, 즉 이 계획들이 노화하는 두 가지 방식, 또 서로를 완전히 배제하는 두 생산물'[23]을 결정한다. 아방가르드의 '긴 생산 주기'가 **베스트셀러**의 '짧은 생산 주기'에 대립하기 때문에, 장 안에서의 입장들 사이의 분열 때문에, 어떤 이들은 '미래에만 독자를 갖고' 또 어떤 이들은 '과거에만'[24] 독자를 갖기 때문에 같은 시간대를 살지 않는 행위자들을 동시대인으로 만들게 된다.

즉각적인 상호 작용의 총체와 달리 문학의 장은 무기력의 형태를 지니고 있으며, 특수한 행위자의 손아귀에서 벗어나려는 경향이 있다. 문학의 장에 도달하고, 거기에서 방향을 잡고, 즉흥적으로 전략

---

22) 개혁에 실망하여 반대하는 것이 절대로 아닌 이 제의는, 구축된 모델에 연관시켜 이를 명확하게 하려는 방법상의 의도를 표현할 뿐이다.
23) 《예술의 규칙》, p.208.
24) 같은 책, p.225.

을 짜내려면 상대적으로 월등한 능력이 필요하다. 성공의 조건들 중의 하나는 남들의 입장을 해독할 수 있는 가능성과 그들의 입장 표명에 부여해야 할 의미를 조절하는 토착적인 지식이다. 평가 작업을 하면서 행위자들은 지표와 기호로 구성된 복잡한 시스템을 가동해야 한다. 이 시스템은 그들에게 접근과 대립을 실행하게 하고, 무엇이 독창적인지, 무엇이 '이미 본' 것인지, 무엇이 '고상'하고, 무엇이 '진부'한 것인지를 식별하게 해준다. 물론 오해도(평판을 잃을 위험도) 가능하다. 프루스트를 사교계의 작가로, 셀린을 대중 작가로 취급할 수도 있었다. 게다가 특히 장의 내부에서 일어나는 상징적인 혁명을 계기로 분류 체계는 변하고, 경쟁자들과 전문 해석가들이 참가하는 분류 투쟁을 계기로 분류된 대상들의 입장이 변한다. 어떤 행위자도 이러한 장의 효과를 무시할 수 없으며, 그 중에는 다른 입장이나 문학의 장 안에서 순환하는 지식에 의지해야 할 필요성도 있다. 문학 장의 자율성은 특별한 형태의 능력을 가정하며, 이것은 어느 정도 객관화된 분류에 달려 있다. 이상이 문학 장의 기본적인 또 다른 특색이다. 즉 심사원과 평가와 인정의 심급이 존재한다는 것이다. 문학적 가치를 부여하는 것은 위계화된 입장 전체에 근거한다. 학교 제도 · 학술원 · 잡지 · 언론 · 명사들 등은 서로 다른 방식으로 판단의 합법성을 보장하는 권위를 지닌다. 인정에 대한 그들의 권력은 분류해야 할 사람들과 분류의 기준에 동시에 그 근거를 둔다.

문학과 사회학

몇몇 사람이 말하듯이, 사회학이 생산물보다 생산자에 관련되었을 때 더 용이하지는 않은지 궁금하게 여길 수 있다. 생산자들은 문학이라는 과학이 다루어야 할 주요 부분을 구성한다. 이 점에 대해서,

형식과 형식화 작업의 문제에 접근하는 데 있어서 일종의 진보가 느껴진다. 《감정 교육》에 대한 첫 분석에서 부르디외는 이 문제를 책의 '후기' 부분에서 논했는데, 모든 작가들은 동시대의 규범과 가치에 관련하여 영향을 받는다고 말하는 것으로 그쳤다. 아마도 그는 그 당시 분석의 일반 원리, 즉 문학의 장과 권력의 장 사이의 관계를 확립하는 데 몰두해 있었고, 이 단절 행위('반대 방향으로 막대기 비틀기'를 위하여)[25]의 보상물에는 작가를 객관적 진리로 돌아오게 하는 좀 거친 사고 방식의 위험이 있었다.

《예술의 규칙》의 '프롤로그'로 제시된 최근 간행본에서 부르디외는 그가 새로이 얻은 지식에 의존하여 문학 작업의 특수성에 좀더 많은 관심을 보였다. 플로베르의 입장과 사회학자의 입장을 접근시키면서 어떤 차이가 있는지를 잘 보여 주어야 한다는 것은 필수 불가결한 사항이다. 이때의 대답은 작가에게도 사회학자에게도 유용한 것이다. "문학 작품은 수많은 학술적 글들보다도 사회 세계에 대하여 종종 그 이상을 말한다"[26]라고 경의를 표하면서, 부르디외는 성찰적 지배력에 따라 두 입장을 대립시킨다. 사회학은 연구 대상과의 관계에 대한 전제들을 조정하는 것을 목표로 하는데 이 전제들은 명시적이고 체계적인 지식의 조건이며, 이에 반하여 문학은 '부인하는 이해력'과 현실의 모호한 폭로가 가져오는 결과인 '매력'에 사로잡혀 있다는 것이다. 구성과 문체화와 표현이라는 예술 작업에서 사회 세계와의 거리두기와 그 목표의 흔적을 알아볼 수 있는데, 이 목표는 바로 형식화 작업의 특징이 되며, 이로써 문학 장의 자율성의 짝이며 조건이 되는 것이다. 부르디외는 초기의 글에서부터, 예술가와 부르주아의 관계가 갖는 중요성을 계속 보여 주려 하였는데 이는 원한,

---

25) 같은 책, p.260.
26) 같은 책, p.60.

부인, 중화시키는 거리 등으로 얼룩진 관계들이 그의 눈에는 문학 장의 구성 요소로 보였기 때문이다. 세상에 대한 예술가로서의 거부는 상징적인 측면에 속하지만, 이런 규제 역시 하나의 힘이다. 만일 객관화하는 분석이 순수한 착각으로 문학의 장에 제시된다면 자율성은 '정복'[27]으로 간주될 수 있으며, 사회학이 과학에서 느끼는 '환멸'을 보상해 줄 것이다. 이는 작품 안에서 사회 세계에 대한 가설뿐만이 아니라 객관화의 방식에 대한 실험, 즉 "보편적으로 공유된 착각이 인정하는 지시 대상"[28]처럼 현실을 달리 볼 수 있도록 시선을 전환하는 실험을 발견함으로써 사회학 스스로 터득하는 커다란 이점을 통하여 가능할 것이다.

---

27) 《예술의 규칙》에 '규범적(normatif)'인 '글 후기'로 첨부된 〈보편적인 것의 협동을 위해 Pour un corporatisme de l'universel〉를 보면, 방어해야 할 불안한 점령지인 것처럼 지식의 장을 제시한다.

28) 같은 책, p.62.

제4장

이론에 관한 이론

오늘날 이론은 수준 높은 지적 완성도를 나타내는 문화적 귀족 칭호와 같은 인증(認證)이다. 사회학에서는 여러 잡지들이 '이론' 문제를 다루고, 때로는 철학자들을 단순히 시샘하여 이론에 호소하기도 하며, 학자들은 저서나 논문에서 고차원의 비전을 제공하려고도 한다. 현대의 수많은 이론의 범람에 대하여 사람들은 기질에 따라 (즉 학문적 경로에 따라) 경탄하거나 회의에 빠질 것이다. 회의론자는 모든 '이론'의 주장에 실제적 내용이 상응하지 않는다고 평가하면서 목록을 작성하기에 이르며, 이 단어가 얼마나 다양하게 쓰이는지는 독특한 작가의 '관념들'로부터 규격화된 '논문들'이나 '세계관' 또는 같은 부류의 현상들의 '지역적' 해설을 거쳐 철저한 공리론에 이르기까지 이루 헤아리기 어려울 정도이다. 이리하여 '포스트모던'한 이론들이나 '새로운 계층'의 이론, 사회의 '준엄한 경향'의 이론, 기업이나 가족이나 학교의 이론들이 등급별로 분류된다. 그러나 동정적이거나 폭넓은 기준들을 적용시킨다 할지라도 목록화되면 상당수의 이론가 후보들이 무력해지는데, 왜냐하면 이들의 공로가 경험적 작업의 실제를 어디까지 알 수 있는지 알 수 없으며, 어떻게 보면 목록은 이미 알려진 사실들을 묘사하거나 맞춤식으로 이론을 만드는 복잡한 새 방식에 지나지 않기 때문이다.

피에르 부르디외의 사회학 '이론'에 관해서는 또 다른 당혹감을 느끼게 된다. 그가 제안이나 방법의 용도에 있어서 이론적 전제를 경계하고, 연구에 있어서 이론적 차원을 무시하지 않기를 권유한 만큼 이 모든 권유의 근간이 되는 이론은 적은 수의 명제의 형태로 한정하거나 표현하기 어렵게 보인다. 이론적 입장과 이론 사이의 이 대비는 사소한 것이 아니라 '실용주의적'인 이론에 대한 이론을 표명하며, 이론은 기능을 함으로써 가치를 갖고 또 가정, 논리적 전이, 연구 프로그램, 문제들에 영향을 줌으로써 가치를 갖는다. 그러므로 이론은 '행위'로서(en acte) 존재하기에 명시적인 진술은 급하지도 필수 불가결하지도 않으며, 아마도 변질의 우려를 가질 수도 있을 것이다. 부르디외가 '명제' 식의 이론적 글투를 쓰지 않는다고 말할 수는 없지만, 그래도 그가 말한 바와 같이[1] 궁극적으로 이를 매우 절제된 용도로 사용하였다는 점에 주목할 필요가 있다. 이론적 이해는 담론을 철저히 조절하는 사고 방식과 글 쓰는 방식에서 찾을 수 있다. 즉 실제적인 것에 대한 긍정을 시도하기 전에, 이론적 가능성의 공간을 고려하면서 합리적으로 긍정할 수 있는 것이 보장되어야 한다.

학문적 야심

그리하여 이론 활동의 첫번째 용도로는 부정적 용도를 들 수 있다. 이는 예를 들면 '재능'이라는 학교 이데올로기를 검토하게 한다. 사회적 불평등이라는 학교 재생산의 메커니즘에서 이루어지는 순수하게 문화적인 차원을 고려하지 못한 나머지, 극단적으로는 '지성 차별주의'로 나타나는 자연주의처럼 받아들이기 힘든 전제들을 인정하게끔 '상징적 폭력'[2]을 포함한 일련의 관념들을 형성하게 한다.

---

1) 《대답들》, p.69, 134 참조.
2) 〈지능차별주의 Le racisme de l'intelligence〉1978, 《사회학의 문제들 *Questions de sociologie*》, Paris, 미뉘 출판사, 1980.

이 관념들은 비교적 자율적으로 학교 공부의 성공에 있어서 비경제적 요인을 고려하게 하고, 학생들이 지니는 사회적으로 조건지어진 성향과 학교 공부의 특성들이 되어 버리는 것이다. 이런 이데올로기를 거부한다는 것은 다른 개념적 방면을 탐구하게 하고, 연관짓도록 하며, 언어·문화·학교 제도와의 관계를 이해하도록 하는데, 이 모든 것은 문화적 소유와 박탈의 여러 형태들을 생각하기 위함이다. 고유한 경제 자본의 역할을 끌어들이지 않고 학과 공부에서 주목된 불평등을 이해하기 위해서는, 학교 제도 내에서의 사회적 차이가 지니는 순수히 문화적인 재생산의 논리가 요구하는 '자본'의 독창적 형태를 상상해야 한다. 즉 '문화 자본'은 바로 학교 제도의 동질적이고 동질화하는 행위의 구별하는 효과를 명료하게 하는, 사회적으로 조건지어진 일련의 예비 성향들(prédispositions)이다.

주장보다는 행위에 의거하는 이론의 부정적 용도는 이행하기 쉬운 선행 조건과는 거리가 멀다. 이는 한편으로는 미래의 연구 대상을 설정할 경우, 적절한 조건을 형태화할 때에 이 결정적 순간이 경험적 작업에서 적극적인 역할을 하기 때문에, 또 다른 한편으로는 한마디로 잘 파악된 방해물들을 불가역적으로 극복했는지를 확실히 밝힐 수 없기 때문이다.

이론의 긍정적 용도는, 피에르 부르디외가 사회학에 대해 제시한 야심적인 이론으로부터 끌어낼 수 있다. 만일 그가 기초가 되고 최종적인 여러 명제들을 표명하기를 거부한다 해도, 그의 작업은 사회학적 이론은 급진적이고도 철저한 형태로만 가능하다는 것을 말해 준다. 이론적으로 사회학은 물리학과 같은 과학이다. 이런 이유로 이 과학은 연구 대상과 연구에 필요한 '도구'의 자율적 정의를 위하여, 현실적인(경제적인·법률적인·학교적인 등) 제약에 저항하며, 사회성에 관한 단일 학문으로만 존재할 수 있다. 피에르 부르디외가 좋아하는 '사회 세계(monde social)'라는 표현이 있다. '사회(société)'라는 사실적 용어에 반하여, 이 표현은 사물이나 영역의 총체를 가리키는 것이 아니라 사물의 사회적 영역에 있어서의 특수한 합법성, 칸트가 대상에 부여했던 물리적인 지식과도 같은 '형식적' 의미의 어떤 것을 지칭한다. 사회 세계라는 이 '본질'의 합법성을 정의하는 것은 과학 그 자체의 일이므로, 사회학이란 통일된(일률적이라는 말이 아니라) 학문의 개념이며, 사회적이고도 학술적인 분류의 속박에서 벗어나, 특이한 사회들을 넘어서서 보편적 원칙을 이루는 구조를 발견하는 데에 사용된다. 이러한 학문은 대상이 속하는 사회적 계층을 도외시하면서도 이 계층을 대상으로 삼고 있으며, 겉보기에는 거리가 있지만 유사한 관계들로 이어진 여러 분야들을 접근시키고 있다.

피에르 부르디외는 사회학이 주장하려는 과학성에 따라 이 학문에 아주 까다로운 역할을 부여한다. 과학적 입장은 명료성이라는 원칙을 포함한다. 즉 원칙적으로 현실은 적절한 도구를 사용하는 순간부터 합리적 지식으로써 접근이 가능해진다. 여기에는 '사회학주의'도, '과학주의'도, '제국주의'도 없으며, 단지 모든 사회학자의 공통 재산인 연구 활동의 지적 요구(requisit)만이 있을 뿐이다. 이해해야 할 특수성과 함께, 사회 세계는 물리학 세계가 그러하듯 인식할 수 있다. 게다가 모든 과학들이 법칙이나, 가설이나, 설명이나, 수량화 등등의 동일한 기기(機器) 덕분에 작용하기 때문에, 상당 부분 공통적인 인식론적 받침돌이 된다.

그러나 부르디외가 독창적인[3] 것은 이런 점에서가 아니라, 작업 프로그램을 추론하고 사회적으로 잘 알려진 그의 전공 영역을 넘어서서 학문의 방법을 개발하는 합리적인 방식에서 그러하다. 사회 세계의 학문을 성립시키기 위해서는 자율적으로 형성되고 '가건축'

---

3) 어떤 비평가들은 이 사람을 제압할 수 있을 줄 알고, 단순히 사회학을 하려는 의도를 터무니없는 야심이라 공격한다.

되지 않은, 즉 완성된 후 제공된 새로운 대상(사회적 요구에 의해, 행정의 장, 정치의 장 등)을 생산하려는 계획을 고수해야 하며, 이를 위해서는 지식의 영역 사이의 학술적 배분에 의해 세워진 정신적 경계를 재검토할 것을 주저하지 말아야 한다. 특히 모든 정신을 지배하고 자기 자신의 사고도 잠식하는 통념적 사고에 대한 방법적인 작업에 의해, 사회학자는 지적 자유에 대한 점진적이고 부분적인 정복을 스스로에게 제시해야 한다. 학술적 이해의 제한에 대한 비판은 모든 학문의 방법들을 이용하려는 노력과 모순되지 않아야 한다. 사회학적 상상력은 큰 장점이며, 그로 인하여 지적 유산(학문적인)의 한 부분이 새로운 역할을 이행하게 하는 독창적인 면을 발견할 수 있게 되는 것이다.

이 태도에 대한 수많은 예들 중 '찬성/반대'라는 순수한 양자택일의 형태로 흔히 잘못 문제시되어 온 철학의 개념들에 관한 연관성을 들 수 있다. 문화적 실천에 대한 경험적 분석들 중, 특히 미술관의 출입과 아마추어의 사진 실습 등은 칸트 미학[4]의 개념들을 만나게 하였다. 그러나 이런 만남은 고상한 장식의 역할 대신 연구의 경제에서 한 역할을 하였다. 실제로 문화적 불평등에 관해 순전히 '경험적'으로 입증된 사실은 여러 사회 집단들이 문화적 소비에 불공평하게 반영되었다는 것을 확인하는 것이었다. 수입의 차이만을 논하는 간단한 경제주의보다 더 잘 설명할 수 있기 위해서는, 가치관에 책임을 돌릴 수 있는 '저항'을 앞세우는 문화주의 이론의 일종이나 취약한 관람 계층, 즉 서민 계층의 결함(언어적·정서적)을 암시하는 '결핍' 이론 등에 호소할 수 있다. 즉 양쪽 다 말하는 것 외에는 할 일이 없거나, 지적으로나 정치적으로 의심스러운 말을 할 수밖에 없는 것

---

4) P. 부르디외가 편집한 《대중 예술》의 〈사진의 사회적 정의 La définition sociale de la photographie〉의 p.122 이하 참조, 그리고 《예술 사랑》(A. 다르벨·D. 슈나페와 공저)의 p.73과 p.162-163 참조.

이다. 그렇다면 문화에 대해서 유식하거나 무식한 관계에 대해 반성하는 문제가 남는다. 설문지(방문시 화살표나 안내문의 유용성에 대한 답변)의 통계 분석에 의해 얻어진 일련의 지시 요소들에 의해 확인된 행위자의 담론에 대한 분석은 문화적 성과와 같은 연구의 저변에 흐르는 인지와 평가의 범주들의 상대성을 나타냈다. 학식이 있는 관찰자는 자신의 물음이 사회적 공간에 스스로를 자리잡게 한다는 것을 알고 자신의 도구들을 재고하게 되며, 이들을 통하여 보편적으로 인정된 합법적 자세인 교양 있는 자세가 만들어 낸 미처 생각 못한 것들을 재고하게 된다. 상류 사회에서 택하는 경향이 큰 이 입장은 칸트에 의하면 외적인 역할(유용성·도덕성 등)에 대한 무관심, 지식 행위에 대한 비환원성 등, '미학적 판단'에 고유한 대부분의 특성들을 제시한다. 대조적으로 서민 계층은, 감히 심각하게 말하자면 거의 '칸트적'이지 않다. (그러나 언제 취미 판단의 보편성을 어느 사회 계층에 실험해 보기 위해 철학자를 신중하게 대한 적이 있었는가?) 그러나 칸트주의는 여러 사회 집단들 사이에서의 대비를 나타내는 수단만을 제공하는 것이 아니다. 칸트주의는 순전히 인류학적인 교훈을 준다. 칸트식 미학적 판단의 자율성이 전제하는 오성과 감수성, 지식과 취향 사이의 분리는 문화적 능력, 예술적 재산을 상징적으로 소유하는 경향들과 쾌락 사이의 연관성이 경험적 앙케트에 의해 드러난 이상 반박할 여지가 생긴다. 경험적 분석에 있어서 철학자를 연루시키는 일은 뒤르켐 이래로 거의 실천되지 않았으며, 위계 질서를 움직이게 하고 개념과 경험, 이론적 분류와 사회적 분류를 연관시키면서 지식적 효과를 생산한다. 사회학자가 자유롭게 불러온 철학은 이론적 순진성이라는 위험을 피하는 개념들을 제공한다. 철학이 사회학에 가져온 구체적 이득들 중에는 앞으로 다채롭게 개발될 다음과 같은 사항들이 있다. 이론적 목표에 있어서 경험적 작업이라는 지침, 철학사에서 나온 비교적 형식화된 개념적 방편들을 빌려 오기,

자발적으로 보편적인 것으로 간주되는 경험 계층의 가능성에 대한 사회적 조건의 명백화, 모든 철학적 전통이 사회적으로 사고하지 않은 것에 대한 연구에의 기여, 마지막으로 계층들의 성향을 묘사하고, 문화적 측면에 있어서 다양한 사회 집단들간의 차이를 재생산할 때 보이는 순전한 문화적 형태에 대한 지식을 풍부하게 하는 수단 등이 그것이다.

명료성이라는 공리

사회학적 지식은 논리 정연한 절차를 통해 여러 경험들을 원칙과 규칙의 합법적 영역에 속하는 대상의 지위에 도달하게 하는 객관화의 과정으로 성립된다. 이 지식은 현상학적인 다양성 안에서 이중적으로 질서를 확립시키는 가능성을 암시한다. 한쪽에선 사회 세계가 여러 현상들을 가능한 한 분류하고 측량하며 정리하는 분석 방법들로 검증되며, 다른 한쪽에선 과학적 작업의 특성이 지식의 도구들을 수단의 경제성이라는 논리에 종속시키는 것이다.

연구 대상을 설정하자마자 부딪치는 문제는 분석의 단위에 관한 것이다. 작업을 하기 위해서는 공인되고 활동적인 경험론자가 아닌 이상, 비교적 동질적이라 생각되는 대상들의 계층을 믿을 수 있어야 한다. 그런데 유명론적 정의는 직관이든, 권리에 의거한 것이든 간에 분명 불충분하거나 속임수가 있다. 즉 하나의 경험적 집단(동우회·직업·관계망 등)은 임의로 분리되어 있으므로, 더 넓은 논리적 부류에 속해 있기 때문에 인위적일 수 있는 확률이 높은 대상으로 되어 있다. 물론 학자는 언제나 독특한 대상들을 만나기 마련이지만, 만나게 되는 경우들의 기준 틀을 정의할 줄 알아야 한다. 관여적인 사람들(행위자·습관·속성·제도 등)의 계층에 대해 적절한 외연적 의미를 부여하기 위하여, 부르디외는 '공간'이라는 표현을 사용한다. 그리하여 '생활 양식의 공간'은 개인적 취향(사회적으로 조건지어진)의 연구에 의해 얻어진 하나의 분석 단위가 된다. 경험적 작업의 필요에 따라 사회적 지위의 공간이나 음식의 취향, 옷 입는 취향 등의 하위 공간과 연관지을 수 있다. 대상을 학문적으로 구성하는 데에 있어서의 이러한 명료성의 추구는 부르디외가 계층 이론(혹은 계층화)을 제시하지 않으려 했던 큰 이유 중의 하나이다. 겉보기에는 별것 아니지만 혹은 그렇기 때문에 '사회적 공간'은 계층보다 더 만족스러운 도구이다. 계층 이론은 '표준치'의 형식주의하에 고찰된 계층들의 경험주의를 감춘 체계적인 일관성을 강요하는 경향이 있는 반면, 계층은 무엇보다도 '사회적 공간'의 구조에서 나오는 내재적 제약을 지닌 사회 계층 분류의 '이론적' 작업인 유동 작업의 생산물로 보일 수 있다. 이 경우에 적절한 분석 단위는 계층이라 불리는 집단적 개체들의 체계가 아니라, 소수의 원칙에 의해 결정되는 일련의 객관적인 상황들이다. 이 원칙들 중에는 정해진 사회적 교육하에서 자본(이 경우 경제적 자본, 문화적 자본)의 소유와 소유된 자본의 크기가 포함된다. 이 틀 안에서 모든 상황이 분석 가능하다면, 사회 역사가 특수 공간들[5] 사이에서 관찰된 변이를 설명해 줌으로써 시간과 공간에서의 비교는 가능해진다. '공간'이란 많은 특성을 지닌 최대한의 사람들을 가능한 한 구체적으로 파악하기 위한 임시적인 관점이다.

아비투스나 장과 같은 주요한 개념들은 외면적으로 볼 때, 환원될

---

5) 연구의 실천에 있어서, 연구의 일관성을 지키는 것이 쉽지 않다는 점과 주요 목적은 가장 합당하고 풍부한 해결 방안을 정하는 일이라는 점은 여전히 남아 있다. 예를 들면 '공연과 관련된 직업'에 대해 말할 때, 중산층 중에서 자타가 공인하는 개별적인 기능을 넘어서는 직업들을 모아 놓을 수 있는 틈새 지역이 있다는 것을 가정한다. 이 선택은 검증할 수 있는 가정이며 신체, 커뮤니케이션 같은 다른 측면들을 앞세우는 다른 가능성들과 비교하여 확인될 수도 있다.

수 없는 특이성에 귀속된 초기 직관의 혼돈을 극복하는 방식들이다. 이 개념들은 선의 굴곡과 형태의 혼돈 속에서 구부러지든지 축을 이루든지 하는 원칙의 단일성 위에, 즉 부르디외가 차용한 라이프니츠식 표현에 의하면, 유한 속에 무한을 포함하는 단일성 위에 세워진 정해진 관계가 형성되는 특징적인 점들을 구축하면서 다원성을 지배하게 한다. 이들은 단자론적 개념인데, 관계라는 구조적 논리 안에서 재번역되고 재고되는 동시에, 전통적으로 본질에 부과되는 역할을 이행하기 때문이다. 실제로 이 개념들은 한편으로는 단일적이고 내적인 분석 원칙과 자율화의 방법론적 규칙을 제공하며, 외부에서 나타나는[6] 셀 수 없는 요인과 변수에 의존하려는 경험주의적 유혹을 피하면서 가능한 한 자세히 설명하는 규칙을 제시한다. 다른 한편으로 이 개념들은 다양성의 두 형태간의 관계를 명료하게 하는 '표현'의 원칙을 포함한다. 즉 그 자체로서의 장이나 아비투스의 특징인 내적 다양성과, 객관적 구조들(사회적 계층들 등)의 총체의 특성인 외적

---

6) 경험적 작업에 있어서 생산적 원칙에 의뢰하는 것은 학술적으로 치명적인 불편함 때문에 타격을 받는다. 가시적 외면에 대한 현상적 성격을 앞지르지 않고, 설명이 가능해 보이는 현상들을 파악하기 위해 '감추어진 것'과 복잡한 분석에 호소한다. 소비의 실천이나 투표에 있어서 가장 즉각적인 지적 유혹(사회적으로 조정되고 재생산된)은 '선택'과 여러 변수의 원동력의 관계를 탐색하는 데 있다. 주어진 여건은 구매나 투표의 사회적 실천을 통해 제공되기 때문에 문제되는 실천을 행위자의 특성과 관련지으면 된다. 그런데 수많은 경험적 다양성이 끊임없이 확인되기 때문에 지적 연구의 논리는 인과 관계 또는 원인의 위계의 선행된 표출을 부인하는 새로운 경험적 결합을 앞세운다. 그러므로 직업·성별·나이는 그런 경우 해설 기능을 '멈추게'되고, 이러한 변수들을 통하여 문제되는 것이 무언가를 스스로 질문하지도 않으며, 또 현실에 존재하기 때문에 당연하게 취급받는 선택들을 이해하게 하는 분석적 맥락에 대해 생각하지도 않는다. 경험주의가 어떻게 틀렸는가를 이해하기란 어려운데, 왜냐하면 인내심이 있으면 결국 어떤 변수나 변수의 조합과 마주치게 되고 이들은 잠정적으로나마 행동에 대한 설명을 제시한다. 물론 실천적 공간이나 생활 양식에 대한 공간, 입장이나 여정의 공간 같은 관계 체계 사이의 관계들을 체계적으로 연구하는 것은 훨씬 더 복잡하다. 하물며 사회적 입장의 공간과 정해진 장(예를 들어 정치의 장) 사이의 관계 체계를 사고하기는 얼마나 어렵겠는가. 라이프니츠와 기계론 철학자들의 현상학적 경험주의를 비교하는 것은 낡은 인식론적 구별이 아닐 수 없다.

다양성이 바로 그것이다. 장은 다양성의 공존의 영역을 가능케 하는 법칙이다. 정해진 장(문학·종교 등)의 경쟁 요소들은 그다지 낯설지 않기에 셀 수 있는 모든 점들을 둘러싼 제한된 수의 점들을 발견할 수 있고, 이 점들은 그들 사이에서 제한된 수의 유사성과 대립성(무한히 특수화될 수도 있는)으로 연결되어 있다. 아비투스는 비교적 동질적인 일련의 현상들을 생산하는 내재적 법칙이다. 행위자들의 스포츠적·문화적·친교적·감정적인 실천과 경향들은 어느 정도는 비슷해서 감추어진 닮은 점을 찾아낼 수 있다. 게다가 다른 가능성들을 묵계적으로 배제함으로써 존재하기 때문에, 또 그 상이성으로[7] 말미암아 존재하고 정의되기 때문에 정해진 아비투스는 양자택일적인 가능성들의 모든 공간을 '표현한다.' 그리하여 장이나 아비투스의 내적인 다양성은 규정된 관계 덕분에 외적인 다양성을 '표현하면서' 그 고유한 체제에 귀속되어 있다.

　분석 단위를 골라내는 것은 비평 작업과 가정의 구축에 있어서 결정적인 양상이다. 또 다른 양상은 분류 작업에 있어서의 연속성과 비연속성 사이의 관계를 어떻게 취급하느냐 하는 것이다. 점들과 견해들을 잇는 법칙을 어떻게 생각할 것인가? 두 가지 대립된 담론이 이 주제에 적합해 보인다. 한편으로 현실은 연속적 성격을 띠며, 과학은 이를 사고하기 위해서 단절을 도입해야 한다. 다른 한편으로 연속성이란 현상들의 분산을 극복하려는 지적 활동의 산물이라는 것이다. 사회학자가 양자택일적으로 두 가지 활동을 하는 것은 사실이다. 그는 공간 안에서 축들을 구분하고, 현실 안에서 완화되든지 흩어져 있는 특징들을 고의적으로 강조하면서 이상적 유형들을 구축한다. 게

---

7) 만일 모든 논점이 공간 안에서 상대적으로 정의된다고 가정한다면, 아비투스는 논점으로서 '식별된다'는 속성이 있다. 이러한 묵시적 지식은 구별되고 차별되는 의도보다 훨씬 더 애매모호함으로 단순히 사회적 공간의 의미이며, 경험을 통한 습득의 산물이다.

다가 사회학자는 어떻게 서로 반대되는 것들이 체계적인 변형의 원칙에 의해서 연합되는가를 보려고 애쓰며, 이것은 중간 경우들의 폭을 구성한다. 마법사-성직자-예언가의 삼인 일조는 독점적 가능성을 명백하게 만들지만, 이것이 구축되기 위해서는 평소 분리된 행위자들을 한데 모아 놓아야 한다는 것이 전제된다. 좀더 세밀히 살펴보자면 상호 교환될 수 있는 옹호자(고등사범 입학시험 준비학급의 문학 혹은 철학 '스승'이 될 모델로서의 교사), 즉 자신이 지닌 권위의 제창자로 스스로 간주하도록 하는 이상형 타입들의 연합, 예를 들어 '제도적 카리스마'[8] 즉 예언자적 특징과 성직자적 특징을 한데 모아 연구할 수 있다.

이렇게 상반되고 대칭적인 두 가지 작용이 자료의 조사에 대한 의문을 제기할 때 이론의 주도권을 갖게 된다. 현실을 그 가능한 한계로 요약하든가, 내부에 그 역을 포함한 한 계층을 생산함으로써 모순을 극복하든가, 혹은 역을 변수로 간주할 수 있는 원칙을 발견함으로써 가능해진다. 어떤 용어가 최대한의 의미로 사용될 수 있게 하는 개념의 보편화는, 넘어설 수 없으며 종종 의문시되지도 않은 현상적 단절을 상대적으로 부차적인 것으로 상정하는 통합 행위이다. 자본에는 세 가지 종류──경제·문화·사회 혹은 관계[9]──가 존재하며, 문화 자본에는 명백히 구별되는 세 가지 '상태'──포함된, 객관화된(작품 내에서), 제도화된(제목 안에서)[10]──가 존재한다고 말하는 것은 분리된 양상들을 연결하는 방식이며, 그래서 초기 사용의 제약 혹은 임의성을 인정하고 극복하는 방식인 것이다. 과학적 이성은 스스로에게 논쟁 실험을 부과하며 첫인상을 부인하려 애쓴다.

---

8) 《재생산》, p.155.
9) 《대답들》, p.94.
10) 같은 책, p.95; 〈문화적 자본의 세 가지 형태 Les trois états du capital culturel〉, 《사회과학 연구지》, 1979/30, p.3-6.

과학적 이성은 묻는다. 생각하는 만큼 차이가 크며, 정체성은 명백한가? 예술가와 고급 패션 디자이너는 시장 관계로 보자면 서로 먼 사이지만, 독창성(사인·메이커)이라는 특전처럼 몇몇 결정적 특성으로 연결해 볼 수 있다. 반대로 한 가족처럼 동질적이고 통합된 집단은 분석해 보면 입장이 다른 공간의 구조를 지닌다.

그런데 통합과 분리의 작용들은 순수한 정신적 조작은 아니다. 이 작용들은 사회 세계에 속하는 행위이기 때문에 문제를 야기한다. 사회적으로 분리된 것을 통합하든지, 사회적으로 통합된 것을 분리하든지 간에 국가·학교·교회 등이 강요하는 객관적 분류 체계를 염두에 두어야 한다. 연속성의 원칙의 사용은 사실을 내려다보는 관찰자의 자유로운 평가에 맡겨지지 않는다. 사회적으로 효과적인 무한성이라는 결과를 낳는, 무시될 수 없는 경계·단절·분리 의식 등 모든 불연속성에 부딪친다. 실제로 사회 세계는 신화적 대립(고/저, 좌/우, 남/여 등)으로 구성되어 있어서, 대립에서 벗어나려면 이를 대상화해야 한다. 사회적 분류의 객관화라는 전제를 필요로 하는 조건하에 사회학자는 자신의 구조물의 중심에서, 또 학술적 변수인 이상적 유형 안에서 토착민의 신화를 재생산하지 않을 수 있다. 이 모든 사실을 안 뒤 사회 세계에서 자유로이 사고의 도구들을 빌릴 수 있는데, 이는 분류가 아닌 독창적 질문의 창안이라는 또 다른 용도를 토착적 분류에 부과함으로써 이것을 회수하는 조립의 논리 내에서 가능하다. 만일 칸트의 오래된 책《재능의 갈등》이 다시 인기를 모았다면, 이를 주해하기보다 자신의 필요에 따라 사용하려 했던 사회학자의 시선에 그 까닭이 있을 것이다.[11]

---

11) 교육에 관한 칸트의 사고를 사회학 연구의 성과, 대학의 장의 구조적 역사에 기록하는 것이 금지된 것은 아니다.

사회학자 부르디외가 연구하는 사람들은 감각적 직관에 드러나는 사람들이 아니라 연구상에서 고려되어야 할 공간의 정의와 관련되는 한에서만 존재하는 사람들이다. 과학적 구성과 평범한 지각 작용을 대립시키는 이 단절을 부르디외는 '인식론적 개인'과 '경험론적 개인'[12]의 대립에서 언급한다. 이러한 사실은 레비 스트로스의 예('우연히' 선택된)에서 볼 수 있다. 우리가 고유 명사를 붙이는 경험적 인간은 수많은 관계하에서 무한한 속성을 지닌 독특한 존재이다. 평범한 경험 속에서, 우리는 그들 사이에서 유사한 관계[13]를 형성하는 일련의 잡다한 속성들——민족학적·구조주의적 특권을 지닌——에 근거한 여러 상투적 유형들을 만들어 낸다. 반대로 과학적 연구는, 적어도 준비의 단계에서는 인간의 특성화에 있어서 (대학의) 고려된 개인들의 공간에서 명백하고 동일한 기준(사회적 출신, 학벌)을 체계적으로 적용해서 얻는 결과만을 받아들여야 한다. 데카르트 이후로 분석이란 여건들을 방법론적으로 구성한 체계 안에서, 단지 이 체계 안에서 어떤 대상의 입장을 결정하는 것이다. 연구의 조건이기도 한 경험성에서 인식론으로의 환원은 이것이 가져올 수 있는 모든 결과를 보기 전에는 비난하기 힘든데, 속성들의 선택과 처리에 있어서 분명한 규칙들을 내포하는 방법의 한 양상이다.

그 결과 과학적 지식은 이 지식이 취급하는 대상들의 비본질화를 전제하고 초래한다. 정해진 공간 안에서 개인은 입장에 의해서만 정의되는 것이 아니며, 이 입장은 차별되어야 가치를 지닌다는 것이다. 수입이나 학력의 고저는 가변적인 것의 과정을 알아야만 의미를 지니고, 그리하여 수입이나 학력의 양은 낮다 혹은 높다라고 말할

---

12) 《호모 아카데미쿠스》, p.36 이하 참조.
13) 놀이꾼들이 유명한 인물 대신 나무 이름, 새 이름 등을 붙이는 〈중국 게임 jeu chinois〉의 분석을 보라. 《구별짓기》(p.625 이하) 내에 첨부된 부록 〈여럿이 하는 오락 게임 Un jeu de société〉 참조)

수 있으며, 그 이후에 그것을 가진 자들을 다른 사람과 비교하여 자리매김한다고 말할 수 있다. 상대적으로 동질적인 형태의 공간들 사이에서 우리는 모든 종류의 관계들을 생각할 수 있다. 동질성을 발견하고, 유사한 전이를 만들며, 여러 중첩되는 입장(대응 분석에서 체계적으로 얻어지는 입장처럼[14])을 실천할 수 있다. 부르디외가 여러 작업에서 얻은 지식을 쌓아 가면서, 그 자체로 '관계 체계'인 다음의 세 가지 공간 사이에서 '관계 체계'를 규칙화하려고 했을 때 이 구조적 방법이 특히 유익하였다. 그 세 가지 공간이란 객관적 입장들의 공간——'장'이라고 간주될 수 있는 유일한 장이다——과 성향의 공간과 입장 표명의 공간이다.[15] 대학교수의 숫자를 고려할 때 소유된 지적 자본의 상대적 무게와, 제도의 권력에 부응하여 결정된 입장들의 특징과——사고와 평가의 범주에 결합된 학문적 여정의 유형이 중재하는——교육과 정치에 있어서의 입장 표명 사이에서 성립되는 친화력을 확인하게 하는 것이다. 이렇게 하여 지식인들의 논쟁(바르트-피카르 논쟁)[16]을 설명하거나 68년 5월[17]에 일어났던 대학교수들 사이의 이데올로기나 정치적 논쟁으로 인한 분열을 설명하는 본보기를 제시하는 것이 가능해졌다.

학문적 여정이라는 개념은 시간적 차원을 부여받는 입장 개념이 보편화된 것이라고 생각할 수 있다. 여정이란 조정된 변화에 의해 영향을 받는 구축된 공간 안에 자리잡은 입장들의 연속이다. 모든 개개인에게 다 적용되는 동일한 시간적 척도란 없는데, 왜냐하면 연령층(젊은/늙은) 같은 분류까지도 비교의 논리에 따라 기능하며 사회

---

14) 그런 차원이, 논리적으로 차별된 속성들(직업 · 거주지 · 환경 · 음식 기호 · 주간지 읽기 등) 사이의 유사성을 파악하도록 하기 때문이다.

15) 예를 들면 《대답들》, p.321 이하 참조.

16) 《호모 아카데미쿠스》, p.151-156.

17) 같은 책, p.209 이하.

집단(젊음은 상대적으로 오래 가며 늙음은 빨리 찾아온다), 형태론적 효과와 제도적 효과(권리와 의무에 관한 법적 나이를 정의할 때처럼) 등에서 유래하는 사회 공간의 변형에 따라 변하기 때문이다. 한 여정을 구성하는 시퀀스들은 획득한 자본의 구성과 부피와 같은 객관적 특성들로 결정되는데, 잊지 말아야 할 것은 이들은 일정하고 다소 객관화된 분류에 의거하는 시장성에 따라서 정의됨으로써 상대적인 의미밖에는 지니지 못한다는 것이다. 고등학교나 대학교수의 직업을 연구하려면 먼저 해당 기관의 위계 질서를 제도적 측면과 공간적 측면(파리의 혹은 지방의, 큰 학교인가 아닌가 등)을 파악하고, 또 이 학교에 입학하는 나이의 분포를 파악해야 한다. 한 작가의 생애는 쉽게 결정될 수 없으며, 성공과 인정받음이라는 특수한 지표를 갖춘 방법적 구성에 따라야 한다. 동료들의 찬사라든가 특권 그룹에 들어섰다든가 어느 출판사에서 책을 냈다든가 등, 외부 시선에는 쉽게 잡히지 않는 징표에 의거해야 한다. 그러한 본보기는 어느 한도까지 입장이나 여정의 분석이 국가의 분류에 의거하는 체계화의 기준을 넘어설 수 있는지 물어보게 한다. 이 분류들은 주어진 순간에 분류 투쟁에 의해 포착된 상태를 기록할 뿐인데 한계와 위상, 직업, 활동, 고용, 실직, 수입, 독립, 파트 타임 고용, 직업적 사고, 호적, 국적 등을 결정한다. 그런데 변화는 순전히 상징적인 충족(대학교원, 또 간부급 현장감독의 경우에 은퇴를 가까이 두고 승진하기[18])이므로 기본적으로 입장의 특성들은 변화하지 않으며, 직업적 유동성으로 간주되는 이동도 외양적일 뿐이다.

  '상대적 사고 방식'이 인류학에 있어서 구조주의에 의해 체계화되었다 해도 이것이 고유한 재산은 아니며, 부르디외에 의하면 카시러[19]

___

18) 여정의 분석 문제에 대하여, 《구별짓기》, p.122 이하, 《예술의 규칙》, p.360 이하.

19) 《대답들》, p.72.

와 같은 다른 저자에게서 많은 이득을 보았다. 관계를 사물로 대체 시키면서, 이 사고 방식은 더 추상적인 단계의 새로운 작용 가능성이 풍부한 본질들을 창조해야 한다는 보편화된 요구를 만족시켰다. 그럼에도 불구하고 이는 도그마처럼 간주되어서는 안 되고, 입장의 특성들을 더 깊이 연구하는 데 쓰이는 법칙처럼 취급되어야 하는데, 여러 경우에서 관찰되는 것처럼, 가령 소부르주아의 입장 분석에서처럼 그 특성의 대부분이 사회 공간의 매개적 입장에서 추론된다.[20] 그 여파는 '조건'을 따르는 긍정적 특성들과 '입장'[21]을 따르는 차별적 특성들 사이의 방법론적 구별의 유용성이다. 어떤 직업에 대해 연구할 때 자발적이며, 동시에 물질적이고 현상적인 유혹이 있으며, 수입, 직업적 일의 내용(수공업적/지적, 사무실 일, 소비자 서비스 등), 한 집단의 '인구 통계학적' 구조 등, 한마디로 이같은 측면들을 하나하나 연구하면서 그 집단의 내막을 알고자 하는, 이 집단이 '객관적으로' 관찰될 만하고 다른 집단과 비교할 만하다는 것을 알리는 유혹이 있다. 이 측면들의 적절성을 부인하지 않더라도 쉽게 관찰되지 않는 체계적 원칙들로부터 자료를 연구할 때, 우리는 체계적 차이를 논하는 차별화 용어인 공존의 영역이나 입장의 영역 등을 명료하게 얻는다는 것을 알 수 있다. 나이, 여성의 성비(性比), 학위, 출신 성분, 교파와 같은 특성들은 인구 안에서 공존하게 하고, 그 상대적 중요성을 알기 위해 하나씩 고려해야 하는 변수로 간주되어서는 안 된다.

사실상 입장에 대한 분석은 관찰되는 변수로부터 출발하는 것에 만족하지 않으며, 이론상 변수들의 통합과 조직의 도구를 제공한다.

---

20) 〈계층의 미래와 개연성의 인과 관계 Avenir de classe et causalité du probable〉, 《프랑스 사회학지》, Vol. XV, n° 1, 1974 1-3월, p.3-42.

21) 〈계층 조건과 계층 입장 Condition de classe et position de classe〉, 《유럽사회학지 Archives européennes de sociologie》, VII, 2, 1966, p.201-223.

학력 자본과 경제 자본 간의 대립에 의해 구성되는 상위 계층의 공간이 있다고 하자. 이 공간의 지배적 입장은 정치적 · 경제적인 권력에 접근할 수 있는 입장이며, 우수성이라는 지배적 사고 방식을 가장 잘 충족시키는 사람들, 즉 고위 계층의 지배적 부류 출신의 사람들이 이 공간을 차지하고 있다는 사실을 잘 안다면, 이 입장들에서 멀어질수록 여성, 학위 소지자 등 다른 특성을 지닌 사람들이 존재할 개연성이 커진다는 사실은 놀라운 일이 아니다. 이 변수들의 각각에 무엇이 연결되어 있는지 찾아내려는 것은 헛수고이다. 즉 고려된 직업들 간의 대립은 자본의 구성, 성별, 활동의 성격, 가치들 사이에 동질성을 가지게 한다. 그 결과 변수들간의 관계들이 지닌 체계적인 성격이 드러나고, 드러난 특성들과 입장을 정의하는 데에 암시적으로 개입하는 숨겨진 특성들을 한곳에 모으는 입장들에 대해 또 다른 시선을 던지게 한다. 그리하여 지배적 입장이 '담대함' '자신감' '개성'이란 특성으로, 사회적으로 그리고 성적으로 특징지어지기 때문에, 결과적으로 여성의 비율은 여러 양상 중의 한 양상이 아니라 무엇보다도 구조적인 유일한 논리의 일면이다. 직업적인 일과 제약(일정표)이 객관적인 특성과 주관적인 특성, 공식적인 특성과 비공식적인 특성, 그리고 행위자들을 완전히 분리할 수 없다면, 연구의 한 국면에서 그렇게 유용한 '조건'과 '입장'에 해당하는 것들간의 구별은 방법론적인, 즉 임시적인 의미밖에는 다른 의미가 없을 것이다. 조금 후에 목적이 되는 사회 공간의 특성을 논하게 될 것이다. 행위자들은 내재적인 제약에 의해 조정되는 자료인 직업에 대해 관여하지 않으며, 이들은 제한되고 불균등한 방법으로 그들의 활동의 정의에 대해 작용하는 권력을 지닌다. 그들은 그들이 차지한 지위를 형성하는 데 기여하며, 그들이 형태적으로 동등한 지위를 차지하는 데에는 여러 방법이 있다.[22]

상대적 사고 방식은 비교적인 비전을 선호하든지 이 비전과 동일시된다. 경험적으로 유효한 입장을 '가능성의 특수한 경우'(바슐라르)[23]로 간주하게 됨으로써, 이 사고 방식은 (다른 지배자의) 다른 공간에 속하는 일련의 구조적 동위소와 일정한 공간 안의 대립되고 보충적인 일련의 용어들(귀족/시골 귀족)을 같은 비전 안에 연합하게 한다. 한 공간에 대한 연구는 극히 지엽적이거나 '전문적'('미시적')이 아닌 방법으로 이루어지는데, 이는 불변적 특징에 속하는 것과 변수들 사이의 격차에 속하는 것 간의 구별을 피할 수 없기 때문이다. 문학의 장에서 다른 장에서도 나타나는 예술–돈이라는 대립의 반복을 볼 수 있는데, 이들은 분명 자율성의 문제에 노출되었을 때에 자율성의 정도에 따라 입장들이 조직되는 하나의 축을 둘러싸고 조직되었기 때문일 것이다. 바로 이것이 부르디외가《예술의 규칙》에서 '문화적 생산의 장들의 몇몇 특성들'이라는 제목에 왜 다음과 같은 설명을 덧붙여 썼는지를 이해할 수 있게 하는 부분이다. 즉 "이 글은 문학의 장에 대한 역사적 분석을 목표로 하고 있어서, 특수화된 장들(종교·정치·법·철학·과학)의 특수 논리를 별도로 제쳐 놓으려는 경향이 있다."[24]

그러한 구조적 질문에는 방법적인 장점이 있는데, 바로 시선의 변화를 가져온다는 것이다. 비본질화에는 토착적인 재현이나 신념에 관한 극적 효과를 감소하는 현상이 뒤따르는데, 이는 직접적이거나 대리 충족적으로 부르디외가 지니거나 지녔을 수 있는 현상으로, 자연적인 태도에 내재하는 자발적으로 사실적이거나 사물화하는 성향들에 관한 거리두기 현상이다.《감정 교육》[25]에 나오는 등장인물들은

---

22) 이 모든 점에 대해서는 〈계층 조건과 사회적 조건 Condition de classe et conditionnements sociaux〉,《구별짓기》, p.112 이하 참조.

23)《대담들》, p.54.

24) P. 부르디외,《대담들》, p.298-299. 불변 조건들의 연구에 대한 근본적 역할에 대해서《대담들》, p.57;《대담들》, p.298.

25) 귀스타브 플로베르의 소설이다. 〔역주〕

허구적 고유 명사로서 내면화의 지적이고 학문적인 형태로 강화된 독서의 내면화 경험을 통해 등장인물들과 '동일시' 될 수 있으며, 부르디외가 제안하듯이 이들을 '권력의 장'의 특징적 위치에 놓을 때 거의 '살아 있는' 것처럼 되어, 그들의 열정과 불안과 함께 더욱 명료하게 부각된다.

관계성의 측면에서 본다는 것은 다르게 본다는 이야기인데, 왜냐하면 고려된 관계가 명백한 가능성의 세계들의 다원성을 하나의 시선으로 보기 때문이다. 이 세상들 사이를 여행한다는 것은 낯선 일인데, 왜냐하면 여행의 일상적인 인식의 한계들을 초월하도록 하기 때문이다. 간헐적인 유머러스한 느낌은 여기에선 인식 기능의 흔적일 뿐이다. 위계 질서를 뒤흔들고 대립된 것들을 접근시키며 동등성이나 유사성을 생산하는 것은, 여러 입장에 관한 유희적이고 심각한 실험 훈련이다. 알랭과 하이데거와 같은[26] 전문가들이 근본적으로 다르다고 파악한 두 작가를 부르디외가 단순한 사회학적 실험으로 접근시키려 할 때, 그는 그 차이점을 잘 알고 있는 상호간의 철학을 거칠게 혼동시키려는 것이 아니라, 동질성을 보여 주고 동시에 특수한 전통에 의해 영향을 받았던 철학적이고 문화적인 공간들에 대해 성찰해 보기를 권유하는 것이었다. 작가들 사이의 상대적 대체성을 암시하는 것은 완전히 낯설지도, 완전히 동일하지도 않은 세상에서 자신의 입장을 재생산하기 위해서 그들 중 하나가 필요로 했을 전환 작업이 어떤 것이었을까를 상상하는 것이다. 하이데거가 존재, 검은 숲, 가죽바지를 포기하고 산책을 하고, 농촌의 깊이를 느끼며, 느린 명상을 하는 것을 상상해 보라. 그리고 거꾸로 알랭이 프랑스식 엘레강스나 가장된 무사태평 등을 포기한다고 상상해 보라. 작가(작품, 어

---

26) P. 부르디외, 〈사상들의 국제적 순환에 대한 사회 조건 Les conditions sociales de la circulation internationale des idées〉, *Romanistische Zeitschrift für Literature-schichte/Cahiers d'histoire des littératures romanes*, 14ᵉ année, 1-2, 1990, p.9.

떤 분야에서의 입장 표명)는 정해진 상황 안에서 다른 작가와 어느 정도까지는 대체될 수 있다. (1900년경 프랑스에서 베르그송은 더 철저하고 덜 '시적'인 니체처럼 간주되었었다.)[27] 이러한 변이는 생각보다 그렇게 상상 불가능한 것이 아니다. (전향한다는 것은 새 삶을 찾는 것, 다른 세계에서 자신에게 거의 대등한 입장을 만들어 내는 것이다.) 어쨌든 이러한 변화들은 유사성의 정도에 따라, 다른 공간에서의 입장들과 다른 공간에서의 친화성(혹은 모순)들을 밝힐 수 있도록 해준다.

바로 이 방법론이 언어학적 관습의 창안으로 설명된다. 이 창안은 우선 연구의 필요에 가능한 한 가장 적절한 어휘의 도구를 창안하는 데서 시작된다. 비의적(秘義的) 전문성이라는 타락한 취미를 배양하는 대신(이는 오래된 비난이다[28]), 창안자는 일반화를 목표로 하는 상징 체계를 제시할 뿐이다. 반복적이고 우둔하다는 비난을 받을 위험을 무릅쓰고, 창안자는 스스로 선취 관념과의 단절과 과학적 대상의 구축이 요구하는 언어의 조정된 습관을 제시하는 의무를 갖게 된다. 그리하여 인식적 대상은 '공간' '특성' '입장' 등의 용어를 필요로 하고, 이는 개념적 구별을 가정한다. 경험적 인간(하이데거)은 이와 혼동되지 않는 '입장을 취하며'(반칸트 철학파, 칸트 해석자, 보수적 혁명파 등) 지식의 진보가 갖는 속성이 입장이나 인식적 인간에게 돌아오는 부분을 끊임없이 증대시키고, 경험적 인간에 대해 초기에 다소 혼란스럽게 이해되었던 지식 안에서 더 명료해진다 할지라도 말이다. 언어의 일상적 사용에서 오는 불분명성과 단절하기 위해서는 말이 반복되는 것을 꺼려서는 안 된다. '합법적'이라는 말은 '합법적 소비자에 의한 합법적 재산의 합법적 소비' 같은 표현에서처럼 두 번

---

27) L. 핀토, 《자라투스트라의 조카들》, 위에 인용, p.38 이하 참조.
28) 이런 변수도 있다. "실제로, 당신이 복잡하게 말하는 것은 단순히 ……라고 말하는 것과 같다."

세 번씩 사용될 수 있다. 외적인 반복은 눈에 띄지 않는 질문을 부각시키며, 합법성이라는 문제는 적어도 세 번 거론될 수 있는데, 세 용어 사이의 관련성에 대해 문제를 제기함으로써 그 이상으로 문제시될 수도 있다.

　실체론적 유혹에 영향을 받은 표현 방식으로 만족할 수 없는 상관적인 사고 방식은, 다른 지적 습관을 얻는 수단을 말에 대한 작업에서 획득한다. 이는 '과학적으로' 보이기 위한 말장난이 아니다. 두드러지는 불변성들이 있기 때문에 '국지적인' 전문 용어와 국지적인 '고유 명사'를 극복하고, 관련적 성격을 지닌 높은 차원의 보편성의 속성을 지칭하는 것이다. 이 논리 안에서 우리는 일련의 대립되는 쌍들이 자주 사용된다는 것을 알 수 있다. 계층화된 공간 안에는, 이런 관계로 말미암아 정의되는 '지배자들'과 '피지배자들'이 있다. 즉 지배자나 지배적 입장의 특징은 피지배자와 구별되는 것이지만, 또한──관계란 대칭적인 것이 아니므로──우수성과 다른 모든 이들이 이로 말미암아 정의되는 존재 의무를 내포한다. 어떤 공간이든지 간에 그 공간의 보존 문제가 생기므로, 이들 공간들 중 하나에서 발생된 베버에서 나온 사제–예언자라는 패러다임을 통하여 보수적 행위자와 파괴적 행위자를 대립시킬 수밖에 없다. 이같은 지적은 세속적/영적, 개인적/비개인적(가정의/국가의)같이 아주 일반적인 법칙을 담는 다른 대립에서도 나올 수 있다. 결국 분류 작업에 있어서 순수히 과학적인 제약들은 행위자·실천·제도·자본 등의 체계적으로 규명된 다른 부류들에 관해서도 고려한다. 통합성의 개념인 '재생산의 전략'에 있어서도 마찬가지인데, 이는 사회적 존재의 영역(생물학적·경제적·교육적 등)을 넘어서 영속하기 위하여 활동시키는, 다시 말하자면 사회적 존재 내의 영속 조건인 소유된 문화재를 영속시키기 위하여 한 그룹의 구성원들에 의해 가동된 여러 실천을 지칭한다.[29] 암시하는 급격한 자연주의 때문에 위협적으로 들리는

'재생산'이라는 단어는, 마르크스가 깊이 설명한 적이 없었던 사회 세계의 관계적 이해와 불가분의 관계에 있는 개념이다. 문제시되는 것은 가족이나 계층처럼 초월적인 사물의 항구성이 아니라 비대칭적인 특성 덕분에 항구적이 되는 관계인데, 생산의 수단에 관하여 소유와 비소유는 다른 입장들 사이의 간격의 순환성이나 이 입장들에 의해 생긴 이득 사이의 간격의 순환성에 근거를 두기 때문이다. 전제와 결과의 순환성은 자연적 주기의 순환성이 아니라 사회적 과정의 순환성이다.

이 용어학적 양상을 매듭짓기 위하여 덧붙일 것은, 어떤 경우에도 이런 유형의 '개념들'이 폐쇄된 분류학[30]처럼 기능하지는 않는다는 점인데, 그 이유는 그들의 기능이 문제를 제시하기 때문이다. (집단에 따라 변하는 재생산의 전략에 대한 위계 질서가 있는가? 기능에 있어서 불변수가 있는가? 중대한 사태를 생각할 수 있는가? 등.) 그 유형의 개념들은 "개방적이고, 일시적인 채로 지속되어야 하며, 또 그렇게 할 수 있는데, 그렇다고 모호하거나 대략적이거나 혼동적이라는 말은 아니다."[31] 이 개념들의 용도를 좀더 잘 사용하기 위해서는 결코 이들을 아껴서는 안 될 것이다. 왜냐하면 사회학자 부르디외가 제시하는 명료함이라는 공리는 사회학 공동체의 공동 재산이기 때문이다. 부르디외는 사회 세계가 일련의 지식 활동에 의존하는 이상, 그리고 이 작업이 내재적인 제약을 지니는 이상 이 사회 세계에 관해

---

29) 인용된 논문 〈계층의 미래와 개연성의 인과 관계〉, p.28 이하 참조; 《구별짓기》, p.145 이하 참조; 〈재생산의 전략과 지배의 형태 Stratégies de reproduction er modes de domination〉, 《사회과학 연구지》, 1994/105, p.3-12.

30) 레옹 브룅스비크가 아리스토텔리즘의 분류식 사고를 능가하지 못한다고 뒤르켕을 비난했던 오래된 비평이다.(L. 핀토, 〈세부 사항과 뉘앙스〉, 앞에 인용한 논문, p.159)

31) 《지표들 Repères》, J. 엘브롱과 B. 마조와 함께한 인터뷰, 네덜란드어로 1983년에 출판되고 《말해진 것들》, p.54에 수록.

연구할 수 있다고 주장한다. 그리하여 부르디외의 사회학에 대한 비평이 어떤 면에서 정말로 그를 겨냥한 것이고, 어떤 면에서 그를 넘어서서 모든 사회학자들이 폭넓게 수용해야 하는[32] 사회성에 대한 지식의 이론을 겨냥한 것인지 질문해 볼 수 있다. 분석 단위를 방법적으로 분리하지 않고, 관련지어 생각하지 않으며, 대상에 관한 관계를 조절하지 않는다면, 사회학은 무엇에 쓰는 것이란 말인가? 이 점에 있어서 부르디외에게 탓할 것이 있다면, 그의 지나친 철저함이리라.

신화와 허구

피에르 부르디외의 연구 작업에서 사용된 중요한 '이론적' 개념들은 '가설'을 포함하지 않고 있으며, 무엇보다도 먼저 과학적 대상의 구축이 요구하는 대로 전적으로 의존하는 도구라는 점을 말할 수 있다. 질문의 방식이라는 문맥과 연구의 상태에 연결되어, 이 개념들은 변경되고 재해석되기 십상이다. 이들의 방법적인 사용은 이 개념들이 가능하게 만드는 문제들만을 취급한다는 계율을 그 반대급부로 지닌다. 이 사회학자가 논리적 분석에 대해 수단을 제공하지 못한[33] 주제들이 있다. '남성 지배'가 문제적 공간의 상태의 성격에 합당한 연구 주제로 형성되기에 충분한 조건들이 수집되었을 때에서야 비로소 착수되었다는 사실은 우연이 아니다. 부르디외는 그 자신

---

32) 《사회학자의 역할》에서 사회성의 지식에 대한 이론과 사회성의 이론 사이의 구별을 제시한다. 전자의 이론은 초기 인식론으로서 두번째 이론에 선택의 여지를 남긴다. 두번째 이론의 본분은 이 선택들 중에서 그 수준에서 생산되어야 할 과학적 논쟁을 골라 선택함으로써 사회 세계가 어떻다는 것을 우리에게 말해 주는 데에 있다.

33) 전형적 예 중 하나는 1960년대 유행하던 노동 계층의 '중산층화'의 문제이다. 《사회학자의 역할》(p.146 이하 참조)에 보면 존 H. 골드토르프와 데이비드 록우드가 쓴 이 문제에 관한 해체 방법이 소개되었다. 오늘날 '개인주의(individualisme)'나 '배척(exclusion)' 등의 문제가 그에 상당하는 말이다.

모든 문제에 대한 해답을 갖고 있는 것은 아니라는 사실을 잘 알고 있다. 왜냐하면 우선 그 자신부터 모든 문제에 대한 적절한 질문을 갖지 않았기 때문이다. 가끔 그는 그것을 개탄하고 자신의 침묵 속에서 외톨이가 되어 있음을 느꼈을 것이다.

일시적이고 상황에 따른 침묵(이미 예를 제시한 바 있다)은 새 연구자들에 의한 새로운 작업으로 중단될 수 있다. 그러나 고의적이고 책임을 지는 침묵도 있다. 가령 부르디외의 저서를 보면 사회적 현실의 궁극적인 본질, 여러 사회의 내재적 경향, '모더니티'나 '포스트 모더니티'에 대한 본질적 제안들이 거의 없거나 전혀 없는 것을 보고 놀랄 수 있다. 막스 베버('합리화' '서양')의 저서나 노르베르트 엘리아스의 저서《문명화의 과정》에서 볼 수 있는 목적론이 부르디외의 연구에서는 어떤 형태로도 나타나지 않는다. 사회학은 그 자체로 역사라는 순수한 단어에 관해 우리에게 아무것도 말하고 있지 않다. 또 정신적이고 근본적인 변화를 가져오는 결정적이고 새로운 '사회'의 '변화'에 관해서도 말하지 않으며, 역사에 각인될 만큼 중대한 새로운 계층의 출현에 관해서도 아무 말이 없다. 부르디외는 "마르크시즘과 그의 적수들(구조-기능주의·발전주의·역사주의 등)에서 만개된 편향된 대법칙들에 대해 심각한 불신"[34]을 말하고, "마지못해 사회 세계에 관해 일반론을 펴는 것이나, 이 세상의 지식에 관한 보편적인 상위 담론을 생산하기"[35]를 거부한다고 말한다. 직업적 습관일 수밖에 없는 사회학적인 반사율은, 그에게 우선 모든 사람이 기여하는 분야로 달려가는 것을 경계하도록 하였고, 그 다음으로 (특히 정치적 이익의 강도가 가능한 과학적 이익을 잘못 예상하도록 할 때) 이론가들이 자신을 내맡기는 게임의 법칙을 작업의 명령이 아

---

34)《대답들》, p.69.
35) 같은 책, p.134.

니라 연구의 대상으로 취해야 한다고 생각하게 하였다. 그리고 모순되게도 이론을 아끼는 부르디외가 이론적 공포의 이미지를 연상하게 한다면, 이는 아마도 그가 이야기하는 내용보다 그가 지식인의 장에 존재함으로써 말하기 어렵게 된 모든 것 때문일 것이다. 이미 오래전부터 그는 지성의 장에 흩어져 존재하는 자본의 집중과, 그럴싸한 지적인 이유로 이를 숨기는 예언주의의 현학적 형태에 대하여 경고해 왔다.

부르디외가 이해하고 실천하는 사회학은 계몽주의 시대부터 발생한 이론적 전통에 근거한 것으로, 그 목표는 흔히 말하듯이 인간 정신의 실수가 아니라 이론적 이성에 근거한 학술적 생산물을 비평하는 것이다. 이 비평은 단순히 거짓말 벗겨내기가 아닌데, 왜냐하면 환상적 지식의 가능성과 이 지식 안에 있는 환상의 가능성을 설명하는 것이 바로 비평의 역할이기 때문이다. 칸트나 비트겐슈타인처럼 다양한 저자들이 조명한 역사의 상속자로서의 사회학은 '교조주의적인' 모든 주장을 거부하는데, 극단적으로 말하자면 '실증주의적' 양상이 경험의 직접적인 여건에의 귀속을 부각하고, '이론주의적' 양상이 오성 작용의 구축물들을 궁극적 현실로 세우기 때문이다. 비평은 곧 어떤 이론에 대한 모든 입장 표명에 병행하여 단어들, 분류 체계, 통계학 도구의 사용 등, 그와 관련된 전제 사항들을 드러내는 데에 쓰이는 문제들의 처리 방법이다. 그런데 검토해 보면 영혼 불멸설 또는 사적 언어의 사회학적 동의어 같은 문제들은 더 이상 논의되지 말아야 하며, 재해석되었거나 아니면 새로운 문제들은 일정한 조건하에 제시될 수 있다는 것이 증명된다.

현학적인 신화들은 부가 설명이나 이론화를 피할 때에 보다 명백히 표현되었을 때 반박하기 쉬우므로 더 효과적이다. 그렇기 때문에 일반적으로 신화들은 생산할 때보다도 해체할 때에 더 많은 시간이 요구된다. 본질주의적 신화는 전체('컴퓨터화'된 사회, '소비' 사회)

의 심오한 진리처럼 특징이나 현상 중 하나를 취한다. 궁극적 원인
들의 신화는 현상 뒤에 숨어 있으면서도 일련의 증후군(예: 평등화라
는 토크빌의 '법칙')을 통해 허락된 힘에 효율성을 부여한다. 조급하
고 파노라마식으로 생각하는 철학자들과 시대적 유행에 물든 수필
가들에 의해 옹호되는 깊은 의미들을 담은 신화는, 그것이 행위자의
의식을 피한다 할지라도(예를 들어 '맥도날드'에서 먹고, 랩과 바흐를
듣고, 스포츠센터에 다니고, 불교적 명상을 하는 등 포스트모던한 인간
의 '조각난' 정체성) 담론을 배가하고 고등한 일관성을 제공하는 사
고의 망에 대한 실천을 배가시킨다. 어리석은 신념의 신화, 즉 '적당
히 능숙함'에 대한 유혹은 속임수에 약한(예를 들어 '자동차'에 대한
'유물론적' 사랑, '텔레비전'에 대한 '관음증적' 매혹) 세속적 사람들
에게 어울리는 순진한 신념을 행위자들에게 부여하는 데에 있다.
"'적당히 능숙한 사람'은 거짓말 벗기기와 고발하기에 몰두하여, 그
로 인해 각성하고 가면을 벗은 사람들은 그가 폭로하는 진실을 알면
서도 동시에 거부한다는 사실을 모른다."[36] 또 다른 신화들을 열거
할 수도 있다. 연구자가 또 다른 신화들을 열거한다면, 이는 그의 입
장이 여러 행위자들에게 부여하려는 원인·의미·신념들을 가려내
는 데로 그를 이끌기 때문이다. 이는 행위자가 무방비 상태이고, 멀
리 있으면 더욱 쉽게 부여된다.

사회학은 부분적으로 치유적인 역할을 하는데, 이는 객관적 지식
의 내적 필요성에서 나오는 것은 아니지만, 사물과 정신의 현실 안
에서 동시에 작용하는 사회적 메커니즘에 근거한 깊이에서 그 외면
을 끌어내는 일련의 문제들이 지닌 환상적 특성을 파헤치고 이를 극
복하기 위함이다. 우리는 부르디외가 일군의 사회적 허상들——법
률만능주의·경제주의·탐미주의(예술을 위한 예술)——을 명백하

---

36) 《파스칼적 명상》, p.226.

게 드러내려 했다는 것을 안다. 이 허상들은 그 자율성이 행위자들을 내면의 법칙의 가치와 힘에 대한 신념 안에 묶어 두는 일정한 장의 기능에서 오는 효과이다. 문제가 되는 실천의 사회학은 장의 미처 생각지 못한 부분을 객관화하는 조건에서만 가능하다. 미처 생각지 못한 부분이란, 어느 정도 제도화된 방식에서 장이 배제하는 모든 것, 장이 수용하지 않고 가치를 인정하지 않는 모든 것, 즉 간단히 말해 장 대(對) 장을 생각하는 조건에서, 혹은 그럼에도 불구하고 생각지 못한 모든 것들을 지칭한다. 덧붙일 것은 이 특이한 허상에 기대어 여러 장들은 공통적으로 궁극적인 환상을 가지는데, 이는 실천에 대한 현학적이고, 주지주의적이고, 형식주의적인 이론이며, 실천에 있어서 장 안에서 인정된 행위의 정당한 원칙인 규칙들의 실행 모델에 따라 행위자들의 실천과 모든 실천을 사고하는 '스콜라학파적 환상'이다.

철학에서 한 예를 들자면, '하이데거의 경우'가 적절할 것이다(나치하에서의 이 철학자의 태도). '철학사가'들은 개념을 다루는 동안에는 오랜 학술적 전통에 의해 생산되고 이어져 온 이 학문의 공식적 구현을 따르는 것처럼 보일 수 있다. 이 경우 하이데거는 플라톤 · 헤겔과 니체의 동료일 뿐이다. 철학자와 세속적인 이데올로기와의 관계의 문제는 당혹감만 자아낼 뿐이다. 순수 사고와 정치라는 이질적인 두 가지를 어떻게 사상가에게서 연결시킬 수 있단 말인가? 그런데 실제로 내부의 역사가 해결하기 어려운 충격적인 사실들과 이질적인 글들이 있다. 이론적이고 경험적인 무기가 없는 탓에 고상한 주석 대신에 이 철학자의 도전적인 참여에 대한 '증거'의 문제와, 추측되는 그의 정신 상태와, 순간적 착오 등에 대한 일련의 상식적 판단이 앞선다. 저변에 깔린 문제가 하이데거의 '책임'에 관한 문제이기 때문에, 그에게 무죄 선언을 하든 유죄 선언을 하든 이 '경우'에 대한 가능한 선택의 공간은, 질문 방식이 숨기는 모든 것을 고려하지 않은 채 덕이나 적어도 명료한 의식을 요구하는 동료들의 지적 윤리와 일치해야 한다. 그런데 당 증명서[37]의 문제(반전체주의 역사가들의 전형적인 질문)는 순수하게 철학적인 공간과 공공연한 정치적인 입장 표명의 공간 사이의 구조적 일치 문제보다는 덜 흥미로워 보인다. 이 두 공간 사이에 친화력이 존재하며 효과를 낼 수 있는데, 부르디외가 하이데거에 대해 말했듯이 이 친화력을 파악하는 것은 '근본적 존재론'과 '보수적 개혁' 사이의 친화력들, 즉 집단적으로 유지된 인식 부족과 함께 이루어지기 때문이다. 존재·근심·혁명에 대해 논하는 것이 정치를 하는 한 방식이라 해도, 이것은 공식적으로 적수는 '빨갱이'가 아니라 카시러와 같은 존경받을 만한 신칸트학파나 데카르트식의 이상주의자(분석적 '프랑스 정신'의 화신)인 곳, 즉 정치가 검색될 수 없는 다른 무대 위에서의 일이다. 사회학적 책 읽기는 이 경우 이중적 언어를 풀어 나가는 작업이며, 이 언어 안에서 저자는 순수 사고 안에 강한 신념과 격렬함을 지닌 채 몰두하는 첫번째 인물이다. "표현은 여기에서 사회 세계의 원초적 경험들과 원칙에 속하는 사회적 공상들을 폭로하기 위한 것처럼 감추기 위해서도 존재한다. 표현은 이 사회적 공상들을 말하는 방식으로 말하지 않는다고 말하면서 말하여지게 하기 위함이다."[38] 그 상황에 따르면 하이데거는 자신의 사회적 충동들이 표현되도록 하거나(아주 예외적으로), 더 순수한 파롤을 위해 이를 억압하거나 해야 했는데, 왜냐하면 귀족주의는 천박한 양상과 고상한 양상을 교대로 띠기 때문이다. 맹목적으로도 아니고 냉소주의적으로도 아니면서, 그는 자기 방식대로 다소 섬세하게 활동할 수 있었는데, 대체로 그 자신이 전적으로 자유롭게 착안하지 않았던 '게임들' 안에서 그러했다. 우리가 보듯

---

37) 여기서는 나치당을 가리킨다. 〔역주〕

38) 《마르틴 하이데거의 정치적 존재론 L'Ontologie politique de Matin Heidegger》, 인용된 책, p.90.

이 사회학은 새로운 질문(저자의 관점에 대하여, 학술적 생산물들의 역할에 대하여, 자율적인 사고의 조건에 대하여)을 하게끔 도와 주었는데, 이런 질문들은 의도·책임·참여라는 학술적 언어에 의해 금지된 것들이다. 하이데거의 독특한 의식으로부터 이해와 설명의 충분한 원칙을 만드는 일은 힘의 체계(대학의, 이데올로기적)의 사전 분석에 의해서만, 또는 그들이 낳는 상징적 효과의 분석에 의해서만 얻어질 수 있는 명료성을 거부하도록 유도한다. 원어로 이는 Grosse Dummheit, '굉장한 바보짓'이라 말할 수 있으며, 이 표현은 그에 합당한 해석을 가지지 못했었다. "어떻게 그가 그렇게 할 수 있었겠는가(이 바보짓을 부인할 수 있었겠는가), 이것은 이 '사상가'가 근본을 생각한 적이 없다는 것을 고백하고 인정하는 셈이며, 심한 바보짓을 했을 때 사과하는 말처럼 그것은 어쩔 수 없는 일이었고, '보통 교사'가 생각하지 못한 부분이라는 점이 자유로이 결단하는 철학자인 그를 마음껏 휘둘렀다"[39]는 것을 고백하고 인정하는 셈이기 때문이다. 하이데거의 '정치적 존재론'을 설명하는 일은 철학의 장과 같은 장의 논리에 맞서서 명료함을 획득하는 일이고, 동시에 왜 이 장이 그 고유한 역사로 인해 자연스럽다는 이유로 합법적인 질문들밖에는 ——이런 용어 안에서(실수·맹목·순수함 등)——할 수가 없는지 이해하는 일이다. 얼마나 많은 하이데거와 같은 '문화 자본의 작은 수송인들'이 '투자'에 있어서 귀족적인 체하는 겉멋 때문에 이런 종류의 귀먹음과 맹목성에 얼마나 쉽게 빠지게 되는지 모른다.

사회학적 지식은 문제를 극복하는 것에 만족하지 않고 이 난제들을 사고의 대상으로 삼는데, 전례가 보여 주는 바와 같이 난제란 상

---

39) P. 부르디외, 〈피에르 부르디외가 본 하이데거; 철학의 파탄 Heidegger par Pierre Bourdieu: le krach de la pholosophie〉, 로베르 마지오리와의 대담, 《Libération》, 1988년 3월 10일자.

호간의 보강 관계에 의한 것으로 사물 안에 있는 것이 아니라 머릿속에 있기 때문이다. 과학의 난제들에 대한 사회적 힘은 사회적으로 근거한 사회적 허구에 기인하는데(예언자적인 사회학자들의 과학적 허구들도 어떤 점에서는 마찬가지이다), 이 허구들은 대상을 사고하기 위한 도구를 강요할 수 있는 힘을 지닌 특권적 대상들을 말한다. 사회학자는 '구성주의적' 인식론의 원칙들을 부인하기가 극히 어렵다. 그러나 이는 일관성이 있을 때에는 가능하다. 사회 세계의 구축은 주관성에 속하는 유일하게 인지적인 과정은 아니다. 만일 행위자들이 객관성을 구성하는 방식을 서술하려면 초월적 자아의 방식대로 하기는 어려운데, 그들의 구축은 초월적 양상으로 존재하는 계층·정부·가족 등의 '허구들'에 대한 성격에 의해 대부분 결정되기 때문이다. 비록 이 초월성이 어떤 식으로는 역사의 산물로 간주될 수 있다 할지라도, 과학은 그 초월성의 고유한 효과들을 파악해야만 한다. 이는 어떻게 계층이 '생산 관계'들의 객관적 성격에서 유출된 현실처럼 나타나는 경향이 있는가, 어떻게 국가가 사물·기구 혹은 최고위 심급처럼 나타나려 하고, 어떻게 가족이 자연스러운 단위처럼 나타나려 하는가를 이해하는 문제이다.

이 모든 경우 효율성이 기능을 알아보지 못하는 객관화라는 특수한 형태와 도구들을 분석하기에 이른다.[40] 권위 있는 대표단은 자신의 이름으로 생각하고 느끼며 행동하는 권위를 지닌 행위자들을 존재케 하는 마술인 것이다. 정치적·국가적·가족적인 특수한 자본의

---

40) 모든 오해를 피하기 위해서 허구의 해체는 '가족의 사회학'이나 '정치적 사회학'(정당·국가 등)이 예전처럼 실행되기를 허용하는 이론적 사치나 성과 없는 개념적 전제 조건이다. 해체는 이론적 전통이나 규율의 전통을 지닌 사회적·이론적 전제들을 밝히기 때문에 이끌어 가야 할 일련의 연구들을 가리키며, 연구의 가정을 제시한다. 대표들이나 대변인으로 구성된 집단의 구조와 기능 같은 양상이나, 또는 사회적 재생산의 도구(학교·기업에서 지배적 위치로의 승진)로 이루어진 체계와의 관계에서 권위의 방식이 변형되어 온 양상을 연구함으로써 권위의 위임에 대한 사회학을 구체적으로 시도하도록 부추길 수 있다.

집중과 소유는 파악-인식 부족 내에서만 있을 수 있는 현실들과[41] 동시에 위임자, 계층의 대표, 공무원이나 가장을 낳는다. 초월적인 사회적 사물들의 속성은 자연스럽게 인정되는데, 이는 행위자들이 그들의 비전과 실천을 이 사물들의 자연스러운 효과로 감지한다는 뜻에서 그러하다. 아마도 가정은 이 논리가 제일 잘 감추어진 곳인데, '현실'에서 움직이는 법적이고 제도적인 구조에 의존할 뿐만 아니라 '가정의 정신'에 힘입어 행위자들이 의무에 대해 자연스럽게 '자연적 감정'(가정에 대한 그들의 의무가 요구하는 감정)을 갖는 만큼 그룹에 대한 의무, 의무적 존재로서의 그룹에 복종하기 때문이다.[42]

인식에 대한 난제를 해체하는 것이 비평이라는 정신 작용은 아니다. 이는 사고 범주의 탄생을 구성하는 인식 작용인 것이다. 그러므로 이 사고 범주들은 또 이 범주들의 가능성이라는 사회적 조건이고, 객관적으로 존재하며, 목적·신앙·투쟁을 불러일으킨다. 구조적이고 창조적인 측면들의 필수 불가결한 연합을 보면, 이 접근 방식이 '발생론적 구조주의'[43]나 또 다른 구성주의적 표현을 가능케 한다는 것을 알 수 있다(구성주의적 구조주의 또는 **구조주의적 구성주의**).[44]

---

41) 〈위임과 정치의 물신 숭배 La délégation et le fétichisme politique〉, 《사회과학 연구지》, 1984/52-53.

42) 〈실현된 범주로서의 가족에 관하여 A propos de la famille comme catégorie réalisée〉, 《사회과학 연구지》, 1993/100 p.32-36; 〈가족 정신 L'esprit de famille〉, 《실천 이성》, p.135-145; 〈이름 없는 가족들 Des familles sans nom〉, 《사회과학 연구지》, 1996/113, p.3-5.

43) 《말해진 것들》, p.24.

44) 같은 책, p.147. 영어 용어들은 1986년 샌디에이고대학에서 열렸던 학술회의의 맥락에서 이해되어야 한다. 부르디외는 이 글에서 그가 '구조주의라는 단어를 소쉬르나 레비 스트로스식 전통과는 아주 다르게 사용하고 있다'고 밝혔다. 이 용어는 그에게는 '행위자의 의식이나 의지와는 무관하게 객관적 구조'를 지칭한다.

반성적 현실주의*

사물들을 그 상태에 그대로 내버려두는 것처럼 보이는 이런 방식은 사회학적 지식을 통해 '설명'을 듣고, 궁극적인 원인을 알게 되며, 대중에게 알려지지 않은 최고의 지식 수준에 오르게 된다고 믿는 사람들에게는 당혹스러운 것이 될 것이다. 학술적인 지식이 나름대로의 신화들, 곧 지각의 세계가 일종의 제2의 세계가 되는 플라토니즘적 환상(구조주의는 그 변수이다)을 포함한다는 것을 알면, 겉모습 뒤에 있는 계층·국가 혹은 가정이 '정말로' 무엇인지 우리에게 말하지 않은 사회학자 부르디외에게 주어진 학술적 기대가 실망스러울 수도 있을 것이다. 그가 우리에게 매우 복잡한 방식으로 보여주는 것은, 행위자들이 전혀 생성에 기여하지 않은 사물의 명령에 의해 사고하고 행하는 것처럼 이 허구가 행위자들의 사고 안에 존재하도록 허용한다는 집단적 환상을 가능하게 만든다는 것이다.

집단을 만들고 집단에 속하는 사람들이 어떻게 집단의 구성주의적 비전을 지속시키는지 이해하기는 어렵다. 반대로 사회학은 신념에 대한 '이론' 없이 지탱되기 힘들다. 사회 세계에 대하여 허구가 의미하는 것은, 이 허구가 신념에 관해 의미하는 바와 같다. 조건이 있다면, 부르디외의 말을 빌려 신념은 순수한 겉모습이 아니라는 사실을 이해해야 한다는 것이다. 신념은 깊이 내면화된 성향들과 여기에 조화된 가능성들의 공간 사이의 만남에서 오는 사회학적으로 효과적인 결과이다. 달리 말하면 신념은 의식의 주권적 행위가 아니라, 신념이 존재시키는 가능성들에 의해서 존재하도록 결정된다. 주관적이지도 객관적이지도 않기 때문에 신념은 객관주의나 주관주의의

---

* Un réalisme réflexif.

양자택일, 또는 이유나 근거의 양자택일을 피하려는 노력이 발생하는 주된 장소 중의 하나이다. 정신이 사회적인 것이므로, 정신을 결정했던, 또 이를 (재)생산하려는 구조들에 동질적인 것이므로 신념은 정신적인 것이다. 행위자의 성향 못지않게, 신념은 내부적이고 사적인 사건들의 합으로 매도되어서는 안 된다. 신념은 적어도 실천이나 담론 등에 의해, 또 일반적으로는 사회학자를 위해 자료를 만드는 모든 것을 통하여 공공연히 파악될 수 있다.[45]

이런 유의 모든 해결 방안처럼 피에르 부르디외가 주장하는 해결 방안은 오해될 소지가 많고, 또 양자택일의 두 극단 사이에서 한쪽으로 치우칠 위험이 있다. 경우에 따라 구조들이나 주관주의에, 원인과 근거에, 사회물리학이나 현상학적 이해에 궁극적 특혜를 주면서 우리는 결정된 존재론을 편들고 싶어할 것이다. 완성된 모든 경험적 작업이 이를 보여 주고 있다. 즉 사회학적 지식은 객관적이거나 (사회 공간에서의 실천의 분배) 주관적인(행위자들의 재현) 두 가지 형태의 서술 방식의 병렬이 아니다. 규칙성과 그 설명이 요구하는 요인들을 명백히 하는 것은, 이 요인들이 작용하는 방식을 분석해서 보충하지 않는 한 불충분하다. 학위의 소유와 문화적 실천의 빈도를 연관지어 생각할 수 있다면 이는 방법상 용이하기 때문이며, 이 학위의 소유가 실천을 결정한다고 말하는 것은 임시적일 뿐이다. 학위란 직업이나 수입 또는 재산 상속보다 더 효과가 있는 것은 아니다. 사회학자 부르디외가 고립되고 측량할 수 있는 요인처럼, 또 자본처럼 외부로부터 이해하는 것은, 행위자에게는 사회적으로 조건지어진 가능성들에 대해서 사회적으로 조건지워진 권력으로 존재한다. 과학적 지식 안에 행위자들의 지식과 관점들의 차이를 포함시켜야 한

---

45) 어떻게 내가 행위자들의 신념에 대해 '아는가'라는 문제는, 내 추측을 정당화하는 행위나 선언과 관련된 일련의 관찰 결과들을 가리킨다.

다. 부르디외가 말하듯 만일 이 요인들이 권력이라면(물리적 힘이 아니고),[46] 이는 이들이 생성해 내려는 가능성들과 이들이 생성해 낸 가능성들 사이에서, 또는 주관적 소망과 객관적 개연성 사이에서 재생산되는 순환적 관계에 의해서만 효과를 보이기 때문이다. 의욕과 권력의 순환성은 신념에 근거하기 때문에 무의식적인 것이 아니다. 때때로 '우연'하거나 역사적으로 추론되거나, 개인적이거나 집단적인 급격한 변화가 있으며, 그 순환성을 파괴하기도 한다.

소부르주아적인 윤리이자 동시에 소유된 자본과 이 자본에 연관된 개연성들을 넘어서는 주장들 사이에서 외적으로 모순되는 차이에 대한 반성인 이 윤리의 적절한 분석에서, 부르디외는 어떤 의미에서 이 차이를 설명할 수 있는지를 잘 보여 준다.[47] 더 나아가서 이 차이는 서투른 타산자인 행위자의 계산상의 결점이기보다는 상승적 전략의 형식으로 객관적 효과들을 생산한다. '부르주아가 되기 위해 스스로 낮아'질 수밖에 없는, 다시 말해 한 번도 진정한 부르주아가 되어 본 적이 없는 소부르주아는, 그의 자본이 부르주아의 위신을 지키기 위해서는 많이 부족하지만 그래도 미래를 내다보기에는 충분한 양이며, 이는 지금은 없지만 노력을 통해 생길 수 있다고 소망하는데, 이런 미래에 대한 보장은 일종의 신념을 전제로 한다. 성공하려면 이를 확신해야 하고, 이 확신은 그가 희망하기 때문에 합리적인 선을 넘어서게 된다. 사회 공간에서 그들이 차지하는 중간적 입장으로 보아 소부르주아는 이 공간의 잠재성을 나타내고, 그의 입장을 '뛰어넘을' 수 있는 가능성을 지니는데, 이는 신념으로부터 생기는 것이다. 다른 입장들은 언뜻 보기에, 선행 경험에 의해서 미리 형성되고 예비된 가능성들의 공간과 관련되어 순간적으로 소유된 자본에 의해 정

---

46) 어느 정도까지는 이렇게 '사회적 물리학'의 방식으로 묘사할 수 있다.
47) 〈계층의 미래〉, 인용된 논문 참조.

의될 수 있는 것처럼 보이는데, 이 경우에 계속되는 입장들이 만드는 곡선, 즉 그 경사는 여러 경향들의 완강한 힘을 드러내고 부추기는 대로 고려되기를 요구한다. '도약'은 사실상 접근이 가능한 가능성에 접근하려는 성급한 행위자들에 의해서 유발된 가속도에 불과한데, 이는 스스로에게 가하는 행위의 대가로서만 가능하다.

과학적 지식은 객관주의와 주관주의(혹은 다른 동질적인 것들) 사이의 선택에서 벗어나는데, 왜냐하면 적어도 학술어들이 연구의 실천에 있어서 개념적으로[48] 불가분의 관계에 있다는 것을 보임으로써 이 지식이 학술어들을 재정의하는 데 기여하기 때문이다. '원인적 요인들'은 이들을 동력원으로 만드는 예상의 원칙에 속한다. '원인들'에 관해서는 선택과 필요라는 이중적 의미에서 이해할 때 덜 모호하다. **숙명적 사랑**(amor fati)은 내가 그렇게 되기를 결정한 상태에 대한 사랑이며, 이 결정들을 사랑하려는 결정이다. 그러나 내가 소유하고, 가능한 미래가 도래하도록 나를 이끄는 자본의 종류인 부동산은 상황에 따라 명백한 재정의의 움직임 안에 자리잡는다. 이들이 신념을 세운다면 이들 또한 신념의 대상이며, 재산의 가치를 강요하는 데에 공헌하는 계급 분류의 투쟁에 종속된다. 부르디외가 강조하는 바에 따르면 사회 세계에서는 작용하는 힘들이 내재적인 방식으로 결정되는데(비객관주의적인 방식으로), 왜냐하면 힘들이 작용하는 공간은 동시에 이들이 평가되고 정의되며 계층화되는 공간이기 때문이다. 서술의 기준은 행위자의 행동에 종속하기 때문에——학위는 전통과 맞서고, 학문적 실력은 학술적 유명세와 맞선다——학문적 서술은 최

---

48) 원인-이유(cause-raison)라는 대립이 주는 이점에 이의를 제기하는 부르디외는 말놀이 사이에 깊은 차이를 내세우기 위해 확고한 쟁점을 쥐고 있던 많은 학자들에게서 거부감을 일으켰다. 이러한 구분을 유지할 필요성에 관하여는 J. 부베레스의 저서《철학, 신화, 사이비 과학, 프로이트의 독자 비트겐슈타인 Philosophie, mythologie et pseudo-science, Wittgenstein lecteur de Freud》, Combas, éd de l'Eclat, 1991, p.82 이하.

종 기준에 근거한 외부적 시선이 되기 힘들다.[49] 원칙이란 항상 목적과 같다. 이는 우리가 명명하고 범위를 한정하는 자본의 종류, 사회 계층, 집단들도 마찬가지이다. 더 정확히 말하자면 원칙이란 권력이기 때문에 목적이 되는 요인이다.

동시에 두 측면을 바라보고 두 가지 비전을 채택하는 사회학자는 가장 경제적인 관점, 즉 구조와 행위자, 입장의 체계와 원근법적 비전, 객관적 진리와 경험같이 보통 분리하여 제시되는 대상을 한눈에 파악할 수 있는 각도를 찾게 된다. 우리는 한 관점에서 다른 한 관점으로 넘어갈 수 있는데, 예를 들어 문학의 장에 있어서 이 장이 "거의 기계적으로 행동과 반응의 법칙에 종속하거나 의도와 성향을 존중하는 경우, 주장과 구별의 법칙에 종속하는"[50] 세계라는 점이 논의되었을 때에 그러하다. 지식을 대신하는 해결책들은 변증법적으로 상위의 합(合)에 유리하게 극복되지는 않는다. 의미와 폭력의 대립처럼 객관/주관의 대립도 마찬가지이다. 상징적 폭력은 그때까지 모순된 상태에 있던 용어들을 화해시키는 방식이 아니다. 이 개념은 이중 장부 안에서 사회 세계를 마치 동시통역처럼 제시한다. 상징적 폭력은 힘을 쓴다는 것을 생각할 수도 없고, 발견할 수도 없으며, 말에도, 제스처에도, 제식에도 힘이 존재하지 않는 곳에서 발휘되는 힘의 관계이다.

그런데 모호성은 현실에서 대립되는 용어들의 교차나 중첩을 지시하기 때문에, 풍요한 객관적 모호성을 제시하는 특혜받은 지식의 상황들이 존재한다. 교수들이 학력에 따른 분류만을 하면서도 사회적 분류를 할 때, 교육 체계가 제도의 행위자의 눈에 내재적 목적에만 충실한 것처럼 보이면서도 외부적 사회 기능을 수행할 때, 또 철학자 하

---

49) 《호모 아카데미쿠스》, p.16 이하와 부록 1, p.253 이하 참조; 《구별짓기》, p.101 이하 참조.

50) 《예술의 규칙》, p.181.

이데거가 존재론을 실행하거나 실행하려고 생각한다는 사실을 근거로 정치를 할 때, 부동산 구입자가 매도자에게 자신의 재정적 '가능성'에 대한 정보를 주기 때문에 자신에게 경제적으로 예정된 것을 강요당하게 내버려둘 때, 수탁자가 집단이나 제도를 섬기며 자기 이익을 채울 때, 서민층의 한 청년이 허세와 거친 반항을 통하여 질서에 굴복하게 될 때, 이런 모호성과 이중 표현의 순간들이 선택의 여부를 구체적으로 극복하는 때가 아닐까? 바로 이때가 연구 대상을 구축할 수 있는 진실된 순간들이다. 어떤 실천이나 어떤 제도의 객관적 진실은 신념을 외면한다면 파악되지 않으며, 오히려 그 신념 안에서 행위자가 신념과 자신을 다르게 보도록 함으로써 파악할 수 있다. 소질과 직장 생활에 대하여 피에르 부르디외는 '이중적 진실'[51]이라고 이야기하는데, 이는 소외된 제삼 세계의 원칙을 부인하는 것 같은 이상한 표현이다. 소질이란 이해 관계에 민감하면서도 무감각한 것이며, 직장 일이란 착취이면서도 자아의 확인이다. 이런 이중성을 경험하기에 충분히 현실주의자인 행위자들이 나름대로 '잘 아는' 것처럼 말이다. 이 두 진실 사이에서 관찰자는 선택할 것이 없다. 즉 '객관적' 진실이 '주관적' 진실 안에서 자신의 실현을 위한 수단을 찾아내어야 하는 것이다. 아니면 아무리 작더라도 이 둘 사이에 공통되는 부분을 찾아야 하고, 그리하여 공존하며 나란히 기능하는 학술적 세계와 토착민의 세계를 두 세계의 신화에서 벗어나게 해야 한다. 객관적 진실은 주체에 의해 무지에 이르게 되지만 이런 무지가 또한 인정받는 길이다. 잘못 알려진 것은 사라지기는커녕 잘 현존한다. 그러나 에드거 앨런 포의 도난당한 편지처럼 너무나 확실한 나머지 보이지 않을 수도 있고, 위기의 상황을 유발할 수 있는 설명(내 소질에 적합한 대우를 '받지' 못한다고 판단하거나, 내가 이런 것만을 위하여 일

---

51) 《파스칼적 명상》, p.229 이하, p.241 이하 참조.

하지는 않는다 해도 직장에서의 내 노력이 한번도 제대로 '보상되지' 않았다고 판단하거나)에 적합하게 현존할 수도 있다.

우리는 어떤 한도까지 그러한 지적 구도가 '이중의 나'에 의하여, 비전의 이중성에 의하여 영향받은 사회 세계의 특수한 경험이 지니는 인식론적 형태가 아닌지를 자문해 볼 수 있다. 우리는 학교·과학·권력과 연결된 부분이 있는 세상의 공식적 구현(représentation officielle)이 의혹과 불신을 대립시키는 실천이라는 관점, 즉 이 구현에 저항하는 관점과 늘 대면하도록 노출되어 있다. 사회 세계를 인식하는 구조들이 교양 있고 현학적인 경험의 정신적 필요에 단번에 맞추어진 사람들에게는 알려지지 않은 이 긴장 관계는 크게 두 가지로 나뉘어질 수 있다. 한편으로 이중성은 반대되는 입장들 사이에서 왕복 운동에 의하여 받아들여지고, 인정되고, 제어되어, 지식 안에서 지식이 구축되는 실천적 진리에 맞서서 실천적 진리를 지식 안에 통합하게 한다. 또 다른 한편으로 부인이라는 마술적 행위에 의해, 사람들은 그렇게 지배의 효과에서 멀어진 일상적인 경험에다 진실된 지식의 속성을 부여한다.

이 두 가지 길은 인식론적 추상이 아니다. 이들은 직접적으로 객관화라는 과학적 조건의 문제에 관여하는데, 이는 지적 시선에서 가장 멀리 떨어져 있는 행위자들인 '민중'이나 '서민 계층'이라는 기본적인 경우에 그러하다. 첫번째 길은 작업이거나 여가이거나 간에 객관적 이중성 안에서 여러 실천적 행위들을 연구한다. 제어할 수 없는 (경제적·상징적) 힘의 작용에 복종하는 행위자는 전략적 예외(작업 중의 사고, 행정적 교섭)를 제외하고는 스스로를 피해자로 여기지 않지만, 아마추어 목수일이라든지 완벽하게 잘된 일 등을 좋아한다고 이야기함으로써 스스로를 주체라고 주장한다. 특히 통계학의 덕택으로 가능성의 조건과 실천적 행위를 분석하는 도구를 가지게 된 과학적 지식은 경험에 관한 행위자들의 주장을 모른다 할 수 없다. 객관적이고 주관적인 이 두 측면이 현실에 속한다면 이들을 나란히 놓을 수는 없다. 그들의 공통 분모가 어떻게 해서 비어 있지 않은지, 어찌하여 결정론들이 작용하면서 조건적 선택이긴 하지만 어떻게 해서 '선택'을 위한 게임을 남기는지를 이해해야만 한다. 자유로이 '선택된' 실천들의 자발성을 확인하면서, 이 실천들의 실행 방식을 속단할 수는 없다. 모든 것을 필요에 양보하기를 거절함으로써 자신을 '주체'로 확인하는 것은 그렇다고 치자. 서두르지 않고 창작하는 예술가처럼 스스로를 확인하는 것은 전혀 다른 일이다. 모든 문제는 민중에게 대체로 미학적 입장을 부여함으로써 행위자들의 실천 이성의 한계를 넘어서지 않는가를 알아보는 것이다.

두번째 길은 현학적 민중주의인데, 지배의 효과를 최소화하는 것으로 민중이 박식한 비전을 피하도록 하는 일종의 자율성을 부여하게 된다. 이 박식한 민중주의가 민중에게 지상 낙원의 작은 부분들을 나누어 주는 것은 어려운 일이 아니다. 현학적 민중주의는 겉보기에 너그러워 보이는데, 다른 사회 집단에 부여하는 특전을 민중에게는 거절할 수도 있는 설명, 민중에 대한 다른 설명을 희생시킴으로써 그러하다. 민중적인 문화와 미학의 존재를 거부하는 사회학은, 계층들을 법적으로 인정하기 때문에 엘리트주의에 속하게 된다.[52] 서민 계층을 다루는 많은 경험적 분석 중에서, 부르디외가 관심을 갖는 부분은 '서민적'이라고[53] 불리는 언어학적 사용 문제이다. 서민

---

52) 이 문제에 대해서 부르디외에게 가해졌던 비평 중 가장 관대한 글은 리샤르 슈스테르만이 쓴 《발랄한 예술. 실증주의적 사고와 민중 미학 L'Art à l'état vif. La pensée pragmatiste et l'esthétique populaire》, 파리, 미뉘 출판사, 1992년이었다. 나는 그가 《폴리틱스 Politix》지, 20, 4ᵉ trimestre 1992, p.169-174에 기고한 그의 글에 따라 랩(le rap)이 구현하는 '대중적 미학(l'esthéthique populaire)'의 대중주의적 전제의 비판을 제시했다. 대중 계층의 설문 조사 조건의 문제는 이론적이면서도 구체적인 방식으로 제라르 모제가 그의 글 〈대중 사회와 설문 조사 Enquêter en milieu populaire〉, Genèse, 6, décembre, 1991에서 다루었다.

계층에 관한 담론을 무겁게 하는 사물화의 효과를 피하기 위해서 그는 담화의 상황에 따라, 이 언어학적 산물이 제공된 '시장들'에 따라 이 사용법들이 어떤 차이를 갖는지를 보여 주었다. 시장이 합법적일수록 상징주의적 지배의 효과는 특히 침묵을 통해 이 효과를 피하거나 약화하려는 행위자들에 의해 감지된다. 그럼에도 불구하고 지배의 경험은 성(性)에 따라 달라진다. 남자들은 남들 앞에서 자존심을 접어 둘 줄 알기에 남성의 명예가 달린 상황을 자주 접하게 되는 데 반하여, 여성들은 체면을 손상치 않고 그녀들에 대한 사회적 시각에 부합하는 온순성에 맞추어 언어학적인 열의를 나타내기가 쉽다. 그러므로 '솔직해도 되는 장소,' 즉 카페나 협회·길거리 등 지배자들의 시선을 피할 수 있는 곳에서 서민 계층의 남성들은 그들의 정체성을 가장 많이 드러낸다. 그들은 '지배당한 품위를 찾으려는 노력의 산물'인 은어에서 특히 명백히 두드러지는 언어의 형식화 작업인 논쟁이나 말장난·어휘 등을 통해 그들의 정체성을 드러낸다. 그들은 이로써 즐거움을 느낀다. 그러나 이 산물의 발생을 몇몇 민중에게 돌리는 대신에 이들의 생산 조건을 상기할 필요가 있다. 은어는 한정된 시장에서 일정한 화자들, 특히 '부르주아'나 같은 계층의 여자들을 향한 말재간을 통해 남성적 위상을 보이려는 남성들에 의해 사용된다. 은어에 의해서, '하층민의 귀족주의'에서나 볼 수 있는 남성미의 확인이라는 극단적 양상을 통해서, 이 화자들은 다른 시장의 처벌을 두려워할 필요 없이, 또 언어학적이고 문화적인 합법성의 형태를 암시하지 않고도 그들이 존재하는 바를 알릴 수 있다.

그리하여 이중성이 종종 실제로 존재하기 때문에, 부르디외에게는

---

53) P. 부르디외, 〈 '대중적'이라고 하셨나요? Vous avez dit 'populaire'?〉, 《사회과학 연구지》, 1983/46, p.98-105; 〈 '민중'의 용도 Les usages du 'peuple'〉, 《말해진 것들》, p.178 이하.

이해 관계와 무사무욕, 굴복과 자유처럼 대립된 극점 사이를 뚜렷이 구분할 과학적인 이유가 없다. 그는 사회 세계의 기능에 어쩔 수 없이 필요한 모호한 부분이 남게 된다고 생각한다. 행위자들이 자신들 마음대로 선택하는 절대적 힘이 있는 곳에서 지배 현상을 드러냄으로써 사회 세계가 '효율적'이 되려면, 사회 질서를 의식과 무의식의 외부에 자리잡은 우주처럼 취급하는 객관주의적 입장의 한계를 극복하려고 노력해야만 한다. 왜냐하면 그들에게는 이러한 질서에 행위자들의 공모를 드러낸다는 조건하에서 명료하게 보이기 때문이다. 그리고 스스로 질문의 대상이 된다는 조건하에서 행위자는 그 질서에 대해 질문할 수 있다.

잘 알다시피 구성주의는 구성이라는 은유가 암시하는 대로의 이상주의가 아니다. 이와는 반대로 세상이 만들어 낸 행위자들에 의해서 세상이 어떻게 구축되었는지에 관심을 갖는 것은 현실주의, 즉 이중적 현실주의(double réalisme)이다.[54] 이 현실주의는 객관주의가 아니다. 부르디외는 사회 세계를 외부적이고 특권적인 관점에서 보는 것을 거부한다. 그의 방법 전체는 행위자의 관점——특히 지배자의 관점과 학자들의 관점(스콜라 철학적이고 교과서적인)——에 의존하는 지식의 도구들을 해방시키는 데에 있다. 이는 사회 세계에 대한 관점들의 다원성을 좀더 '빨리 이해하고' 자유롭게 사용하기 위함이다. 관점들의 체계를 구축하는 일은 어떤 의미로는 객관적 지식의 전부이다. 즉 사회학적 시선은 타인의 관점에서 타인과 같은 방식으로 사물을 보게 한다. 이것은 순수한 감정적 동일시를 금하면서, 모든

---

54) 존 설이 밝힌 대로 한편으로는 범주 체계의 다원성의 확인으로서의 구성주의가 현실주의의 문제와는 무관하며, 다른 한편으로는 사람들은 동시에 구성주의자일 수도 현실주의자일 수도 있다는 것을 잘 보여 주었다. 첫번째 선택은 '양상적(aspectuel)'인 성격, 즉 지식의 전망을 조명하고, 반면 두번째 선택은 명확성이라는 궁극적 원칙을 표현하게 할 뿐이다. 개인적 의식의 외적 현실이 있다.(J. 설, 《사회적 현실의 구성 La Construction de la réalité sociale》, C. 티에슬랭 번역, 파리, 갈리마르 출판사, 1998년)

비전의 명료함의 원칙인 입장들의 공간에 관련시키면서 비전의 필요를 결정하는 것과 같다. 이런 이유로 설명하기와 이해하기가 서로 다른 것이 아니다. 적어도 인식론적인 측면에서는 그러하다. '환대'라는 긍정적 윤리가 이득을 볼 수 있는 것은 '타인'이 개인, 남성이나 시민이라는 한정되지 않은 특성에서보다는 사회적으로 한정된 사회적 이타성의 차원에서 이해되었을 때 그러하다. 그의 저서《세계의 비참》에도 잘 나타나 있지만 그의 초기 연구는 물론 그전의 여러 연구에서도 이 점은 잘 드러나 있다.

이렇게 해서 피에르 부르디외의 사회학적 현실주의는 반성적 현실주의이다. 이것은 현학적 시선에 대한 반성인데 왜냐하면 이것은 인식 행위의 효과를 중화시킬 수 있고, 과학과 학자의 외부에 있는 것에 다다르기 위한 조건이며, 정신과 사물 안에서 이중적으로 존재하는 사회 세계이기 때문이다. 연관성이 있거나 성향을 따르는 이론적 개념들은 반성의 논리 안에서 이해될 수 있다. 장의 개념을 통해 학자는 무엇이 가능한 인지적 선택인가를 질문하고, 또한 무엇이 검열과 현실의 영역에 고유한 초기 형태화의 인지적 효과인가를 물어볼 수 있다. 그리고 아비투스라는 개념을 통해 문제성을 띤 정해진 상황에서 가깝거나 멀고, 귀족적이거나 평범한 대상에 관하여 무엇이 자발적으로 생각하게 되는지를 질문하게 된다. 그래서 반성적 사실주의는 지식인들의 사회학, 과학의 사회학에 호소하게 되는데 이것은 자기 만족적인 민족중심주의를 왜곡하지 않고, 사회학은 탈중심화하는 기본적인 수단이 된다.[55] 연구 대상에 대해 확언할 때는 지식의 도구들의 속성과 한계를 분명히 할 때이며, 전제들을 객관화하고

---

55) 부르디외의 사회학에서 출발하는 사회학의 대상들을 분류해야 한다면, 부르디외의 이 분류는 예비로 구축된 지역(문화 · 작업 등)을 반영하거나 사회 계층을 재생산하는 것이 아니라, 구축할 대상의 다양한 유형에 해당하는 장애들의 상대적 강도를 결정하는 데에 있다. 가령 강도의 크기에 따른 분류일 것이다.

이들을 제도의 역사, 국가적인 지적 전통 등의 역사와 관련지어 전제들로부터 해방시킬 때인 것이다.

반성이 지니는 명시적 효과 때문에, 반성은 관례라는 학술적 규범을 위반한다. 많은 사람을 불편하게 하는 이 위반이 피에르 부르디외의 문체와 이론적 문체의 대표적인 변별적 특징이다. 그의 저서들과 그의 가르침은 연구 대상에 대한 인식 효과를 통제하기 위하여 관점들의 공간을 이해하려는 사회학적 열정의 흔적을 지니고 있다. 다소 예절에 벗어나고 시의적절하지 않은 이 지식의 의지는, 그 기능의 암시적 성격이라는 장 전체의 일반 법칙과 함께 갈등을 일으킨다. 자신이 속해 있는 세계를 객관화의 도구로 분석하기, 계층들로 짜여진 이 세계 안에서 입장들을 나열하기, 입장들과 입장 표명의 관계를 명시하기 등, 지적인 외교술을 무시하는 이 모든 행위는 의젓한 태도와 침묵과 곡언법의 알 수 없는 신비와 함께, **학술적 아첨**(obsequium)으로 인해 보호받는, 모든 스콜라학파식의 관점이 스스로에 대해 품고 있는 고상한 사고를 어쩔 수 없이 부인한다. 지식의 문제는 순수한 '이론적'(또는 '방법론적') 문제가 아니라, 대부분은 자가 분석[56]에 대한 저항의 결과이다. 이 저항은 점차적으로 드러나며, 처음부터의 반성적 코기토(cogito)에 의한 것이 아니다. '이론가'이며 '현장'의 사람, 인식론자이며 방법론자, 젊은 이단자이며 명예로 둘러싸인 문화인인 부르디외는 그의 여정에 기록된 경향들에 빠져들기를 다음의 사항들보다 더 좋아한다. 즉 대립되는 쌍들의 중심에서 끔찍한 일을 참아내기, 또 한정되고 우연한 산물로서의 자신을 발견하기,

---

56) 분석에 대한 '저항(résistances)'의 문제를 평가절하하려는 모든 이들이 프로이트와 포퍼를 대립시켜, 부르디외의 사회학이 명확하다고 단언하는 것은 아니다. 문제시되는 것은, 사회학적 입장이 문자 그대로 발생시키는 저항 그 자체가 묘사법에 의존하는 여러 결정적 주장에 선행하는 것이다. 객관화에 대한 저항을 완벽하게 연구 대상으로 삼을 수 있다.

또 대립된 쌍들을 연구 대상과 연구 방법에 이어 주는 매력이 파괴되는 것을 보기, 지적 선택이 단순히 사회적 출신 성분이나 학벌의 흔적을 얼마나 지니는가를 증명하기보다 말이다. 반성이라는 것은 문학적 성찰이나 철학자들이 좋아하는 환경 변화라는 제식적 실험과는 정반대에 선다. '주체'는 여기서 절대적 위엄을 잃어버린다. 외적인 긴급함과 '조건화하기'에서 원칙적으로 벗어난 그의 생각의 중심에는, 객관적 구조들과 사회적 계층의 분류에 대한 보편적 객관성이 나타난다.

이제 우리는 왜 피에르 부르디외가 '자신의 연구의 중점'이 다음 두 측면으로 요약된다고 했는지 이해할 수 있다. '관계에 우위를 부여하는 **관계성**의 과학철학'이며, '때로 **성향적**이라 불리는 행동 철학, 정확히 말하자면 관계들 속에서 작용하는 상황의 구조 안에, 그리고 행위자들의 신체 안에 기록된 잠재성들을 확인하는 철학'[57]이다. 분석적이며 관계성과 성향에 의존하는 이 틀은, 유연하고도 철저하다면 언젠가는 해야 할 집합적 연구 프로그램을 제공한다. 실제로 사회 세계의 이론이라는 이 틀은, 특수화를 기다리는 지식에 대한 문제와 목표를 지적하고 한정한다. "사회과학의 고유한 대상은 개인이나 (…) 개인의 집합인 그룹들이 아니고, 역사적 행동의 두 가지 실현 사이의 관계이다. 다시 말하면 아비투스와 (…) 장 사이의 모호한 이중적 관계이다."[58] 한 무리의 현상들(실천·담론·의견 등)을 설명하는 측면에서 이 입장들을 확인하는 일은 분석의 객관주의적인 첫 단계이다. 입장들은 서로 다르다는 이유로 의미를 갖게 되며, 입장의 공간에 대해서만 연구할 수 있고, 다음에는 공간들 사이의 관계에 대

---

57) 《실천 감각》, p.9.
58) 《대답들》, p.102.

해 추론하게 된다. 동질성으로 인해 두 입장을 설명하는 아비투스의 공간이 입장들의 공간에 대응하는데, 하나는 한 입장을 차지하는 차이의 경향이고, 다른 하나는 입장을 차지하는 행위에 결부된 경험이다. 이는 분석의 '주관주의적' 단계이다. 끝으로 한편으로는 객관적 (행위자들의 계층들, 생산물의 계층들) 가능성의 상태를 알고, 다른 한편으로는 행위자들의 입장의 특성, 성향의 특성을 알기 때문에 입장 혹은 입장들의 공간을 보존하고 변경하기 위해 준비된 전략들을 설명하려 할 수 있다.

여기 표현된 이론이 지향하는 바는 매우(아니면 지나치게?) 야심차고 까다롭게 보일 수 있을 것이며, 확실히 그러하다. 그렇다고 그 목표가 구속적인 것일까? 다른 '이론가들'(마르크스 · 베버 · 뒤르켕 · 엘리아스 · 쉬츠 · 고프먼 등)의 이론이 지향하는 바보다 더 구속적일까? 일관성 있게 수용된 명료성의 공리로부터, 또 현학적 신화에 대한 비평으로부터 나온 피에르 부르디외의 이론은 반성이라는 방식 위에 세워진 사회 세계의 현실주의적 비전이 허락하는 구성만을 제시한다.

결과적으로 그의 이론적 개념들은 무엇인가? 여러 번이나——개념의 이론적 분류는 부르디외의 주된 집념이 아니다——그는 이 개념들을 '연구 프로그램' 같이[59] 방법론적으로, '개념적 속기술'[60] 같이, 즉 '메모' 같이 다룰 수 있다고 하였다. 그렇다면 모든 사회학적 실천의 두 극단, 즉 사회성에 대한 이론과 사회성의 지식에 대한 이론 사이를 오락가락하는 것은 아닐까? 이론적 이론이 아닌, 실천으로써의 이론은 결정할 수 없는 부분을 포함하는데, 그 이유는 우선 이것이 인식의 입장이기 때문이다.[61] 겸손과 야심은 함께 움직인다.[62]

---

59) 같은 책, p.56.
60) 같은 책, p.200.

철저하고 유연하며 지치지 않고 활동하는 소수의 도구들만 사용하여 작업하는 것은, 신화화하는 경향과 예언자적 찬탈에 대한 불신에서 나온 선택이다. 그러나 이런 비판적 입장은 동시에 도전도 포함한다. 이 도전은 이 도구들 덕분에 과학의 명료성을 가능한 한 깊이 추구할 수 있다는 것을 실천으로 증명하려는 도전이다.

---

61) 아비투스라는 개념은 '과학적 아비투스'(《대답들》, p.96)를 지칭한다. 이 점에 관하여는 《부르디외. 비평적 전망 *Bourdieu. Critical Perspective*》(C. 컬훈·E. Li 퓨마·M. 포스톤 공저)의 p.212-234에 수록된 R. Brubakers의 〈아비투스로서의 사회 이론 Social Theory as Habitus〉 참조.

62) 《대답들》, p.222.

제5장

명료해진 인류학

피에르 부르디외가 철학적 담론이라는 문학 장르에 손을 대기까지는 여러 해가 흘렀다. 그 이유는 연구에서 멀어지고 환영(철학)을 좇다가 먹이(사회학)를 잃게 될까 하는 두려움 때문이었으리라. 《파스칼적 명상》은 실로 주목할 만한 예외이다. 그러나 이 책은 이전의 조심성을 포기하지 않았으며, 이 책이 주제의 성격, 용어 선택, 인용한 작가들의 위상이나 일련의 요소들에 대한 기술적 통제에 있어서 겉보기에는 문학 장르 같아 보인다 하더라도 파스칼의 상징성이 나타내는 것과 같이, 철학이 이 책에서 그때까지 다루어 왔던 사회학의 추상적 복제라는 체계의 형태를 가진 것도 사실이다. 수많은 분석이 이를 증명하듯이 부르디외는 계속 이야기하지만, 여기서는 다르게 이야기하고 있다. 왜냐하면 직업적 동료가 아닌 다른 독자에게 말함으로써, 발화 행위의 공간을 바꾸면서 관점과 질문을 은밀히 이동시키기 때문이다. 이 관점과 질문들은 경험적 연구가 철학자들의 능력에 귀속시킨 분야에 대해 제시할 수 있는 내용들이다. 이리하여 장르를 분류하기 힘든 이 책은 이전 저서에서 말해지지 않은 내용을 담고 있지 않다는 평을 받거나 전적으로 새롭다는 평을 받는다. (현저한 단절을 제시하지 않는 사고 방식이지만, 늘 반복되는 줄거리를 변경하고 복잡하게 만드는 일격을 끊임없이 가하는 사고 방식을 보인다.)

무엇이 이 책에 필요성을 부여한 것일까? 오해와 혼동을 예측할 수 있는 한 이론적 회피는 옳은 일이다. 그러나 '이론적' 생산의 공간을 지배하는 소홀함에 모든 것을 맡기는 위험을 생각하지 않은 채 이론적 회피가 스스로를 위해 영속될 때에는 불필요한 고집이 된다. 더 큰 위험은 우리가 필수 불가결한 지각 작용의 도구들을 급하게 취하지 않는다면 사회과학의 기여도가 적절히 파악되지 않는다는 것이다. 왜냐하면 다음과 같은 과학에 의존하는 이론적 성찰을 기대할 수 없기 때문이다. 즉 과학이 무엇인지를 모르는 사람들에 의해서, 그리고 철학적·해석학적·해체적·포스트모던한 무기로 무장하거나, 정치 사상의 위대한 이론가에 의해서 형성된 것이 아닌 과학 말이다. 빈 자리는 빈약한 개념적 양자택일에만 유용하다. 왜냐하면 한편으로는 철학적 명예의 대변자들에 의해 다양한 형태로 주장된 행동과 행위자들의 분류할 수 없는 특이함 때문이고, 다른 한편으로는 과학자인 척하면서 그 모델을 경제적 담론에서 끌어내는 근대적 문화의 소지자들에 의해 주장되는 행위자의 합리성 때문이다. 이러한 면대면에서 사회과학은 제외되고, 밀접한 관계에 있는 두 가지 형식주의가 덕을 보는데, 이들은 이론적 차원에서 사고의 지평을 요구하며 이로 인해 대등한 정치적 문제의 차원에서도 사고할 수 있게 된 것이다.

《파스칼적 명상》을 두 부분으로 나누어 보자면, 각 부분은 각각 총론이며 쇄신이다. 전반부에서는 스콜라학파적 관점을 분석한 결과 좀더 체계적이고 성찰적으로 여러 분야와 상황에서 이미 본 바 있는 지식에 대한 신화들을 파악할 것을 제안한다. 마찬가지로 이 책의 후반부에 보이는 명료하게 진술된 인류학은 《실천 이론에 대한 소고》《파스칼적 명상》《실천 감각》 등 이전의 저서에서 강조된 논점들을 새로운 각도에서 보기를 시도한다. 이 두 부분은 매우 밀접하게 연관되어 있다. 스콜라학파적 관점이 대상의 인식에 부여하는 과학적 한계는 새로운 인류학을 제시함으로써 변신하려는 인류학을 가정한다. 순수한 주체는 그의 신체·신념·욕망·생각을 통해 사회 세계에 참여하는, 그리고 이 세계에 포함된 존재로 대체되어야 한다.

다음 글은 이 책에 대한 분석도, 그 기원의 연구도 아님을 밝히는 바이다. 전적으로 인류학적 측면만을 고려하여(다른 측면들은 위에서 언급하였다), 이 논리적 연구가 어떻게 해서 예전엔 좋아 보였다가 도외시되었거나, 한옆으로 체쳐두었던 몇 가지 질문을 이끌어 왔는지를 보여 주고자 한다.

상징적 자본의 발견

1960년대와 70년대에, 부르디외의 이론적 성찰로 이루어진 대부분의 연구는 상징을 자율적 대상화하는 데에 바쳐졌다. 이 작업은 알제리 카빌리아의 사회에서 관찰된 결혼 전략, 선물과 종교 의식이나, 프랑스 사회의 교육 체계 등 상이한 여러 주제에 할애된 연구 업적을 발전시켰다. 이 연구들이 공통적으로 시사하는 바는 구조주의적 객관주의를 탈피하려는 것이었다. 상징성은 자리잡기 시작한 이론적 장치의 한 부분이었다. 이는 부르디외가 혼자의 힘으로 만들어낸 것이 아니다. 어떤 목표의 결과라고 하는 것이 좋을 것이다. 이 목표는 세 가지 서로 다른 개념망(網)을 효과적으로 연결하려는 것이었다. 실제로 '상징성'이라는 용어는 대립된 삼중 체계에 의해서 정의된다. 먼저 상징성은 인지적 구성 활동(감각)으로 정의된다. 이는 변형 또는 사실의 보존이라는 정치 활동(힘)에 대립되는 것이며, 그 다음 객관(구조)에 대립하는 주관(표상)으로, 마지막으로는 상업적 가치(경제)에 대립하는 (인간적인·개인적인) 우월성의 방식으로 정의된다. 경험적 연구에서 이 세 측면은 긴밀하게 중첩되어 있다. 기호의 체계는 정보, 가치, 힘의 관계 등 여러 차원에 속한다. 이러한 이유로 일정한 실천의 분석이 기호와 분류, 분류하고 분류된 행위자(타인들을 분류하고 그들 자신을 분류하고), 상징적 행위의 중재로 결성된 사회 관계 등을 연구하기에 이르게 된다. 그러면서도 부르디외는 객관적 구조의 적나라한 인위성과 주관적 경험 사이의 거리에 대해 이유를 설명하기를 잊지 않았다. 상징성은 이 사회 세계를 생각하게 하고 원하게 하기 때문에, 객관성 속에서 존재하게 유지시키는 사회 세계에 의해서 조건지어진다. 부르디외가 잘 인용하는 쇼펜하우어식 표현에 의하면, (사회) 세계는 '의지와 표상으로서' 존재한다. 어떻게 사람이 존재하는 것 이상의 그 무엇을 바라겠는가?

카빌리아의 민족학 연구는 신화의 구성 논리에 관한 것으로, 이것은 그들의 문화에서 신화처럼 의미들로 조직되고, 또 신체와 공간에서 종교 의식처럼 더욱 주된 대립을 표현하는 실천으로 이루어진 체계의 원칙에 속하는데, 이 대립되는 체계를 통하여 일상적 경험에서, 그리고 공적 생활의 상호 작용, 이동, 한계 극복 같은 일상적 상황에서 사회 세계는 더 이해하기 쉬워진다. 관찰하는 입장에 의해 지식의 대상이 되는 사고는 결코 실천 행위와 동떨어진 것이 아니다. 왜냐하면 사고는 합당한 태도와 판단을 즉흥적으로 실천 감각처럼 만들어 내는 행위 구조의 형태 또는 혼합된 지각 작용의 형태로 기능하기 때문이며, 동시에 실천적 상황과 실천적 관습을 가리키기 때문이다. 마찬가지로 교육 체계에 대한 연구들은 어떤 점에서는 그 기능이 사회적 분열과 완전히 무관하지 않으며, 외부적 질서에 대해 투명하지도, 동질적이지도 않음을 판단하는 조건하에서만 이 체계의 기능을 이해할 수가 있다는 것을 다른 영역에서 보여 주었다. 교육 체계는 특수한 요구, 즉 교육 제도의 신용에 필수적인 조건, 즉 재능이나 공로라는 외부적(사회적) 평가의 중단과 같은 특수한 요구에 따르는 조건하에서는, 그들의 것인 재생산이라는 사회적 기능을 채울 수 없으며, 효과적이고 합법적으로 이행할 수도 없다. 그러므로 교육 제도의 자율성은 어떤 의미에서 경제적 지출을 강요하는데,

이는 그때까지 숨겨져 이행되던 사회적 재생산의 기능을 겉으로 드러내는 위험을 부담해야만 '합리화'에 의해 감소될 수 있는 경제적 지출이다.

이런 세계든 저런 세계든, 분류학의 원칙(고/저, 남/여 등)에 속하는 사회 세계의 분리는 뒤르켐이 보여 준 바와 같이 인정되기도 하고 무시되기도 하며, 또 새로운 의미 영역에서 재해석되기도 한다. 이 의미의 영역은 현학적인 습관 같은 '토박이'의 집단적 기만이 힘과 자유 의지의 영역에서 분리하려는 영역이다. 이 생각할 수 없는 것을 생각하기 위하여, '상징적 폭력'이라는 겉보기에 역설적인 개념 안에 대립되는 개념들을 결합시켜야 했었다. 분류라는 사회적 작업은 순수하게 인식적인 기능을 갖지는 않는다. 정해진 상징적 질서에 따라 있는 그대로의 사물을 논한다는 것은 동시에 이 질서가 계속 존재하도록 기여하는 것이며, 이 영역을 당연한 것으로, 필요하고 필요시되는 대상으로 제시하는 데에 기여하는 것이다. '의지와 표상으로서의 혈연 관계'[1]라는 의미심장한 제목의 연구에서, 분석된 족보학의 분류에서 가장 눈에 띄지 않지만 가장 실질적인 효과 중 하나는 사회 영역의 자의성을 사물의 영역으로, 사회 구조를 논리적 계층으로, 지식의 도구를 사고의 형태로 전환하는 것이다. 어떤 사람을 친족이라 부르는 것은 그를 있는 그대로 원하는 것이며, 또한 그를 있는 그대로 인정하기를 거부하거나 잊어버릴 수도 있는 것이다. '일상적인' 친족 관계는 '공식적인' 친족 관계와 다르다. 존재를 지시하는 것처럼 하여 인지적 구조는 지배 관계가 암시하는 것과 같은 강압적 명령을 사고에 강요한다. "'부족의 말(les mots de la tribu)'은 절대적 필요성을 나타내는 명령의 표현이지만, 이 세상의 이치를 나타냄으로써 현실적이라 할 수 있다."[2]

---

1) 《실천 이론에 대한 소고》, p.71 이하.

가장 강한 요소는 힘을 숨길 것이라고는 의심받지 않는 요소라면, 상징적 형태의 분석은 진실로 사회 구조의 '강한 논점'에 대한 분석이다. 객관주의의 역설은 경제의 축소된 정의만을 제공하려 한다. 이는 기부와 기부의 대가라는 문제에 있어서, 실천을 가능하게 하는 객관적으로 경제적인 근거를 폭로함으로써 동등한 대가로의 규칙적이고 필수적인 교환이라는 객관적 진실에 한정시킬 때 일어나는 일이다. 특히 객관주의가 한정하는 것은 시간적 차이, 시간 그 자체이다. 기부와 그 대가 사이의 시간적 유예를 제쳐 놓고 기부에 대한 대가가 증명하는 교환이라는 객관적 진실로 환원시키는 것은, 교환이라는 실천을 가능하게 하기 위해서 필요한 기간, 즉 시간의 필수적 기능을 보기를 거부하는 것이다. 왜냐하면 교환이 억제될수록, 기부가 기부자의 관대함에서 온 대가 없는 봉헌물처럼 보일수록 교환은 충분히 보장되기 때문이다. 시간의 가속화는 기부라는 실천에 객관화의 효과를 가져오며, 이 효과는 실천에 대해 조정되고 되돌릴 수 없는 시간, 즉 기부의 대가가 '유통 주기'를 마감하듯이 나타나지 않는 시간을 무효화한다. 가속화된 시간의 흐름은 실천의 의미를 말소시키는데, 이것은 또 단순한 경제적 실천에 대해 격하시키고 각성시킴으로써 그 실행의 기본적 조건을 알아차리지 못하게 금지한다. 그런데 만일 객관적 진리에 대한 무지가 그러한 조건을 이룬다면, 이는 "실천에 의해 조절된 즉흥 행위라는 현실적 진실과, 정의상 교환 행위에 있어서와 마찬가지로 객관적 기능을 숨기는 기능을 실천에 되돌려 주기 위하여 시간적으로 구성된, 그러므로 자신의 시간에 의해서 본질적으로 정의된 실천의 이론적 재현 안으로 시간을 다시 끌어들여야 한다."[3]

이 시간성의 파괴는 비교적 우연한 행위, 다시 말하면 완전하게 억

2) 같은 책, p.77.

제할 수 없는 행위에 이 행위들을 순수한 제식으로 변형시키는 강제적 연쇄성을 대체시키는 효과를 갖는다. 그런데 아직 일어나지 않은 일은 온전하게 명백히 예언될 수는 없다. 기부의 대가를 치르는 사람은 이 시간을 잘 활용할 수 있기 때문이다. 이 시간은 그에게 전혀 다른 의미를 제공할 수 있는데, 이는 지나치게 서두르면 무례하게 보이고 지나치게 늦으면 창피하게 느껴지는 식이다. 결혼을 예로 들자면 청혼받는 쪽은 시간적 여유가 있는데, 대답을 지연시키면서 청혼자보다 순간적이나마 우위를 차지할 수 있기 때문이다. 만일 여러 가능성들 사이에 불확실함이 존재한다면 이 가능성들을 영리하게 이용할 수 있기 때문이며, 나중에는 행동이 제식이라기보다는 훨씬 더 전략에 가깝게 느껴지며, 흘러간 시간은 돌이킬 수 없으므로, 만일 시간을 억제하는 것이 전략의 특성이라면 이는 결혼을 성사시키기 위하여 양쪽의 의사를 파악할 의도로, 서로 부담스럽지 않은 차원에서 제 이인자들을 심부름꾼으로 보내는 관습이 입증하는 바와 같다. 이렇게 '후퇴'가 가능한 것과 마찬가지로 시간을 잘 활용하는 것이 훌륭한 전략을 세우는 조건이라면, 이는 시간이 실천의 정의에 포함되기 때문이다. 객관주의는 신학(la science divine)에만 의미가 있는 것이며, 행위자들에게 의미가 있는 것은 아니다.

실제로 의식적이든 아니든 동등한 대가를 획득하기를 바라는 계산적인 실천만을 경제적인 것으로 허용하면서, 절반쯤 정신을 차리게 하는 객관주의는 나머지 반에 의해 기만당할 것이며, 이 나머지란 객관주의가 사용하는 경제라는 개념만으로는 이해가 불가능한 실천들이며——간단히 말하자면 문화적이고 상징적이며, 이해 관계와는 거리가 먼 모든 것——'경제주의'라는 형태로 객관주의의 객

---

3) 같은 책, p.221 이하. 피에르 부르디외가 겨냥하는 것은 마르셀 모스의 저서 《사회학과 인류학 *Sociologie et Anthropologie*》(Paris, PUF, 1950)에 수록된 레비 스트로스의 유명한 서문이다.

관적 진실이 사회가 문자 그대로 '유심론적 명예'로 취급하는 문화의 이상주의적 개념이라는 사실을 인정한다 해도 놀라지 않을 것이다. 경제주의는 고려하는 그대로의 경제와 경제적 범주의 합이 복잡한 기원을 전제하고 있다는 사실과, 모든 치장을 벗어 버린 경제적 실천을 폭로하는 것은 자본주의 경제가 그 절정기에 이루어 놓은 역사적 결과라는 사실을 전혀 파악하지 못한다. 경제적 범주의 사용은 경제 활동의 자율과, 이 경제 활동들과 섞여 있던 다른 활동과의 분리를 전제로 하고 있다. 이러한 것을 모르면 범주의 지나친 투영(投影)인 종족중심주의로 필히 귀착된다.

객관주의는 그 객관적 진실과 거리를 둔다는 조건하에서 비로소 실천이 만족을 준다는 사실을 파악하지 못한다. 이는 자본주의 이전 사회들이 보였던 경제 활동 분야에서도 마찬가지이다. 물론 일탈은 대가를 치러야 하지만, '경제적인' 관점에서 볼 때 치명적인 지출(이유 없는 지출, 잔치)을 포함하는 경제성의 억제는 결과적으로 이득을 가져온다. 잔치에서 '아낌없이' 지출할 수 있는 사람, 선물을 할 수 있는 사람, 즉 큰 특권과 수준 높은 명예 자본을 지닌 사람은 동시에 수많은 사람을 농사일에 동원할 수도 있다. 관대함은 보란 듯한 지출 행위에 결부되며, 단순히 경제주의의 대응물인 평판과는 반대로 버려진 돈이 아니다. 우회적 방법이기는 하지만 이 실천들은 항상 이득과 결부되어 있으며, 특히 노동력을 동원하는 데에 있어서 명예로운 사람의 능력이 보여 주는 바와 같이 물질적 이득을 남긴다. 그러나 이러한 행위들은 직접적으로 물질적 이득의 만족을 지향하지 않고, 또 이 행위들이 가져오는 지출이 명예로운 사람의 위신을 높이는 것에 불과하므로 상징적이라 불릴 수 있는 것이다.

만일 물질적 자본의 극대화가 경제적 합리성의 유일한 형태라고 간주한다면, 전(前)자본주의식 사회 교육의 실천은 비합리적으로 보인다. 숨겨진 경제적 이득처럼 전적으로 상징적인 이득의 존재를 받아들여야만 이들의 고유한 합리성을 이해할 수 있다. 결과적으로 그들의 특수 논리를 드러내려면 관찰된 현상에 있어서 착오를 일으키는 것이 바로 이 경제적 관점이라는 것을 알아차리고, 제한된 경제적 관점을 거부하며, 일반화된 형태로 전례를 확장시키고, 일반화를 대표하는 다른 관점을 취하는 것이다.

　상징적 실천들은 경제적 실천들과 마찬가지로 이득에 의해 결정된다. 순수하게 경제적인 개념들을 상징의 분야로 전환하고 나서야, 비로소 우리는 상징적 이득이라든가 투자·경비·자본, 혹은 흑자를 논할 수 있을 것이다. 그러나 이러한 전환이 정당하고 근거를 지니기 위해서는, 전적으로 상징적인 이득의 가능성을 마련할 목적으로 상징적 실천을 경제적 실천으로 격하시키기를 피하면서, 실천의 경제[4]라는 힘센 논리에 이 모든 실천들을 통합시켜야 한다. **고유한** 상징적 이득이라는 존재를 고려한 관점의 변화는 어떤 면에서 보면 회계 원칙을 재구성할 것을 요구하기에 이른다. 모순되면서도 필수적인 이 새로운 회계의 특징 중 하나는, 동질의 대응책의 부재와 교환이라는 정해진 도구의 부재로 구성된다. 이는 특히 상징적 자본과 경제적 자본을 구별하는 방법이다. 신의가 두터운 사람의 장에 대해 연구할 사람은 분명 식사 대접으로 '대가를 지불' 받을 텐데, 만일 그 대가로 돈을 요구한다면 명예를 거슬리는 일이 될 것이다. 그 이유는 식사가 일을 보상한다고 해도, 원칙적으로 계산성이 없는[5] 관

---

4) 더 강력한 이 이론은 경제의 장이 지닌 자율화에 의해 요구된 분류들을 변경하려는 목적을 갖는다. 그래서 상징적 자본이라는 표현 안에 숨겨진 도전을 알면서 어떠한 경제주의를 빌미로 부르디외를 비난할 수는 없다. 우리는 이런 종류의 사물들의 복잡성을 존중하고, 객관적인 것과 주관적인 것을 분리하며, 이들 사이의 얽힘과 벌어짐을 구별할 것을 요구받는다. 이 모든 경고에도 불구하고 '상징적 자본의 경제는 불투명하고 정해지지 않은 경제'임을 상기시킨 후에, 어떻게 관찰자가 '명시화의 금기'로부터 '분석이 계산이나 이익을 거역하여 정의되는 실천들을 타산적이고 이해 관계가 있는 것처럼 보이도록 하면서 제동을 거는' 금기들을 저지르는 위반의 희생물이라는 사실을 피할 수 있겠는가.(〈상징적 자본의 경제〉, 《실천 이성》, p.211)

계의 객관적 진실을 이윤성이 있는 거래로 대체하지 않는다면 돈을 요구할 수가 없기 때문이다. 그런데 바로 이 객관적 진실의 억압에 대한 대가로——적지않은 액수——상징적 자본의 보강과 유지는 가능하다. 상징적 이득을 최대화하고 상징적 자본을 확대하는 잔치, 결혼 같은 현시적(顯示的)인 실천들은 '경제적인'(제한된) 관점에서 보면 상당한 값어치를 가질 수 있다 해도, '보편적 경제'라는 그들의 합리성이 명확히 드러나려면, 상징적 수익성이 물질적 측면에 대해 합의한 희생에 달려 있는 투자를 고려해야 한다. '물질적인' 지출이 상징적인 이익을 가져올 수 있기 때문에, 상징적인 이익을 계산한다는 것은 우리가 '돈을 물 쓰듯 쓸' 줄을 안다는 사실을 가정하고 있다. 이 지출은 계산의 법칙을 뒤엎는 타산적인 행위자에 의해 행해진 계산에서 나온 지출이 아니다. 이 지출은 셈하지 않고 행해졌는데, 그 이유는 이 계산은 해야 될 일을 하는, 신의 있는 사람이 명예를 걸고 해야 하는 실천 감각에 의한 지출이기 때문이다.

우리는 상징적 자본이 경제의 단순한 전략이 아니므로 경제 자본에 모순되는 축적 요구를 제시할 수 있다는 사실을 이해하게 된다. 상징적 이득에 대한 만족은 흑자 구축을 방해하는 물질적 희생을 강요한다. (어떤 사회 교육에서 상징적 자본의 중요성은 존재의 물질적 조건으로 설명될 수 있다. 존경과 관계라는 자본 덕분에 한 가족이 수많은 사람들을 동원할 수 있는 능력은 최선의 투자라 할 수 있다. 기술적인 수단은 빈곤하고 자연적인 조건은 불안정하기 때문에, 인력은 기본적으로 재력이 되기 때문이다.) 그럼에도 불구하고 상징적 이익이 실현되기 위해서는 가능한 범위에서만 제공할 줄을 알아야 하고, 이는 최소한의 경제 자본을 지닐 때에라야 한다. 또한 이 자본이 토지 농사를 위해, 즉 경제적 이익을 위해, 필요한 풍부한 인력을 동원할

---

5) 《실천 이론에 대한 소고》, p.229-230.

수 있는 상징적 자본의 덕분에 축적되었기 때문에, 그 결과 경제 자본과 상징적 자본은 단단히 연결되어 있고 서로가 서로를 전제하며, 이 둘을 구별하는 것은 순전한 경제 활동의 자율화의 결과이므로 이 둘은 구별되지 않는다. 명예는 부유하고 막강하며 인맥이 잘 형성된 가족에게 어울린다. 이는 이 가족들이 그들의 부와 힘을 이용하여 간접적이거나 공공연히 이윤을 추구할 줄 안다는 조건에서 그러하다.

만일 명예가 이를 이미 지닌 사람들의 것이라면, 또는 결혼 전략이나 동맹을 맺어서 상징적 자본의 성과를 올릴 수 있는 사람의 것이라면, 이는 상징적 자본이 나름대로 사회 관계의 재생산에 기여하기 때문이다. 이 자본은 집단이 신의 있는 자에게 제시하는 상징적 신용으로 구성되어 있고, 이 신용은 신의 있는 사람을 담보로 하여 부여된다. 담보라는 것은 이미 축적된 신용, 상징의 차원에서는 축적된 일과 같은 것이며, 그렇기 때문에 경제적 자본만큼이나 상징적 자본은 스스로를 전제한다. 그 다음 상징적 자본을 돋보이게 하는 것은 화려한 결혼이나 대가를 원치 않는 관대한 기부금을 통한 상징적 이득을 성취하는 것인데, 이러한 것들은 일이라는 형태로 보상되기를 요구하고, 그 객관적 진실을 감춤으로써 명예로운 평판을 유지한다. 상징적 자본을 돋보이게 하는 것은 자신의 고유한 조건을 재생산하는 것이다. 만일 상징적 자본이 상징적 흑자를 '생산'하고, 이 상징적 흑자가 상징적 자본을 '생산'한다면, 이는 상징적 자본이 스스로 생산되는, 즉 '새끼를 치는' 것이다. 그런데 영향력 있고 존경받을 만한 집단에게로 돌아가는 성공의 기회를 소유한다는 것은, 상대적 결과로 박탈당한 자의 박탈을 낳는데, 명예는 구별하는 표적일 뿐이며 모든 사람에게 분배되지는 않기 때문에 의미를 지니게 된다. 훌륭한 결혼이란 동등한 지위의 사람들을 맺어 주면서, '아무나' 즉 신분이 낮은 사람과 맺어지는 것을 피하고, 관련된 가족들의 상징적 자본을 보존하고 늘릴 수 있게 한다. 그러나 상징적 자본이 그 전제라 한다면, 결혼 전략은 이미 소유하고 있는 것에 대한 교묘한 가치 상승의 역할을 한다. 그리고 한푼 없는, 별볼일 없는 가난한 자의 결혼 전략은 항상 시시한 선택이나 상징적 효율성이 없는 선택으로 결말이 난다. 신분이 낮은 자는 기부로나, 미소로나, 멋진 제스처로 누구를 '돌볼 수' 없으므로 상징적 자본을 축적하도록 허용하는 상징적 신용을 타인으로부터 얻을 수단을 갖지 못한 사람이며, 또 역으로 '돌봄을 받을' 수 있으므로 타인의 상징적 자본을 축적하는 데 기여하는 사람이다.

물질적 이익보다도 다른 형태의 이익을 고려할 때 사용되는 계산 방식은, 경제적 합리성으로부터 사회적 합리성을 구별하도록 한다. 상징적 자본은 적든지 없든지간에 수익성을 대가로 하여 누적된다. 이 차이는 구조적이다. 그러나 만약에 상징적 자본이 경제적 희생을 감수하면서 스스로 유지하고 재생산할 수 있다면, 그리고 만약에 상징적 자본이 재생산되면서 그 덕을 본 사회 관계를 재생산하려는 뜻이 있다면, 상징적 실천들은 그들의 재생산성을 토대로 측정된 사회적 합리성을 지닌다. 이 사회적 재생산의 기능(경제 이윤의 극대화를 추구하는 경제적 합리성을 희생하면서 보장된)을 부인하는 것이 바로 경제주의이다. 이것은 우회적으로 이 진실을 섬기는 행위자들의 실천이라는 객관적 진실을 은폐하는 메커니즘을 고려하지 못한다. 분화된 경제적 활동을 알지 못하는 사회들이 재생산의 요구를 만족시키기 위하여 그들의 경제적 이익을 과소평가한다는 사실은 경제학자에게 필히 질문을 던지게 한다. 이들 사회에서뿐만이 아니라 우리 사회에서도 실천이 재생산의 기능에 귀속되는 한에서, 이 일탈의 원리는 적용된다. 경제 활동이 지닌 자율성의 산물인 경제학자의 대상은 추상적인 상태에 머물러 있기 때문에 우리는 사회 질서의 보존, 결과적으로는 정치적인 요구의 보존이 경제적 실천에 강요하는 몫을 참작하지 않고 있다.

이와 관련하여 새로운 의미를 얻는 것은 상징성 그 자체이다. 부귀를 평판으로, 물질을 상징으로 바꾸는 이 기부라는 행위는 순전히 잃어버리는 것은 아니다. 그 이유는 부귀가 이동하고 의미를 지닌 상징화된 미지의 형태로 평판 안에 존재하기 때문이다. 관대한 사람은 되돌려받는 것이 보장되는데, 그것은 자신의 관용에 대한 칭송을 흔쾌히 받으면서, 부를 유보하면 부를 실현시킬 수 있고 부를 실현하려면 모든 것을 잃는다는 사실을 잘 알고 있기에 유보된 부를 되돌려받기 때문이다.

이것이 상징적이라고 불리는 자본의 법칙이다.[6] 이 자본을 특징짓는 기호는 사물이 아니라 가치이고, 가치의 사회적 존재는 사용자 사이에서 생기는 인정받는 관계와 밀접하다. 실제로 이 가치들이 제 기능을 발휘하려면 지각되고, 이해되고, 수행되어야 한다. 그런 이유로 이 가치들이 지닌 의사소통과 권력이라는 이중적 측면이 생기는 것이다. 한편으로 이 가치들은 한 세계에서 어떤 공통점까지 사물과 사람들을 분류하게 만들기 때문에 명료성과 정보성을 가져오며, 다른 한편으로 공공연하게, 그리고 중요성의 표시로 묵시적으로 차별되어 존재하는 사회적 정체성을 표명하면서 질서를 강조한다. 행위자 개개인은 다르고 구별되지만, 최상의 구별은 기호에 의해서, 그리고 기호에 관하여 불평등하게 나누어진 행동하는 권력에 있다. 타인에게 작용하며 그로부터 인정받기를 원하는 이 권력은 가장 훌륭하고, 가장 드문 기호에 정당하게 접근할 수 있으며, 관습의 규칙을 바꾸고, 기대와 모방을 피하는 특권 안에, 건방진 자에 대해서는 경멸이라는 처벌 안에 존재한다. 사회적 분류는 입장의 연속체에서 발

---

6) 상징적 자본에 관하여는, 가장 조직적인 설명인 《소고》, p.227 이하, 《실천 감각》, p.191 이하, 〈상징적 자본의 경제〉, 《실천 이성》, p.177 이하와 《명상》, p.283 이하 참조.

생되는 차이에 의해서 정체성을 일으킨다. 이 분류는 고귀한 자와 천한 자, 우월한 자와 열등한 자 등의 원초적 중심들을 지시하고, 이 중심과 관련하여 지배자와 피지배자 모두 스스로에 대해 생각해 보아야 하는데, 물론 다른 수단들을 갖고 생각해야 한다. 위에서 말한 바를 상기해 보자. 도구이며 권력인 이 분류는 그 자체가 목적이다. 다음과 같은 세상을 한번 생각해 보면 알 것이다. 명성, 공적과 오명 등에서 볼 수 있는 삶의 투쟁의 강도와 상징적 죽음의 강도를 이해하기 위해 존재가 '지각된 존재'로 환원되는 그런 세상 말이다. (베르뒤랭 부인[7]의 '지겨운 손님들'을 지적 동의어로 바꾸어 부르면 '실증주의자' '마르크스주의자' '형이상학자' 등이다.)

경제적 자본이나 상상해 볼 수 있는 모든 상상적 자본처럼, 상징적 자본은 스스로의 재생산의 수단을 내포하고 있는 한 어떤 사물이 아니라 사회적 관계들이다. 부유한 집단에 속한 사람들이 무시당할 수가 없는 것은 그들의 자본이 부주의한 작가들에게 허무맹랑한 우발적 도전들을 포기시키기 때문이다. 그러나 타인, 동료들이나 손아랫사람의 인정에 의존하기 때문에 이 자본은 취약점을 지닌다. 집단의 파렴치한 구성원들, 외설스러운 여자들, 나약한 남자들이 퍼뜨리는 험담, 도발 등, 또는 단순히 평판의 관리에 있어서 저질러지는 실수와 시행착오 등의 상징적 사고를 예견해야 한다. 신의가 두터운 사람은 강하면서도 동시에 상처받기 쉬우며, 어느 정도까지 위험 부담을 심각하게 생각해야 하는지를 자문하면서 이것을 깨닫게 된다. 악착같이 달라붙는 이 적은 신용이 있는 사람일까? 아니면 광적인 허세 때문에 기괴하거나 병적인 **미치광이**를 피해야 할까, 모른 체해야 할까? 공주 행세를 버젓이 한 베르뒤랭 부인과 같은 여자들, 그리고 샤를뤼스[8]처럼 계층 분류 법칙을 강요하는 무식쟁이들이 멸시하지

---

7) 프루스트의 《잃어버린 시간을 찾아서》의 등장인물이다. 〔역주〕

만, 또한 이들을 무시하는 귀족 출신의 남작 같은 남자들의 예에서 볼 수 있듯이 상징적 판 뒤집기는 가능하다.

　초기 부르디외의 연구에서 상징적 자본이라는 개념은 객관과 주관, 힘의 관계와 감각의 관계, 지식과 정치 같은 일련의 양자택일 논리를 극복하려는 야심에서, 활력이 가득 찬 연구 프로그램의 필수적인 도구를 제공하였다. 이론적 이득은 이중적인 것이었다. 알려지지 않은 객관적 진실과 실천적 의미 사이의 거리를 설명하면서 실천의 이론에 기여하는 것이 그 첫째요, 경제적 실천을 특수한 경우로 취급할 수 있는 능력이 있는 실천들의 보편적 경제에 기여하는 것이 그 둘째이다. 행위자들이 의미와 가치의 세상, 즉 무리가 없고 정당한 세상에서 행동하려면, 공공연하게 이득과 힘의 관계 위에 성립된 집단적 은폐라는 대가를 치러야 한다. 그리하여 경제성과 상징성은 대립된 양 극점을 형성하고, 이 양 극점 사이에 기부 행위나 경제적 착취에 가장 노출된 월급쟁이들의 일 같은 '이중적 진실'에 의해 영향을 받은 입장들의 연속체가 여러 등급으로 존재한다. 사회적 집단, 가내고용인 집단, 그외 여러 직업들이 타산적이면서도 사심이 없고, 합리적이면서도 관대하게 나타나면서 어떻게 해서 이 양 극점의 논리를 조합하고 화해시키는가를 우리는 보여 줄 수가 있다.

　이런 관점에서 보면, 상징적 자본의 그후의 형성은 이 초기 노선에서 그리 멀어지지 않을 것이다. 그리고 최적의 보편성을 연구하는 데 새로운 단계를 이룰 것이다.

---

8) 프루스트의 《잃어버린 시간을 찾아서》의 등장인물이다. 〔역주〕

열정과 이득

실제로 《파스칼적 명상》(1997)에서 보면 상징적 자본은 재검토와 같은 재정의(rédefinition) 작업에 포함된다. 이 자본은 '자본의 특수한 형태'로 간주되는 것이 아니라 '자본으로 취급받지 못하는 모든 종류의 자본이 되는 것'처럼 이해되어야 한다. '상징적 자본'에 대해서가 아니라, 결과적으로는 '자본의 효능'[9]에 대해서 이야기해야 한다. 사실상 자본의 개념(경제적/상징적)을 이용할 때 보이는 이중적 비전은 버림받은 것이 아니라 다원적 비전으로 수정되고 재고되어야 한다. 왜 이런 수정 작업이 강요된 것처럼 보였을까?

이런 종류의 질문을 하면서 우리는 사변적인 관점에 파묻힐 우려가 있으며 '이론적 개념들'과 관계된 서술들이 정신적으로 자율적인 길을 가는 것이 아니라, 단계적으로 경계를 정하는 말뚝처럼 연구 결과에 협조적이며, 가끔은 정의와는 관계없이 고유한 내적인 원리에 의하여 완성된다는 사실을 잊는다. 그런데 자본이라는 개념은, 피에르 부르디외의 사회학에 고유한 두 가지 중요한 개념의 공간, 아비투스의 공간과 장의 개념에 동시에 민감한 도구이다. 한편으로 자본은 객관적 잠재력의 총체를 지배할 수 있는 능력에 작용하여 아비투스와 장을 이어 준다. 다른 한편으로 자본은 수완으로 인정받는 지식으로부터 이에 형태를 부여하고, 과감하고 소질이 있는 행위자에 의해 순응하게 되기를 기다리면서, 적합한 성향을 갖춘 작품에 이르기까지 계속적으로 변하는 객관화의 정도에 따라 존재한다. 어떤 아비투스가 요구되는 방식은 문제의 장의 지엽적 특성에 달려 있다. 합법적이고 적절한 입장들의 정의에서부터, 만족과 보수를 받는

---

9) 《명상》, p.285.

가장 특이한 형태들을 추론할 수 있는 내재적 목적의 정의까지를 포함하고 있다. 다원적 경제를 지배하는 다원적 장들이 존재한다고 이야기할 수 있는 것이다. 종교의 장, 예술의 장, 신문·잡지의 장들이 서로 다른 것은 행위자의 사회적 특성뿐 아니라 이윤·투자·가입 등이 관계하기 때문이다. 이 중의 하나에 참여하기 위해서는 장이 제시하는 특별한 목적의 가치를 믿고, 참가한 '작업 능력'의 엄격한 환전 가치 이상을 주는 일종의 '사명감'을 갖는 것이 필요하다. 즉 기대에 부응한다는 만족감이 필요한 것이다. 이 신념은 이윤과 열정, 이득과 기부, 개인성과 집단성 등 일반적으로 탁월한 차원들을 조합하는데, 왜냐하면 신념을 지닌 자, 신념에 의해 살고 신념에 '사로잡힌' 자는 그에게 중요한 개인들에게 그의 인격, 그의 신조, 그의 재능을 투자하는데, 이는 계산이나 반성이라는 의식적 차원에서 나온 목표를 결정하지 않는다. 소명 의식이 있는 사람은 장이 제공한 객관적 개연성과 그 성향에 따라 내포된 자본 사이의 조정의 화신이기 때문에, 명료한 선택은 의견의 명확함을 바탕으로 이루어진다. 이 개인은 그 자신을 위해 만들어지고 그에 의해서 완성되기를 바라는 무언가를 하도록 요청을 받는다. 실현되어야 할 제스처들은 프로젝트의 형태로 나타나는 것이 아니라, 객관적 가능성과 개인의 몸과 정신에 기록된 잠재성들의 변증법을 잠재적 상태로 포함하는 세계의 한 상태를 통해 간단하게 암시된다. 실천들의 기쁨의 조건은 객관적 구조와 주관적 성향 사이의 '공모'를 반영할 때 더욱 효과적이고 강렬한 신념 위에 기초하게 된다.

경제성과 상징성과의 갈등이 여기서 새로운 형태를 취한다. 그 관계는 사실적 이득과 부인된 이득의 관계에 국한된 것이 아니다. 오랜 역사적 자율화 과정에서 나온 경제의 장처럼, 경제적 이득의 법칙에 공공연하게 귀속된 장 안에서조차도 행위자들은 합리적인 자동인형처럼 간주되어서는 안 된다. 실제로 장이 인정하고 요청하는 사람들은 그 장 안에서 스스로를 인정하는 자들인데, 이들은 사업에 열중하거나, 이름이나 명예를 걸고 무슨 일을 하게 하는 성향을 지닌 사람이며, 보통 경제적 수치로 환산하기 어려운 우월성의 표적을 지닌 사람들이다. 예술에 대한 사랑에 버금가는 것들이 아마도 이런 류의 장 안에서 발견될 수 있을 것이다. 돈을 공공연한 목표로 추구한다면, 아마도 그 이유는 역설적으로 돈이 어떤 게임에서 전적인 원동력이 되어, 궁극적인 목적이 됨으로써, 거기서 한판 승부를 걸 만한 능력이 있는 자들에게 일이자 목표이며 도전("그는 한몫 잡았다")이 되었기 때문이다. 일시적 성공은, 측정할 수 있다면 선택의 기호이다. 성공은 회사의 상징적 자본일 수도 있고, 한 가족의 자본일 수도 있으며, 조상·동료의 세력을 가진 세도가의 상징적 자본일 수 있고, 또한 능력을 인정받을 수 있는 개인들의 상징적 자본일 수도 있다.

동어 반복일까? 순환 논리일까? 사회학이 단언하는 것은 단지 예술가는 예술을 좋아하는 사람이고, 자본주의자인 기업가는 이득을 좋아하는 사람이라는 것일까? 만일 그것이 교묘한 본질주의가 섞인 순수한 서술적 개념이라면 그럴 수도 있다. 그래서 장의 자율성 원칙은 분석이 모든 사람을 만족시키는 무해한 다원주의, 즉 이 장들의 광대무변함을 입증하는 데 그친다고 말하지 않는다. 해야 할 일이 있다면 분석 작업에 근본적인 역할을 내어주는 것이고, 의존·변환과 순환의 형태 연구를 통하여 장들의 내부 구조, 그 한계성, 장들의 관계를 우선 이해하는 일이다. 우리는 또한 신념의 기원을 이해하고, 이를 선포하는 예비 성향과 이를 가능하게 만드는 조건들을 파악하며, 신념의 용어가 아닌 용어로, 좀더 '객관적인' 용어로 이치를 따지자는 것이다.

구조적 특성들은 특수한 목표를 이해하기 위한 기초가 되고, 따라서 장의 정의와 우수하게 하는 방법에 대한 문제에 관해 서로 구별되고 대립되는 여러 입장들에 상응하는 신념의 양상들을 이해하기 위한 근본적인 토대가 된다. 예를 들자면 대중 매체에 가장 많이 좌우되는 지식인들은 자신들에게 계획되었던 이미지를 부인하는 조건에서만 '지식인'의 대열에 든다. 이 이미지는 아방가르드·학계·연구에 속한 자립적인 지식인들이 그들에게 되돌리는 이미지이다. 그들은 무언의 몸짓으로(샤토브리앙이나 앙드레 말로의 흉내를 내며) 지식인의 명예를 보존하는 척해야 한다. 한편으로는 지식인의 동반자요 발굴자인 척하는 기자들의 인정을 받으면서 말이다. 마법에 걸린 이 모임에서 벗어나면, 신념은 사라지고 놀라움만이 남는다.

존재하는 이유라는 자본

부르디외는 그가 연구한 이런 세계들이 각기 얼마나 성향을 입장으로 조정하기에 성공하는가를 확인하는 것보다 한걸음 더 나아갈 수 있었을까? 성향을 입장으로 조정하는 것은 개인을 지배하는 환상, 이들이 행동하고, 투쟁하며, 외부인에게는 하찮아 보이는 '이득'을 얻으려 애쓰게 만드는 **환상**, 즉 신념의 조건이 된다.

더 멀리 본다는 것은 철학과 같은 낯선 영역을 개척하려는 것이 아니다. 철학은 일시적이나마 주된 일이 끝났을 때, 거리를 갖고 위에서 바라볼 수 있을 때 모험으로 해볼 수 있는 영역이다. 어떤 경우에도 《파스칼적 명상》에서는 옛날의 조심성을 저버리지 않는다. 이 책에서 부르디외는 그가 늘 하는 이야기를 하고, 사회학을 잊지 않고 거론하지만, 다른 각도에서 사회학을 다룬다. 이 책에서 다루는 인류학은 이미 출간된 저서에 함축되어 있었다. 문제는 인류학에 다른 형태를 부여하는 것, 그러면서도 경험적 연구에서 이미 제안되어 있던 것들을 그대로 수용하는 것이었다. 만일 부르디외 자신이 이 합당한 표명 작업을 하지 않았다면, 사회학자나 철학자들 중에서 누가 이 일을 상상하고 실현시킬 수 있었겠는가? 그가 적용하게 된 이 관점이 거의 불가능하다는 사실은 개인적 실력이나 능력의 문제가 아니고, 사회학의 이론적 결과와 이론으로 축소될 수 없는 실천적 논리를 앞세우는 사회학적 자세에는 불리한 이론적 도구들간의 만남을 실현하는 데에서 비롯된 객관적 어려움에서 기인한 문제들이다. 순수 이성, 근거, 본질의 구분을 선호하는 '스콜라식 이성'(책의 전반부의 요점)과 학자의 관점에 관해 탈중심화를 요구하는 성향 위주의 개념(책의 후반부의 요점) 사이에는 공통점이 거의 없다. 만약 철학을 해야 한다면 현 상황에 새로운 이론을 덧붙이려는 것이 아니고 실천, 시간, 자본, 상징적 폭력 등에 관해 주장된 것들의 결과를 가능한 한 철저히 연구하여 빈 자리를 메우기 위한 것이다.

이 인류학은 불변수에 관해 말한다. '실천의 이론'이 말하는 바는 학문적 지식의 흑백 논리로부터 출발해서는 행동에 대해 말할 수 없다는 것이다. 사회학적 고찰이라는 방편을 이용하여 행위자들의 위치에 선다면 자신에 대한, 또 타인에 대한 관계, 주체/세계, 분별력/정서, 이성/열정, 원인/이유 등의 대립쌍을 이용하여 설명하기 어려운 사물의 관계에 접근할 수 있다. 합리적인 행동은 사회적으로 실현된 행동이라 하겠는데, 그 이유는 사회 세계에서 정해진 입장에게 주어진, 성공에 준하는 객관적 개연성들에게 주어진 행동 가능성들의 조정을 포함하기 때문이다. 객관적 구조들로 혼합된 생산물인 아비투스는 원칙적으로 능력과 이 능력에 연관된 동경에서 나온다. 행위자들은 현실주의자가 되려는 경향이 있는데, 그 까닭은 낭만주의에 젖은 전통이 무어라 하든지 그들의 욕구가 욕구를 만족시킬 수 있는 수단을 포함하는 것이 바로 이 원칙이기 때문이다. 그러므로 사변적인 주지주의에서 벗어나고, 동시에 낯선 현실에 접촉하게 되는 분별력과 감수성을 개인에게 부여하면서 개인을 격리시키는 원자론과도 단절해야 한다. 성향들은 이것들을 부르며, 자극하고, 정당화시키며, 믿어야 하는 이유와 생각해야 하는 이유를 부여하고, 같은 목표를 지니며, 그 의견이 중요한 사람들을 모으는 장과 갈등을 일으킨다(난공불락의 조화란 존재하지 않으므로).

상징적 자본에서 자본을 묘사하는 불변 요소들을 찾을 수 있다. 자본은 '측량 단위'(훈장, 학벌, 귀족 칭호 등), 가치 부여 방식(평판, 경멸), 상벌(예식들, 숭배/추방 등), 일정 인구에 있어서의 분배 구조(작가, 사장이라는 분배 구조 등), 계층 갈등(사제/예언자 등), 재생산의 방식(개인적인, 관공서의) 등에 따라 특징지어진다. 그러나 이 자본은 정해진 어느 장에 국한되는 것이 아니라 모든 세계에서 작용하는 특권을 지니며, 그곳에서 힘을 의미로(사물의 의미와 존재의 의미) 바꾸고, 임의성을 가치로, 권력을 이해 가능한 것으로 변화시킨다. 이 자본을 소유한다는 것은 우수한 형태를 즐기는 것으로, 우리의 존재와 우리가 하는 바와 궁극적 목표에 대해 질문을 던질 필요 없이 집단적으로 찬양받는 것에 일치됨으로써 만족감을 얻는다. 타인에게 인정받는다는 것은 아부성 짙은 호의와 인기의 표시보다 더 많은 것을 가져다 준다. 이는 자신의 위치에서 그들을 대신하기 위한 조건, 거기서 행복하고 자연스럽게 살 조건인 목표, 게임과 경기자들의 가치에 대하여 장 안에서 지켜지는 믿음을 유효하게 한다. 자본의 축적을 위한 최선의 전략은 투자 감각에서 오는 전략이다. 그 획득 조건에 의하여, 이 감각은 계산이라는 우회적 방편에 의해서가 아니라 영감에 의한 것이다.

상징적 자본이 가져다 주는 모든 것을 잘 헤아리기 위해서는 상징적 궁핍이라는 한계 상황을 참조해야 한다. 실업과 같은 흔한 경험은 행위자가 지닌 자본들을 중단시킨다.[10] 그럼에도 불구하고 일의

---

10) 같은 책, p.262 이하 참조.

힘이 일시적으로 가치를 상실하는 상황은 노동 시장에서 점령된 입장을 평가하는 데에 사용되지 않는다. 왜냐하면 이런 양상이 존재한다 할지라도 다른 결과를 통해 실업자는 그의 실상황과 마주하게 되기 때문이다. 일이 없다는 것은 시간 안에 새겨진 구조적 자명함이 없어지는 것이다. 강제적 여가가 일상 생활을 파괴하고, 일상 생활에 깃든 확실성을 파괴한다. 모든 것이 우선권의 위계에 따라 이루어지고, 타인의 기대도 잠정적으로 연기된다. 이때 시간성의 정상 구조는 흔들린다. 미래는 불투명해짐으로써 할 일을 조직하고 분배하며, 일의 끝남을 예비하고 예상하며, 다른 가능성을 이루고자 현재를 움직이도록 허용하는 능률의 원칙은 더 이상 존재하지 않는다. 한가함은 그때까지 행동의 원칙 속에 있던 **환상**을 명백하게 해준다. 그리하여 이 시간적 여유는 행동에 필요한 모든 것을 낯설게 만든다. 여러 성향과 신념의 공범성이 무너지거나 위태롭게 된다.

공허하면서도 넘쳐나는 시간을 경험하는 것은 사회적으로 인정받은 정체성이나 개인의 정체성이 시련을 받는 것이다. 위기 상황과 실패 상황은 가능성들을 평가절하하고——결혼 시장에서, 학교 시장에서, 혹은 노동 시장에서——의지가 되던 동반자·짝·동료들은 가까이할 수 없게 되든지, 멀어지거나 쓸모없게 됨으로써 외로움을 느끼게 한다. 그러나 역설적으로 이 고독이야말로 모든 판단의 심급을 거쳐 사회 세계가 쥐고 있는 권력을 두드러지게 한다. 보이지도 않고 가려낼 수도 없기에 이 판단의 심급들은 종종 잊혀진다. 개인이 지닌 묘사할 수 없는 독자성은 재판정은 물론 망각이나 실책들, 작은 과오들이 판결받는 수많은 공공 장소에서 작용하고 결정된다.

가치의 궁극적 척도인 상징적 자본은 가장 사적인 부분에 있어서 개인이 지닌 사회성인데, 이것은 종교가 구원의 문제에서 다루는 자기 성찰이다. 즉 이것은 존재의 이유를 묻는 자본이다.

요약하자면 피에르 부르디외가 제시하는 인류학에서 이 자본은 삼중의 기능을 한다. 첫째는 순전히 인류학적인 기능이다. 존재 이유가 없는 상태를 피하기 위하여 사람들은 자신의 존재를 정당화하려 한다. 그런데 이 고결하게 '개인적인' 정당화의 문제에 직면하여, 사람들은 순수한 의식의 문제를 생각하는 것이 아니라 남의 시선, 남의 의견, 평판, 직함, 제식, 궁극적 권력이 되는 자본, 소유, 그들이 피할 수 없는 영향력 등에 관해 생각한다. 사회학은 그 고유한 방법을 통해 도덕주의자들의 놀라움을 발견한다. 이는 우연한 일이 아닌데, 그 이유는 파스칼이 이야기한 잡힌 사냥감을 생각하는 사냥꾼들과는 달리, 사회학이 차지하는 일거리는 획득을 문제시하는 것이 아니라 공유되지 않은 신념, 이해하기 위해서는 공유하지 말아야 하는 그러한 신념을 이해하는 것이기 때문이다.

두번째 기능은 정치적인 것이다. 존재를 검증하는 자본의 소유와 분배의 메커니즘이 사회 질서를 만드는 데에 기여하므로, 상징적 권력이 어떻게 기능하고 분배되는지를 보여 주는 것은 이미 정치적 행위이다. 상징적 불평등은 충동·신체·무의식 등 개인이 수혜자가 될 수도, 희생이 될 수도 있는 질서와 공범이 되는 모든 것에 작용하기 때문에 철저하다. 또한 행위자가 당연하고 신성하게 여기는 것, 스스로 지닌다고 여기는 자신들의 가치를 이루어 놓은 것에 대해 질문하지 않고는 사회 질서를 가시화할 수 없다. 이 점이 바로 자연과학과 인문과학 사이의, '방법론적인' 것뿐 아니라 모든 차이점을 느끼게 한다. 사회학과 같은 학문은 행위자들의 신념 체계에 영향을 주고, 이로써 근본적인 상징적 상처를 입게 하는 지식을 제시한다는 데에 바로 그 차이점이 있다.

세번째 기능은 말하자면 신학적인 것이다. 사회학은 가치와 의미의 궁극적 토대가 되는 '명상적인' 질문에 어쩔 수 없이 부딪히게 된다. 장들의 다원주의에서 나오는 '가치들의 다신교'를 인정한 후에, 각각의 장에 대하여 일종의 거리를 두거나 무관심하게 되었을 때,

포이어바흐까지 거슬러 올라가는 전통에 따라 이 문제를 하늘에서 땅에까지 이동시켜 문제시하게 된다. 최후의 심판에 대해 말할 자격을 지닌 최고 권위는 국가라는 형태의 일시적 권력으로 존재한다. 최후의 보증인으로서, 이 궁극적 심급은 갈등들을 고발할 수 있고, 판사와 재판의 가치를 결정하며, 지각할 수도 없고 무능하기만 한 사적 저항에 열중하지 않고는 모른 체할 수가 없는 심급이다.

뒤르켕이 말하듯 "사회는 신이다"라고 말한다 해도, 신학을 거짓을 드러내는 사회학으로 대체할 수는 없다. 신학이란 과학이 검열하고 분석하는 수많은 게임, 과학이 취급하는 셀 수 없이 많은 게임들을 넘어서면 과학이 밝힐 수 있는 근거는 없다는 것을 깨닫는 한 가지 방법인 것이다. 사회 세계는 모든 존재 이유의 최후의 조건을 포함하기 때문에 스스로 만족하는 것이다. 이는 화를 낼 수도, 감탄할 수도 있는 자명한 사실이다. 사회학은 '부정적 철학'에 근거한 과학일 뿐이 아닌 다른 것일 수 있을까?[11] 사회 세계가 사물과 정신에 대해 지니는 권력이 어디까지 갈 수 있나를 드러내기 위하여 사회 세계를 해체하는 불가지론적이고 유물론적인 철학이 아닐까 하는 것이다.

---

11) 같은 책, p.15.

제6장

현실주의와 유토피즘*

소문과는 달리 피에르 부르디외가 정치를 논한 것은 1990년대에 들어서기 이전이었다. 어떻게 기다릴 수 있었겠는가? 한 학문 분야 (교육, 교양, 사회 단체 등)에 얽매이기를 거부하는 이 사회학자에게 정치보다 더 중요한 것이 또 있을까? 그의 이전의 저서들이나, 그 중에서도 가장 오래된 글들을 살펴보면, 과학적 객관성이라는 요구를 만족시키려는 생각 때문에 정치 문제를 고의적으로 무관심하게 지나친 적이 없었다는 것을 알게 될 것이다.

부르디외의 초창기 연구 중 식민지 알제리 사회의 하부 계층에 속하는 개인들의 노동과 실직에 대한 연구가 있다. 이때 만난 연구 대상인 개인들에게 사회적 폭력의 결과가 남아 있었기 때문에 이 시절에도 정치적 배경을 무시하는 것이 쉬웠다고 말할 수는 없었지만, 대부분 농민이었던 이들은 농업의 경제적 변화로 농촌에서 쫓겨난 상황, 즉 군부가 주동이 되어 실시한 사회적 재편성을 겨냥하는 단호한 정치와 '사건들'을 통해 농토에서 쫓겨난 상황이었다. 사회학적 태도는 당시 시사적이기도 하고 비시사적이기도 했다. 한편으로는 역사적 조건에서 생겨난 희생자들의 비참함에 관심을 가지고 있었고, 다른 한편으로는 성급하게 굴지 않으면서 현실의 정치적 정의를 논하는 담론들과도 거리를 두고 있었다. 지식과 이해의 관계를 성립시

---

* Réalisme et utopisme.

키기 위해서 정치적 담론을 피하는 것이 당시의 사회학적 분석이었다. 나중에 밝혀졌지만 야릇하게도 식민지 백성을 옹호하는 이들이 그들의 적수와 함께 지녔던 공통점은 역사적으로 모범적인 사고 방식과 걸맞지 않는, 곤궁함을 무시하든지 깔보든지 경시하는 경향이 강했다는 점이다. 이데올로기적으로 소개하기가 떳떳하지 않은 이 개인들에 대해 이야기하는 것은 그 자체로써 이들의 존재를 인정하는 것이고, 그들과 노동과의 관계, 시간과의 관계, 집단 행위와의 관계에 있어서의 내재적 논리를 보여 줌으로써 이들을 복권시키는 일이었다. 게다가 하급 프롤레타리아와 프롤레타리아를 대립시켜 얻는 반성적 결론은 알제리와 프랑스 두 나라로 상징되는 두 개의 사회 공간들 사이의 대조가 되었고, 이에 따라 집단적 동원이라는 노동의 가능성의 사회적 조건들에 대한 질문을 하게 되었다. 말하자면 과학적 연구가 정치적으로 연루되고 있었지만, 이는 고의적으로 정치적이라고 인정된 담론의 가치에 대한 철저한 회의를 통해서만이 밝혀지고 보여질 수 있었다.

그후에 이루어진 연구는 대학생을 주제로 한 것이었다. 물론 여기서는 앙케트의 대상자들과 조건들, 또 제기된 문제들이 달랐다. 그럼에도 불구하고 이 연구는 이데올로기와 정치라는, 침묵 속에 지나가는 상반된 사고 방식들을 경계하고 있다. 이 경우에 있어서는 학생들의 출신 성분이나 학과목이나 교육 과정에서 보이는, 성공에 대한 차별화된 개연성들이 극히 새롭고 교훈적인 것이었다. 문과 대학생의 경우, 문화적 우수성을 분석해 본 결과는 다음과 같다. 이 문과 대학생의 경우는 학교라는 울타리 안에서, 급한 일은 하나도 없고 여가가 충분하며 자유롭고 '사적인' 문화에 탐닉할 수 있는 사회관과 시간관을 가정하고 조장하는 실례를 보여 준다. (이 학생은 나중에 기술될 지식인의 아들이거나 아버지이다.) 학교에서의 성공의 차이를 설명하기 위해 진보주의적 정치와 노동조합이 오로지 경제적 격차만을 강조할 때에, 언어와 문화에서 생기는 차이의 관계를 원칙으로 하여 사회적 차이를 분석하는 것은 장애물을 명석하게 파악하지 못하면서 '민주화'만을 외쳐대던 사람들에게 불안을 조성하든가, 최선의 경우 엘리트주의나 특권에 반대한다는 표면적 이해만을 낳게 하였다. 왜냐하면 문화적 불평등이나 문화 앞에서의 불평등은 학교와 문화 세계에 대한 제일 흔한 선입견을 보여 주는 분석이기 때문이다. 이 선입견들을 그때까지 시간적 차원의 질서 안에서 고찰되던 불평등의 생산에 연관시켜 생각하는 것은 지적 명예라는 점에서 부르주아의 우월성을 받쳐 주는 것이라는 그때까지의 통념을 깬, 시선의 전환을 요구하는 사건이었다.[1] 사회적 대립이 개성과 신체와 언어라는 확실치 않은 방법의 묵계하에 재생산된다는 점, 이 용어들은 사회적으로 분류될 수 있고 분류되었다는 점, 그리고 문화재는 우선적으로 '상속자들'에 의해, 학교 제도를 이끌어 나가는 행위자들에 의해, 지식인들에 의해 보유된 재산이며, 그리하여 그들의 '사회적 기능'과 연관하여 취급되어야 한다는 점을 받아들이게 하였다. 학교 제도에 관한 연구는 '기관'과 '이데올로기'를 연결시키는 '이론가'의 사변에 반하여 얻어지고, 또 행동 요원의 역설적인 비정치성에 반하여 얻어지는데, 그러므로 개혁이라는 행위를 가르치고 도울 수 있는 동시에 자율적인 연구의 실천의 한 예를 보여 준다.

지식인의 새로운 정의

분석을 계속하거나, 이후의 연구들을 통해서 보면 얼마나 학문이

---

1) 이러한 염려는 에드몽 고블로(Edmond Goblot)나 모리스 할바크(Maurice Halbwachs)에서도 발견된다. 그러나 그들의 방식은, 항상 체계적이지 못하였다는 사실과 함께 지식적이고 문화적인 모종의 민족중심주의에서 완전히 탈피하지 못하고 있다.

정치를 논할 수 있는지를 제시하기는 어렵지 않으나, 정치의 지배적 정의를 어느 정도 재고하고, 정치가 어떻게 알아볼 수 없는 형태로 존재하는가를 이해하는 프로그램을 설정하는 일은 어려울 것이다. 부르디외는 정치적 관점의 한계를 떠나서 사회 질서를 철저히 분석하는 독창적 입장을 제시함으로써 중립적 학문이냐 정치적 이데올로기냐의 양자택일을 피하고자 한다.

이 길만이 지식인들이 정치 무대에서 실천적이고 이론적인 개입을 통해 발생하거나 부딪히는 딜레마를 해결할 수 있는 유일한 방도처럼 보였다. 참여라는 개념이 드러난 지 몇십 년이 지난 후, 여러 점에서 설득력이 없어진 지적 모델을 수용하기가 점점 힘들어진 듯하였는데, 특히 이는 순전히 지적인 입장과 정치적 입장 표명 사이의 문제에서 두드러졌다. 완전한 지식인의 전형이었던 사르트르를 보면 확실해진다. 이 철학자는 모든 분야를 다 점하려는 야심을 지녔었지만 철학적 사변이라는 무기밖에는 소유하지 못했고, 경솔하게 이론화하고 '집대성하려' 했으며, 자신의 실력 밖의 분야에 개입하여 이론가 · 에세이스트 · 투사 · 신문기자 등에게 특별한 권위를 일임하는 위험을 무릅쓰고 철학적 이견의 결과로 암암리에 위탁받은 자처럼 행세하려 했다. 이리하여 이 위대한 지식인과 긍정적 학문들 사이의 연구와 격차가 심해지고 분명해진 것이다. 그리하여 1960년대와 70년대에는 새로운 모델이 필요하게 되었는데, 이 또 하나의 모델은 미셸 푸코에 의하여 '특수한 지식인'이라고 지칭되었다. 이 지식인은 나름대로 여러 권력에 의해 강요되는 검열을 넘어설 수 있는 자율적인 지식인의 유산을 감당하지만, 이는 자유인의 양심에서 나오는 필요와 예감에 의한 것이 아니었다. 그는 대중 앞에서 그가 아는 바를 말하기 위하여 원인에 대해 파악한 것을 단언하였으며, 지적 작업의 분열이 가져오는 결과에 책임을 짐으로써 가능한 한 제한된 분야에서 처신하였다. 효율적 능력의 피할 수 없는 분산으로 인하여 지식인은 도덕적 인간으로만 존재하며, 이러한 집단적 지식인은 신용과 효율을 중시하고, 영웅적이고 나르키소스적인 이미지를 거부한다. 이것은 어떻게 보면 독자적이고 합리적으로 능력의 동원을 가능케 하는 조절 개념을 의미한다.[2]

그럼에도 불구하고 이러한 동원은 현실에서 수많은 장애물에 부딪치게 된다. 조심스런 지식인들에게는 그 기능이 알려지지 않은 외부 경쟁터에서의 자율 검열, 위기 파악과 목표 설정의 불일치, 다양한 개인주의와 저항, 방송 매체에서 일어나기 쉬운 지적 명성의 도용으로 인한 내부의 계급들간의 갈등 등이 그 장애물이라고 말할 수 있다. 저술 이외에도 부르디외는 소수의 공동 목표를 위한 지식인들 간의 공동 작업을 추진하기 위해 많은 애를 썼다. 가령 출판 후 우여곡절 끝에 《사회과학 연구지》의 부록이 된 《리베르》지를 들 수 있는데, 이 《사회과학 연구지》는 단순히 여러 '이름들'만 수합한 것이 아니라 신문과 출판 같은 시장이 요구하는 문화적 생산에 강요된, 때로는 보이지 않는 지식 검열에 명쾌하고 조리 있는 답변을 해주기 위해 프랑스 및 외국의 지식인들이 지닌 경험과 실력을 축적하려고 노력하였다. 이 예를 접어두고라도 지식인의 대중적 역할에 대한 개념을 변화시키는 노력은 장시간의 작업을 필요로 한다는 것은 분명하다. 대중 매체는 지명도가 불만스럽다 해도 저명인사를 원하고 찾는다. 이리하여 부르디외는 집단적 지식인의 모델로 칭함을 받기도 하고, 어떤 기회(1995년 12월)에서는 유일하게 이들의 대변자가 되는 것을 주저하지 않았다.

정치 문제가 부르디외의 연구에 늘 한몫을 했다면(이 점에 대해 몇 번 이야기한 적이 있고, 앞으로는 좀더 상세히 설명하겠다), 30년 동안

---

2) 제라르 모제(Gerard Mauger), 〈사회학적 참여 L'engagement sociologique〉, *Critique*, n° 579-580, 1995, 8-9월호, p.674-676.

바뀐 것은 공공 장소에서의 개입 방식인데, 이 공공 장소에서 우리의 시험 조건을 떼어 놓고 생각할 수는 없을 것이다. 이 변화들을 설명하기 위하여 부르디외가 제시한 도구들, 지성의 장에서 그리고 이 지성의 장과 그의 관계, 또 그 자신의 변화가 포함된 장 안에서의 그의 입장의 변화들을 연구해야 할 것이다. 문제가 되는 것은 개인이 아니라 여러 관계성의 체계들간의 관계인데, 이 체계들은 한편으로는 지적 가능성의 공간에 포함된 기회들과, 다른 한편으로는 단일 행위자들의 성공 수단을 지닌 고유한 논리와 시간성에 종속되어 있다.[3] 앞으로 연구되어야 할 여러 소재가 있으나 여기에서는 몇 가지 제안으로 그치겠다.

30년[4]을 사이에 두고 부르디외의 학문적 여정의 두 시기 사이에서 변한 것은 다루어질 문제점의 성격과 위계를 주관하는 장의 상태와, 동시에 지적 위계 안에서 차지한 입장, 그리고 가능한 것들과 동시에 이 가능한 것들에 작용하는 권력이다. 1960년대말 지식인들의 기대는 엄숙한 '실증주의'의 단점, 실망을 유발하는 지식인들의 성찰에 대한 단점을 지닌 학문적 연구 시도에 그리 호의적인 것은 아니었다. 이 시기에 부르디외는 이론을 다루지 않고 학교·문화·작가들이라는 순전히 경험적인 주제를 다룬 것으로 보인다. 즉 학교와 그 상속자들이 갖는 역할에 대한 사회학적 연구는 지적 우월성이라는 지배적 모델들을 객관화하거나 극복하기에 이르렀다. 지성의 장에 대한 초기 연구들은 이 장이 '권력의 장'의 내부에서 고려되어야 한다는 것과, 지배자들에 관한 반박 형태들을 구분해야 함을 보여 주

---

3) 부르디외를 비난하는 몇몇 적수들과는 달리 심리학적 해결책의 도움을 피하는 것이 중요하다. 이는 상당히 초보적 해결책이다. 고발하려는 집념이 드러내는 매혹의 힘은 '사회학자들'에게는 역설적으로 보이겠지만, 결과가 미리 정해진 수상하고 편협한 심리 상태에서 표출된다('권력,' 명예, 언론 지향성에 대한 취향 등).
4) 나는 이 지표가 편리해서 택하지만, 1970-80년대 같은 과도기를 아는 데는 더욱 상세한 분석이 필요하다.

었는데, 이는 이 형태들이 권력의 장의 외부에서나 내부에서 나타나며 피지배자들에게서 나온 현실의 변화라는 정치적 행위이든지, 혹은 반대로 지배자들 가운데서 발견되는 피지배자 소수파에게서 나온 현실의 부정이라는 상징적 행위라는 사실에 따른다. 지성의 장을 다루는 사회학은 어쨌든간에 일반적으로 자신들이 지닌 철학적 자본만을 독점적인 방편으로 삼는 작가들의 급진성을 문제로 삼는 한 방법이었다. 피지배적 학문이지만 학문에 대해 높은 열의를 지닌 사회학과 같은 학문의 대변인으로서 선행해야 할 일은, 여러 입학시험을 휩쓸던 자본주의냐 제국주의냐 하는 토론에 반론을 제기하는 진보주의의 편을 드는 것이 아니라, 자신의 연구 작업의 학문적 신용을 보장하고 키우는 일이었다. 부르디외가 1981년부터 콜레주 드 프랑스에서 강의하게 된 것은 이러한 여정의 한 단계였다.

  점차적으로 부르디외의 명성은 전문가와 학자들의 범위를 넘어서서 널리 퍼져 나갔다. 그러나 이런 사이에 지적 풍경이나 정치적인 풍경은 많이 달라졌다. 1990년대에 정치적 표상의 공간이 변화한 것에서부터 시작하여, 온갖 변화가 급선무를 정하는 방법이나, 문제를 제기하는 방법이나, 지적 노선을 계획하는 방법 등에 상당한 변화를 가져왔다. 즉 대중의 공간에 대한 관계를 재정의하는 일이 문제가 된 것이다. 이 새로운 상황을 간단히 살펴보자. 이전 시기와는 달리 권력에 항거하는 독립적 지식인의 입장은 약해지거나(1984년 푸코의 죽음) 불확실한 지망자들로 인해 황폐해져 버렸다. 이유는 실제로 대학의 위기와 미디어의 증가에서 오는 이중의 결과로 인하여 이 오랜 전통에 대한 대안이 형성되었기 때문이다. 대학 체계의 붕괴는 지표를 흩어 버리고, 지적인 무질서(anomie) 현상을 촉진하며, 장의 경계에 밀집해 있던 지식인 후보들의 소망을 부추기는 결과를 가져왔다. 이들의 생산물은 흡사한 길을 가는 신문기자들의 경의를 얻었고, 과학(전체주의적인, 전체주의의, 결정론적인)에 반대하는 지식인들의 혐오감과 부화뇌동하는 검열과 분류를 통과한 새로운 모델을 구현하는 즐거움을 잘 결합시켰다. 기자·전문가·철학자 그리고 개심한 좌파가 연합한 새로운 지성인들은 시들어 가는 비판적 지식인의 모델에 공공연히 반대하였는데, 이들은 베를린 장벽의 붕괴로 상징되는 '역사의 종말'과 함께 그 존재 이유가 없어진 것이다. 제멋대로 '유토피아'('전체주의'와 '소련의 강제노동수용소')에서 끝장나는 자칭 지식인들은 시민 정신이라는 자율 규제로 채워져야 할 시장과 민주주의라는 두 기둥이 이끌어 나가는 정세를 이해하고 좋아하게끔 만들어야 한다는 것이다. 이들은 자유주의에 '문화적'이고 '사회적'인 면을 덧붙여 더욱 효과적이면서도 눈에 띄지 않는, 고통 없는 자유주의를 만들려고 했다. 지식인들은 그때까지 많은 사람들이 생각할 수도 없고, 받아들일 수도 없는 일을 해냈다. 그것은 그들이 충고(조언자의 보고서), '도전'과 '변화'에 대한 '이론적 기여,' 문화적 정치 선전 등을 제공한 정치·경제·미디어라는 신권력들과의 유기적인 협력 관계이다. 같은 시기에 좌파 정당들의 공식적 원칙들은 미테랑 대통령의 14년간의 통치, 경제적 현실주의의 도입 등으로 인해 시련을 겪고 있었는데, 이념적 저항이라는 전통적 기능을 수행하는 데에 많은 어려움을 겪고 있었다. 전문가의 경제−정치적 문화가 확대됨에 따라 이론가들과 대변자들은 그들의 '개혁'을 방해하는 지적 모델들을 거부하기에 이르렀다.

이제 우리는 왜 참여가 부르디외에게 점차적으로 사실성을 띠게 되었는지 알 수 있다. 그의 현장 선택과 개입 방법을 보면 분명해지는데, 많은 사람들의 시선을 끄는 주제에 대한 그의 침묵도 웅변적이었으니까. 그는 비판에 '노출'되기도 했지만, 자신의 기본적인 지적 선택과 관련하여 시기가 맞지 않는 참여는 하지 않도록 조심했던 것이다.

장이라는 새로운 상황에서, 지식인은 독립된 입장을 고수하는 내적 투쟁이나 '정치'적 현장을 향한 외적 투쟁 중에서 하나를 선택할 필요는 없는데, 이 모두가 상호적으로 의미를 부여하기 때문이다. 공공 장소에서의 지식인의 개입은 동시에 '협력적'이고 보편적일 수밖에 없는데 이는 공공연히 그러나 지나치게 의존하지 않고, 사회적으로 중요하고 지적으로 뒷받침되는 사상을 전달하기 위해서는 가능한 한 부인할 수 없는 지적 자본을 보존해야 하기 때문이다. 물론 부르디외는 소위 여론을 향해 할 말이 많은 유일한 지식인은 아니다. 그러나 어쩔 수 없이 동원의 논리 안에서 어떤 그룹에서 저명한 인물로 나타날 수 있는 대변자의 위상이 부여되었다.[5] 부르디외가 《세계의 비참》을 출간한 얼마 후인 1995년 12월 같은 불안과 투쟁의 상황에서, 사회적 고통과 특수한 병적 상태(정치적·지적인, 신문 잡지의)에 대한 분석을 하면서 모든 사람이 원하는 역할을 거부한다는 것이 용납될 수 있었을까? 그가 한 말이 그의 학문적 업적이나 사회적·정치적 역할, 진실한 지식인으로서의 역할에 관한 그의 생각들과 결코 동떨어진 것이 아니라는 것을 입증할 수 있다. 그러한 생각들은 비판될 수 있으나, 그러려면 그 생각들을 잘 알아야 하고, 뉴스 매거진에 나오는 진부한 생각에 구애받지 않아야 할 것이다.

1995년 12월 부르디외는 공개적으로 '사회 운동'을 지지하는 편에 섰고 공기업의 파업자를 편들었기 때문에, 사회보장 제도를 개혁하려는 쥐페에게 대항하는 주요 지성인이 되었다. 국무총리 쥐페는 전문가들, 신문기자들, 잡지의 이론가들이나 순수 철학자들의 지지를 받고 있었다. 1996년 부르디외는 텔레비전에 관한 저서를 출판했는데, 이는 그가 창안하고 편집한 '행동의 이유들(Raisons d'agir)'이라는 총서의 제1권으로 출간되었으며, 이 총서는 당시 출판사들의 관행

---

5) 이 사실을 인정하는 것은 이 지성인의 이론적 논리에 동의해야 할 필요성을 의미하는 것은 아니다. (사르트르나 푸코의 경우처럼 옛날만큼 필요성을 느끼지 않는다.)

밖에서 출간되었다. 이 책들은 학문과 투쟁적 의도가 혼합된 것으로, 대량 배포를 위해 짧고 명료하게 씌어졌고 저렴한 가격으로 제작되었다. 1998년 중에 입증되었듯이 이 총서는 상당한 성공을 거두어서, 대중 매체에서는 지지를 받지 못했지만 미디어와 출판계를 놀라게 한 것은 물론이고, 이들을 자극시켰다.

이것은 이 사회학자가 최근에 학문의 장 외부에 개입했던 예들이다. 한 가지 덧붙인다면 부르디외의 개입은 생생한 반응, 아니 솔직히 시끄러운 사건이었고, 저서에 대한 예전의 어떤 반응이나 어떤 공적인 입장 표명도 비교할 수 없는 사실이었다. 1998년 가을 학기의 개강을 기회로 어느 프레스 캠페인이 부르디외를 '시사적으로 조명'하였다.[6] 라디오나 텔레비전 '토론' 방송에 참가한 방청객들에 의하면, 이 콜레주 드 프랑스의 교수는 개인적이고 직업적인 충동을 만족시키기 위해 정치판에 투신했다는 것이다. 그의 평판(혹자들은 매체적 평판이라고 한다)을 이용하여, 방대한 '조직망'을 통한 '테러리즘' 식 방식을 서슴지 않고 사용함으로써 그가 무엇이라 말하든간에, 그는 정당이나 '사이비 종교'에 속한 사람처럼 행동했다는 것이다. 그런데 부르디외의 이러한 공공연한 행동이 '도전'과 '전례가 없던 변혁'에 임한 세상 안에서 '구식의' '유토피아적인' '이데올로기'를 존속시킴으로써 정치적으로 논쟁거리가 되었을 뿐 아니라, 몇몇 성급한 사람들은 이러한 행동은 그의 저서의 과학적 지식의 건실함을 의심스럽게 한다고 덧붙였다. 역설적인 전복은, 장에 대한 성찰을 너무 깊이 추구하고 있고, 또한 지식의 이용과 한도에 가장 민감함으로써 그가 보수적인 과학만능주의자처럼 소개되었다는 사실이다.

---

6) 언론을 조사해 보면 무엇이 '제4의 권력'이 취할 방향이었는지 그리고 어느 정도까지 '프랑스에서 가장 막강한 지성인'(어느 주간지에 따르면)이 자신을 비난하는 모든 비평가들을 잠잠하게 하고 자신에 대해 말하도록 부추겼는지——누가 알겠는가?——를 알 수 있다.

이상이 '부르디외와 정치'의 요약된 논쟁의 내용이다. 여기서 비교적 오래된 무기인 '지식인 끌어내리기'를 볼 수 있는데, 정확하게 말하자면 지난 세기에 지식인이 새로운 사회 인물로 부각되었을 때에 자리를 차지했던 수법이다. 이들은 보통 부르주아가 아니라, 문화 세계에서 그들과 유사한(대중 작가, 아카데미 회원 등) 사람들이 관심을 갖고 '지식인'이라 부르던 사람들을 고발했던 것이다. 문화적 우월성의 부르주아적 정의를 소지한 이 소규모의 자유로운 생산자들은 대학의 사회학으로 대표되는 분업의 진보로 위협을 느끼고 있었다.[7] 지식인 축에 속한 사회학자를 공격할 때 변함없는 상투성이 보이는 것은 놀랄 만한 일이 아니다. 이전 저서에서[8] 나는 지식인을 끌어내리는 행위가 두 가지 측면을 갖는다고 말한 바 있다. 지적 측면에서, 감수성과 독창적 감각과 뉘앙스를 아는 영감을 받은 예술가와는 대조적으로 지식인은 학교와 학문에서 얻은 '추상적' 사고를 소유할 뿐이다. 정치적 측면에서 지식인은 자신과 상관없는 일에 참견한다. 권력욕에 사로잡힌 그는 학식 있는 자들이 지배하기를 원한다. 그가 주장하는 보편성은 기막힌 허세를 감추는 이중적 찬탈이다.

나는 여기서 누구를 지지하겠다는 것이 아니며, 공격에 대한 방어나 저변에 깔린 이념적이고 정치적이며 지적인 분리에 대한 사회학적 분석을 하겠다는 것도 아니다. 우리의 목적은 학문과 정치 사이의 관계에 대한 부르디외의 견해를 명확하게 해서, 그가 표명한 입장에 관한 지적인 기대치를 밝히는 데 있다. 이를 위해 질문을 해야 한

---

7) 사회학은 전통 학문이 아닌 신학문으로 취급되기 때문에, 현대에 들어와서 새로 생기는 학문들을 '분업'의 결과라고 비유하였다. 〔역주〕

8) L. 핀토, 〈보편성의 사명. 1900년대 지성인의 상(像) 형성 La vocation de l'universel. La formation de la représentation de l'intellectuel vers 1900〉, 《사회과학 연구지》, 1984/55.

다. 사회 세계에 대한 학문적 분석이 정치의 장에서 나온 토착적 범주를 파악하여, 만족하지 않을 정치적 개념을 제시할 수 있는가? 이것이 변화라는 행위를 가능하게 할 수 있는가? 이 개념이 '정치를 하는' 새로운 방식을 제시하는가? '주관적'이거나 오로지 당파색에 젖은 입장 표명이 지니는 독단성을 어느 정도까지 피할 수 있을까? 학문이 규범적 선입견을 없애고 사회적으로 '중립'이 될 수 있는가? 사회학자는 무슨 자격으로 졸라나 사르트르, 또 다른 이들이 쌓은 지적 전통을 내세울 수 있는가? 이 전통은 역사적으로 정해지고, '프랑스'적인 특수성에 관련된 것은 아닌가?

이성과 역사

사회학 이론의 성격에 대해 앞에서 논해진 내용을 살펴보면, 사회학이 제시하는 사회 세계의 학문적 사고 방식을 쉽게 이해할 수 있을 것이다. 사실상 사회학은 예언자처럼 존재와 세상의 의미를 해설하기 위해 내놓을 총체적 메시지를 갖고 있지는 않다. 사회학은 필요하다는 명목으로 현실 안에서 형이상학적 진리를 완성시키거나 그리스도의 재림을 약속하는 내재적 법칙을 주장하는 것 같은 능란함을 거부한다. 또 사회학은 한 시대의 본질을 농축하여('시대의……'나 어떠한 '사회의……'로 시작되는 표현 등) 지칭하는 방식도 지니지 못한다.

사회학의 학문적 사고 방식은 도처에서 즉시로 대화에 임하는 의식의 열기를 기대하는 사람들에게는 냉정하게 보이겠지만, 즐거움이나 교훈을 주려고 하지 않는다. 다른 길이 있었을까? 부르디외는 반성적 문체와 신화적이고 예언자적인 환상을 비판하는 데에 기반을 둔 그의 사회학적 방편에 있어서 일관성을 유지하려고 애쓴다. 그

주된 특성을 아는 입장들의 체계에 대해 차근차근 연구할 수 있으며, 그렇게 함으로써 입장을 차지하는 사람들의 성향이나 이 체계들의 재생산의 조건만큼 중요한 측면을 이해할 수 있기 때문이다. 하지만 한 사회나 한 시대를 움직이는 거리를 둔 비밀 세력에게 도움을 청할 수는 없다. 왜냐하면 사회 세계가 자연과 결정론의 지배를 벗어나서 은총과 자유의 지배하에 들어간다고 주장하는 일종의 지적 포기자가 아니라, 이 사회학자는 집단적 의지를 밝히고 '변화'를 의식하는 전초병이기 때문이다. 사회적 감정 이입의 흐름을 마주하고, 재현이나 감정이나 가치에 대한 구조에 분석적 우선권을 두어야 한다는, 그리고 "가족은 가족의 감정을 설명하며 그 역은 성립하지 않는다" (더 복잡하게 표현할 수는 있겠지만 없앨 수는 없다)라는 뒤르켕의 법칙을 기억해야 한다. 구조가 맹목적으로 재생산된다거나 행위자는 재생산이라는 사회적 역할을 수행할 뿐이라고 말하는 대신에 분석의 시발점인 장의 기능은 가치들과, 특성들과, 이 가치들에 합치된 분류법과 계층 질서를 근거로 하고, 또한 이 가치들을 대표하고 이 특성들을 소유한 행위자들을 근거로 한다고 말해야 한다. 대부분의 실천들이 나타나는 장들은 학문의 장, 고급 의상의 장, 출판물의 장과 같은 구별된 공간들에 관련되는 일반적 특성으로 구별된다. 그들은 독자성과 차별화, 입장의 수, 이 입장들 사이의 관계들의 정도에서 비롯되는 윤곽을 지닌다. 이 장들은 형태학적인 효과(성장, 축소, 정원의 배분, 장 안에서의 '삶의 주기,' 체중 등)에 영향을 받는다. 이들은 경계선의 확정과 정원의 조정을 위해, 통용되는 자본의 종류에 따라 이를 점유하려는 투쟁의 장소이다. 과거의 투쟁들은 어느 순간에 장의 기능 안에 기록되는 경향들을 나타내지만, 아무것도 헤겔식으로 자유의 증대와 진보의 비역행성 등의 보편적 법칙을 제시하는 것을 허락하지 않는다. 경우에 따라 장의 상태는 존속해야 할 소수의 입장들에 의해 보장된 질서의 유지에 순조롭든지, 아니면 그 반대로 그때까지 이론의 여지가 없는 위계에 대한 문제 제기나, 집단적 반성에 있어서나 지식에 있어서의 진보에 유리하다.

장과 계층 사이의 관계에 대한 질문에 대해 대답할 수 있는 기회가 주어진 지적에서, 부르디외는 사회 세계에 대한 총체적 이미지가 어떤 것인지를 설명할 수 있었다. "점점 더 (…) 나는 사회 세계를 여러 구역을 지닌 한 공간 안에서 상호적으로 움직이는 소규모의 세상들이 존재하는 콜더의 모빌이라고 생각한다."[9] 모빌의 조각들은 가지를 치고 갈라진 채 하나의 축에 매달려 있거나 더 가는 실로 연결되어 있으며, 이 조각들이 전체의 어떤 한 점에 생기는 불균형으로 인해 동시에 흔들린다면, 이 움직임은 조각의 위치나 형태나 무게에 따라 생기는 각기 다른 효과를 갖게 된다. 사회학적 '모델'에 일치하려면 모빌은 다른 작동 가능성을 포함해야 할 것이다. 어떤 조각의 크기와 밀도의 변화, 수많은 하위 조각들[10]로의 분해, 조각들의 수적인 변화 등이 그것이다. 의사소통의 구어적 문맥을 기억하면서 우리는 여기에서 여러 암시적인 제안을 취할 수 있다. 모빌은 생각 단위나 의미 단위로 만들어지지 않았다. 유일하게 가능한 총계는 모든 점들에 관한 과학적 지식이며, 궁극적 목표를 드러내는 의식이 아니다. 어떤 한 '작은 세계'도 다른 것과 맞바꿀 수 없다. 각 조각들은 아주 '작아'도 방식·목표·신념들을 요구하며, 모든 조각들은 계획된 것이 아닌 내부의 논리에 의해 기능을 수행한다. 둘째로, 여러 구역을 지닌 한 공간에서 기술되는 이 세계들간의 관계는 '기계적'(행위·상호 행위 등)이거나 구조적(질서·위치·상동성 등)이다. 사회학을 놓고 역사철학[11]을 기대하지 말아야 한다. 현실주의는 이 거대한

---

9) G. 모제, L. 핀토, 《Lire les sciences sociales》, 1989-1992, vol. 1, Paris, Belin, 1994, p.323에 수록된 〈피에르 부르디외에게 던지는 질문들 Questions à Pierre Bourdieu〉 참조.
10) 라이프니츠는 물방울 한 방울 한 방울을 호수처럼 보라고 제언했다.

모빌에 영향을 미치는 움직임들(상대적 입장의 변화와 (또는) 보존, 불균형의 위기 상황)을 확인한다. 철학자와 세상적 정신(Esprit) 간의 대화라는 헤겔식 비유에서 수천 리 떨어져서, 콜더의 조각이 암시하는 사회 세계는 수없이 많은 무대의 장면들처럼 움직이고 조절된 현상처럼 보일 수 있으며, 그 무대 위에서 전략과 투쟁 등의 행위가 전개되고 부분적인 것들을 통합하는 관점을 제시할 수는 없다. 그러므로 각 조각별로 연구해서 입장들의 내적 구분, 특히 정통파라고 주장하는 지배층의 입장과 이단을 주장하는 무리 사이에서 이 구분이 얼마나 한 조각의 재생산이나 규칙화된 변형에 기여하는가를 명확히 해야 한다. 그런데 이러한 공간들 사이에 정도의 차이가 분명한 교류나 소통·적응의 가능성이 있다. 실제로 그들의 상대적 입장을 존속시키거나 향상시키기 위해서 행위자들이나 집단은 활동 공간을 다양화할 수 있는데, 예를 들어 토지나 부동산·금융 등의 재산과 더불어 학위 등을 취득하려 할 때 학교의 장을 경제의 장에 추가한다. 해당 공간들과 이들간의 관계를 움직이는 재생산의 전략은, 사회 공간이라는 이 모빌의 총체적 구조 내의 변화를 이해하는 데에 필요한 본질적인 매개물이다. 그런데 총체의 형태를 파악하는 필요성은 행위자들이 지닌 부분적 관점에서부터 움직임을 고려하려는 입장과 결코 모순되지 않는다. 왜냐하면 만일 개인적 혹은 집단적 전략이 체계 전체에 확산되는 효과를 지닌다면, 어떤 경우에도 이 효과들이 의도적인 계획일 뿐이라는 말은 할 수 없기 때문이다.

이를 근거로 행위자·집단·장 사이에서 밝혀진 힘의 연관성이 모든 분석의 넘을 수 없는 지평이라고 결론 내려야 할까? 그리하여 사

---

11) 어떤 주석자들은 사회과학이 '역사의 철학' 유형이 갖는 전망으로부터 해방될 수 있는지 의심하면서도 이 이론적 의도를 인정한다. 이 유형의 분석에 대해서 카트린 콜리오 텔렌의 〈반성적 사회학, 인류학, 역사학 La sociologie réflexive, l'anthropologie, l'histoire〉, *Critique*, n° 579-80, 1995, p.631-45 참조.

회학적 사고 방식은 힘의 연관성을 외부의 규범에 비추어 보지 않은 채 관점들의 다양성을 확인하는 상대주의적 개념에서 떼어낼 수 없다고 결론내려야 할까? 이 점에 있어서도 부르디외는 저변에 흐르는 택일적 선택을 거부한다. 이성인가 역사인가, 규범의 필요성인가 사실의 우연인가 하는 등의 택일 말이다. 보편성과 보편주의는 역사의 우연적이고 조건적인 산물로 간주되어야 하며, 이 역사는 경험적으로 예상할 수 있는 것이고, 보편성과 보편주의는 신비한 은총의 결과로 이 세상으로 추락한 초월적 가치로 간주되어서는 안 된다.[12] 모든 장은 특수한 목적을 위한 경쟁 장소로서 탁월한 불변수들을 지니며, 어떤 조건하에서는 전적인 경쟁의 논리에서 벗어날 가능성이 존재한다는 것을 아울러 말해야 한다. 행위자들이 그들의 입장으로는 이끌어 낼 수 없는 이득을 사용하는 정도는 다양하다. 학문의 장에서 볼 수 있듯이 공적 검열이나, 논증된 비평이나, 유식하고 비판받는 평판의 형태로 집단적 통제라는 우회적 방편을 강요하는 일정한 방식을 사용해야만 게임에 참가할 수 있는 그런 식의 목표가 설정될 때, 행위자들은 장의 기능이 지닌 비인격적인 구조만큼이나 그들의 고유한 윤리로 인해 보편적인 것을 추구하게 된다. 장 안에서 자신의 입장을 존재하게 하고 인정받기 위해 투쟁하면서, 행위자들은 장의 **환상**에 젖고, 일의 프로그램이나 논쟁 같은 패러다임처럼 장이 강요하는 모든 것에 얽매이며, 그들의 특별한 능력의 주요한 측면인 신념은 장으로의 소속을 가능하게 하고 드러나게 하는 요인이 된다. 이성(理性)의 계책이며, 해석하고 설득하며 반박하고 승리하는 열정, 한마디로 옳다고 생각하는 열정은 헤겔적 은총(Providence)과는 아무 상관이 없는 경쟁의 내재적 과정에 근거하여 이성을 진보하게 한다. 그러므로 보편성으로의 성향은 모든 장이 가정하는 전략과 모순되지 않

---

12) 《대답들》 p.162; 《명상》, p.111 이하 참조.

는다. 만약 어떤 세계에서 이윤의 확고하고 철저한 추구만이 게임의 목적이기에 이러한 성향이 거의 불가능해 보인다면, 다른 세계에서는 반대로 이 성향이 전제가 되고 결과가 된다. 보편성으로의 성향은 장들을 상호적으로 위치시키고, 정해진 장의 한가운데서 입장과 입장을 차지하는 행위자들을 서로 연관시키고 위치시키는 변수이다.[13]

이성은 역사적 산물이며, 대부분 사회적 권력의 활동에 좌우되는 목표이다. 부르디외가 종종 개념적 택일을 하여 보여 주듯이, 세속적 이득과 영적 이득 같은 다양한 종류의 이득 사이에서의 택일은 보편주의자들이나 냉소적인 사람들과 어울리기 위하여 결단을 내려야 할 이론적 양자택일은 아니다. 이는 현실 자체의 갈등이다. 그리하여 《호모 아카데미쿠스》에 실린 대학교수들에 관한 분석에서 나온 중요한 교훈 중 하나는, 집단의 합을 동일한 형식적 기준(평판, 제도적 권력, 학문적 실력 등)에 맞출 수 없다는 것이었다. 각 기준은 관련된 공간의 정해진 구역 안에 위치될 수밖에 없는 표상을 감싸안는다. 이것을 모른다면 대상자 일부를 타인들이 강요한 위계 위로 유도할 우려가 있다. 이 경우에는 타인을 희생시키면서 순전히 지적인 권위에 기반을 둔 계급이나 제도의 권력에 기반을 둔 계급을 강요할 수 있으며, 그리하여 간단히 말하자면 연구나 지식의 축적을 위한 전략들과 제도들의 인정, 학위, 고상한 '경력'을 위한 전략들 사이의 깊은 차이를 적절히 파악하지 못할 위험이 있다. 한계와 정의(定義)를 이용하는 대립된 세력이 장들을 공유함으로써, 이 장들이 포함하거나 생산하는 보편성은 역사와 긴밀하며 또 역사적이다. 최악의 숙명도 없고 최선의 목적론도 없다. 학문의 장은 역행할 수 있다. 예를 들면 프랑스에서는 뒤르켕주의의 지식은 먼저 일상화되고 그 다음 잊혀지거나 부인되었는데, 이는 장중한 지적 장비가 없는 현장 작업

---

13) 《명상》, p.130.

을 중요시한 반이론적 사고 방식이 요구되던 제2차 세계대전 이후였
다.[14] 같은 시기 독일에서는 미국에서 온 경험주의가 막스 베버 · 좀
바르트 · 트뢸치 · 엘리아스 등의 역사적 시야를 고려한 사회학적 전
통을 대신했다. 신문의 장에서는 역으로 이윤, 센세이션, '논쟁'의 효
과를 숙명적인 것으로 추구하지 않게 되었다. 탐구, 조사, 전문적 작
업처럼 다수의 사회학자들이 부러워하는 입장들도 존재할 수 있게
되었다.[15]

　게임이 상대적으로 공개되어 있다면(논해진 구조적 압력의 한도 내
에서), 지식의 장이나 학문의 장처럼 어떤 세계에서는 이성의 합리적
정치를 고려할 수 있고 또는 꼭 필요할 수도 있다. 부르디외가 이성
(Raison)의 **현실적 정치**(Realpolitik; 칸트식의 법적 용어를 사용할 수도
있었지만)라는 퉁명스런 표현으로 암시하는 것은 냉소주의적 슬로건
이 아니다. 이는 이성의 급진적 역사성을 앞장세우는 개념의 실천적
이고 직접적인 결과이다. 지적 자율의 요구를 보존할 목표를 갖는
이 정치는 부도덕하지 않고 현실적인데, 이 정치는 가능성의 공간을
참작하고, 그 다음 기회와 스콜라식[16] 습관이 대가 없이 여가와 자유
로운 명상의 상태로 이해하는 세계 안에서 기회와 위기에 대한 생각
을 받아들이려 애쓴다. 물론 이 사회학자는 처음에는 결정적이라 믿
고 싶었겠지만, 반대 세력에 노출되어 주어진 상황에서 구체적으로
재정의될 반성적 도덕으로부터 시작하여, 철학적이고 학문적인 지식

---

14) J. 엘브롱, 〈뒤르켕주의의 변신, 1920-1940 les métamorphoses du durkheim-
isme, 1920-1940〉, 《프랑스 사회학지》, vol. XXVI, n° 2, 1985 4-6월호.

15) '신문 잡지의(journalistique)' 혹은 '매스컴을 잘타는(médiatique)'이라는 용어는
논쟁의 논리 안에서 오명처럼 쓰이는 경향이 있다. 부르디외도 모든 사람들이 그랬
듯이 때때로 이 용어들을 이런 식으로 사용할 수 있었다는 점을 인정하고, 이 용어
들은 다른 용어들(지성인 · 철학자 등)처럼 이상적 타입(idéal-type)의 논리 안에서 사
용되었고, 극단적 경우를 통해 그 고유한 목표와 신념으로 마감하는 장의 내재적 경
향을 드러내는 데 쓰인다고 하였다.

16) 대학 전통에 의거한. 〔역주〕

에 의존하게 되었다.

세계의 질서

사회학적인 사고 방식은 '재생산'이라는 냉혹한 법칙을 주장하지 않는다. 부르디외가 자주 사용한 이 단어는 그의 저서의 제목으로도 쓰였는데, 생물학이나 기계적인 은유를 생각나게 하기 때문에 두려운 느낌을 준다. 우리는 끝없이 반복되는 영화 시퀀스 같은 것을 떠올리지만, 이 단어의 용도는 훨씬 유연하고 폭이 넓으며 반복되는 속성이나 관계의 형태로 불변수를 인정하려는 목표를 지닌다. 예를 들면 계층들과 이들의 분류 사이에서, 또 계층적 분류들(사회적이고 학벌 중심적인, 학벌 중심적이고 학식이 있는, 사회적이고 학식이 있는 등) 사이에서 민족학자들이 현지 연구에서 그렇게 하듯이 구조적 유사성을 확인할 수 있으며, 이 유사성이 그 존재만으로 인과 관계와는 다른 특수한 효율성을 지니고 있다고 전제한다. 남/여 같은 대비 구조가 신체에, 정신에, 언어에, 그리고 권리에 동시에 존재할 때, 분석에 의해 격리된 각 단계가 모든 사회적 권력을 부여한다는 것을 어떻게 부인할 수 있겠는가? 불변수가 복제되면, 특별한 경우이긴 하지만 한정되지 않을 시간적인 영역을 받아들인다. 집단이나 제도의 재생산은 속기식으로, 또 본질적 환영을 무릅쓰고, 현재 안에 등재된 가능성에 대한 사회적 조건의 재생산을 의미한다. 존재한다는 이유만으로 그의 존재를 좌우하는 사회적 성향을 지니기 때문에 집단이나 제도의 구성원들은, 즉 스스로 가능성을 지니는 사람들은 그들을 가능하게 만드는 것과 그들의 성향과 다른 가능성들을 불가능하고 생각할 수 없는 것으로 배제하려 한다. 규칙적이거나 산만한, 가정적·종교적 또는 전문적인 작업은 존속을 목표로 삼지 않아도 존속되는 객관적이고 주관적인 특성을 지닌 사람들을 생산한다. 재생산은 순환성과, 객관적 조건과 주관적 성향의 친화력[17]을 가정한다.

모순을 우려하여, 보통 객관적 구조(사회 집단간의 관계, 자본의 분배 등)에 국한되는 재생산의 개념은 행위자들의 실천이나 그들과 실천과의 관계에 최대의 명료성을 제공하는 장점이 있다. 실제로 한 입장이 재생산되는 것을 연구하려면, 사회적 존재의 영역들(일·공부·여가·가족 등) 사이의 분열이 낳는 분할을 극복해야 하고, 또 다양한 실천의 통일된 논리를 찾아야 한다. 재생산은 현상학적 차원과 동시에 물리주의(物理主義; physicalisme)적 차원에서 이해되어야 한다. 어떤 경우에는 지각된 미래와 명료하게 제시되지는 않았지만 미래에 합당한 목표를 고려하며, 또 다른 경우에는 자산과 자산에 속한 요소들을 고려한다. 소유된 자산의 양과 구성은 가능성의 공간, 즉 행위자들이 서로 이해하고 얽힐 가능성이 있는 미래를 결정한다. 여정의 형태는 상승하거나 쇠퇴하기도 하는데 시간적인 경험을 매개로 총 전략, 즉 학습 전략, 결혼 전략, 문화적 전략 등에 영향을 미친다. 이리하여 행위자들의 산 경험의 현상학적 특수성이 명백해지는데, 이는 재생산의 구조적 메커니즘의 지식이 장애 요소가 아니라 이 지식 덕분에 명백해지는 것이다. 거꾸로 이 메커니즘은 행위자들에게는 그들의 고유한 사회적 운명이 형성되는 원초적 의미에서 분리될 수 없다.

'구조적 기능주의'나 '마르크시즘' 아니면 애매한 과학만능주의적인 말에 대한 오해를 제거하고 나면 사회학은 대부분 사회적 재생산

---

17) 용어학은 변할 수 있다. 즉 부르디외는 종종 '조절(ajustement)'이나 주관적 기대들에 대한 '변증법(dialectique)'이나 객관적 개연성에 대해 이야기한다. 이 변증법적 관계는 때때로 '아비투스의 생산 조건과 그 기능 조건이 동일할 때'에는 '재생산'처럼 간주된다.(《계층의 미래》, p.5; 《대답들》, p.106); 게다가 이것은 '친화력'이나 '공범성'의 문제이다.(《귀족성 Noblesse》, p.120)

의 연구라고 말할 수 있다. 변화를 고려하면서, 이 변화가 인간의 지능으로[18] 알 수 있고 한정된다는 원칙을 세우면서 사회학은 이에 대한 명료한 분석을 제시한다. 입장들의 체계의 상태를 아는 것은 어떻게 이 체계가 변화에 노출되고, 변화들이 어떤 식으로 정해진 양상을 띠는지를 이해하는 선결 조건이 된다. 이성의 원칙이 사실상 반이성주의에 지지 않는 한, 변화의 체계적 성격에 대한 변화들은(이 변화들은 규칙적이고 유한한 작용들로 구성된다) 가설을 이끌어 낸다는 것을 인정해야 한다. 특이한 입장의 재생산은 재생산의 도구이기도 한 여러 자산의 획득에 쓰이는 도구들의 시스템에의 접근 여부에 달려 있다. 행위자의 입장에서 보면 사회 공간의 새로운 상태에서(혹은 그 하위 공간들에서) 사회적으로 재생산되는 기회는 두 가지에 달려 있는데, 하나는 그가 소유하는 자산이고, 다른 하나는 자산들의 공간에서 받는 자산이 얻는 차별적인, 또는 변동하는 가치이다. 예를 들어 그 영구성을 보장해 주었던 제한된 공간에서 오랫동안 지식 언어였던 라틴어는 자국어들이 확대되면서 오로지 학교에서나 배울 수 있게 되었는데, 그 결과로 이 언어는 지식층이나 사교 모임에서뿐 아니라 결국은 학교에서도 위협을 받게 되었다. 자산의 소유는 즉각, 그리고 직접 재생산의 도구를 제공하지는 않는다. 이는 재생산 도구들의 시스템의 상황이라는 그 자산의 관리를 벗어나야 하기 때문이다.

재생산을 위한 전략의 초기 양상은 자산의 객관화의 정도이다.[19] 자본이 특성·수완·명성이라는 형태로 사람들과 관계를 맺거나, 아니면 어떤 장(관료주의·학교·경제 등)의 자율적 논리를 따르는 적응이나 가치 부여의 메커니즘에 속하는지에 따라서 자본은 지배의

---

18) 뒤르켐은 '변천이 과학적 사고, 즉 판명된 사고를 회피한다고' 믿는 사람들을 이미 비판하였다. 《Bulletin de la Société française de philosophie》, 1914, 텍스트 1권에 재수록, Paris, Minuit, 1975, p.66-67.

19) 《실천 감각》, p.209 이하 〈지배 양식 Les modes de domination〉 장을 참조.

두 방식에 속하는 재생산의 두 방식에 연관된다.[20] 한 극점에서 언행이 '합당하다'고 인정받아 재산과 이름과 명성에 모자라지 않다고 주장하는 상속자가 되면, 그는 그의 입장을 그가 태어난 가족 집단의 덕택으로 돌려야 한다. 가족우선주의 또는 친족우선추의는 개인적 우수성에 부여된 가치와 병행하는데, 왜냐하면 훌륭한 출신 성분은 총체적으로는 결코 소유할 수 없는 독특하고 양도할 수 없는 자질을 상속하는 필요 충분 조건이기 때문이다. 물질적이고 영적인 모든 재산의 궁극적 근거는 집단적이고 분리할 수 없는 명예이다. 그런데 개인적 지배의 힘을 만드는 것은 동시에 그 약점을 만드는 것이기도 하다. 만일 이 힘이 자유 의지에 가장 덜 노출된 것처럼 보이는 속성에 대한 합법성, 즉 사람들이 각자에게 그리고 자연에게 베풀어야 하고 역행할 수 없는 '카리스마'를 얻는다 해도 신념을 지키기 위해 계속 그들의 우월성과 품위·고상함을 증명해야 하며, 장엄함과 관대함으로 지위를 지키고, 도전을 극복하며, 하위 계층과의 결혼으로 천박해지지 않도록 자제해야만 이루어지는 것이다. 다른 극점에서는 반대로 나름의 평가와 선택의 규범을 지닌 차별화된 장에 대하여 개인은 자신의 입장을, 자신의 가치를 보여 줄 특수한 능력의 덕택으로 돌려야 한다. 개인과는 무관하게 객관화된 상태로 존재하는 자본을 소유하려면 비교적 형식화된 익명으로(적어도 공적으로는) 통하지 않으면 안 된다. 입장들의 재생산은 가족이나 친족이라는 그룹의 영향력에서 벗어나며, 이 경우 구조나, 좀더 정확히 말하자면 구조들 사이의 관계 체제에 의해서 중재된다. 자본의 분배 형태의 구조는 재생산의 도구 구조의 관점에서만 존재하는 소유와 순응의 기회를 알려준다. 지배가 구조적일 때 가치는 사람에게서 분리되려 한다. 지배적 집단에 속하는 가문 출신인 잠재적 상속자들에게 일반적이고 총

---

20) 대립된 극점들 사이에 전이들이 존재한다.

체적인 재생산을 보장하지는 않는다. 이 경우 각 개인은 분리되고 이질적인 공간에 차례로 한 명씩 등장할 수밖에 없기 때문에 논리는 '통계적'일 수밖에 없다.[21]

각 장이 그 자율성에 의해 재생산 양상을 결정한다 할지라도, 재생산 전략은 긴장과 타협 등의 다양한 관계가 성립되는 두 가지 주된 원칙을 염두에 두어야 한다. 가족 논리가 그 구성원들 사이에서 관계의 이입에 가장 효율적인 친족 관계를 특별히 취급하면서, 또 여러 전략들(상징적인, 혼인의, 경제적인)을 체계적으로 배열하면서 한 집단의 통합과 구별을 돕는 경향이 있다면, 반대로 중앙 정부의 활력과 차별화는 이 논리에서 모든 실천을 제외하며, 보편적이고 추상적인 원칙에 입각한 합법성을 인정하도록 강요하는 결과를 낳는다. 이 논리는 상징적 자본의 집중화의 논리이며, 자본과 모든 종류의 자본을[22] 유효화하는 궁극적 형태이다.

고려해야 될 두번째 양상은 비교적 독립된 세계들 사이를 조절하는 정도인데, 이 세계들은 입장 공간으로의 사회 공간과 재생산의 도구 체계를 말한다. 사회적 집단들은 일정한 장(경제적인·지적인·종교적인 등)에로의 접근과 이 장들 내부의 입장에 접근하는 것을 가능케 하는 모종의 자본을 지녔기 때문에, 상황이 과거와 같은 방편을 사용할 수 있느냐 없느냐에 따라 이들의 재생산은 다른 형태를 취한다. 변하지 않은 입장에로의 접근 조건이 변하지 않을 때는 동일한 것으로의 재생산이 가능하다. 아직도 완전히 사라지지 않은 대학 체계의 이전 상태에서, 또 몇몇 자유직이나 독립된 직종에서, 후보자의 수적 제한과 특히 공식적이든지 비공식적이든지 계승 법칙

---

21) 《귀족성》, p.396 이하, p.406 이하 참조.
22) 이상적 타입에 대응되는 이 두 논리는 현실 안에서 조합된다. 지배 집단은 원칙적으로 비인격적 메커니즘이 통제하는 세계 안에서 가문의 논리를 존속시킬 수 있다. '학교'는 특히 이러한 유형의 긴장에 노출되어 있다.

에 자유로이 순종함에 따라 생기는 자율 제한은 계승 후보자들의 적합성을 보장하며, 객관적이고 주관적인 질서의 존속을 위해 꼭 필요한 그들의 개인적 순종과 집단적 가치로의 동의를 보장한다. 선임자들과 거의 구별이 되지 않는 계승자들은 이 둘을 갈라 놓는 시간적 격차로 구별된다. 이 경우 보여지는 영속성은 자연스럽게 생기는 것이 아니라 오로지 제도(학교·정부·교회 등)가 보장하는 지속성에 의해 생긴다. 재생산 전략의 효율은 존재하는 도구들이 가능성의 공간에 적응하는 것을 전제로 한다. 소유된 자본의 시세가 몰락하면서 생기는 불협화음도 분명하게 상상해 볼 수 있다. 예를 들어 위기라는 개혁적 상황에서, 숙청과 억압이라는 반개혁적 상황에서 대의와 당에 대한 충성의 이름으로 축적된 정치 자본은 다른 종류의 자본, 즉 지적 자본, 경제 자본이나 전투적 자본(새로 모집된 유순한 신참들에 밀려난 '고참 보초')에 비해 우선권을 지닌다. 집단들이 평가절하나 소권의 소멸로 위협받은 자본을 소유할 때, 그러나 그럭저럭 재생산의 새로운 도구 시스템 안에서 시세 있는 자본에 맞서서 이러한 자본을 변화시키는 데에 성공한다면, 집단의 상대적인 입장은 존속할 수 있지만 이 존속은 적응을 가정한다. 부르주아층의 일부가 귀족 칭호나 고위 관료직을 얻을 때, 경제 자본을 소유한 부유층이 학위 자본을 취득할 때, 국가적으로 시세가 있는 자본(경제적·문화적)을 소유하는 소수층이 '국제적' 시세가 있는 직위를 취득할 때가 바로 이런 경우이다. 적응이란 입장의 불변수와 동시에 소유물의 주요 내용에 관한 변화를 의미한다. 물론 이런 사회 집단들은 거리 유지와 입장들의 총체적 구조의 보존을 목표로 갖는 경주에서 불평등하게 분포되어 있다.

그런데 자동 조절이라는 숨은 메커니즘은 재생산 전략의 조화로운 기능을 보장하지 못한다. 위기 요인들로부터 완전히 벗어나지 못한 채 가문과 족보라는 가족 논리가 내재적 보증, 즉 지배적 입장의 후보수에 대한 고정성의 논리, 그들의 동질성의 논리, 그리고 그들의 윤리의 논리를 보증하는 반면, 개별적 요구 사항을 갖는 독자적인 장의 발전은 성향과 입장 사이, 주관적 동경과 객관적 개연성 사이, 재생산 도구들의 이전 상태 안에서 발생한 기대와 이 시스템의 현 상태에 의해 제공된 가능성들 사이의 대응을 같은 정도로 규제할 수 없다. 이런 이유로 실추와 복위[23] 같은 수많은 현상이 일어나는 사회 공간 내에서 막연함과 긴장의 지대가 존재하는 것이다. 이 현상들은 이를 반박하고 방해하는, 양립할 수 없는 형태적 변화 요소들과 함께 근본적으로 구조적 질서와 대결하고 있다. 가령 대학의 문학 교수직을 보충하려는데, 이전까지의 교육적 정통성의 묵시적 조건인 자격증이 있는 사범학교 출신들이 모자라면 어떻게 하겠는가?[24] 그리고 만일 새로운 학생 군중의 쇄도에서 온 외부적 압력 때문에 타협이 불가피하다면 어디에 그 경계를 두겠는가? 행위자의 선택 조건이 진보하는 순간은 게임과 목표를 새로이 정의하는 데 기여하는 새로운 입장을 창조하는 데 유리하다.

권위의 학문, 학문의 권위

그렇지만 이는 전혀 선과 악을 넘어서 멀리 보는 현자 시리우스의 고차원의 시각으로 도피하자는 것이 아니다. 객관성은 중립성이나 중립주의가 아니다. 이미 언급했듯이 사회학자는 그가 알고자 하는 세계에 속해 있고, 규정에 따른 학자의 은총으로(또는 찬탈로) 이를 무시하지 말고 이 소속을 대상으로 삼아야 한다. 사회학자와 동료들

---

23) 《구별짓기》, p.145 이하에 수록된 〈전향의 전략 Les stratégies de reconversion〉 장을 볼 것.

24) 《호모 아카데미쿠스》, p.169 이하 참조.

은 사고의 공간을 제한하는 사회 세계에 대한 비전과 분리 원칙의 전(前)반성적 합을 공유하며, 이것이 바로 사회학적 객관화를 끝없는 자신의 객관화로 이해해야 하는 이유이다. 지식인은 세속적이고 학문적인 구현들로 부여된 현장을 연구해야 함으로써 그의 입지에 의해 부여된 임무와 검열의 정도를 측정해야 하며, 정치적 요구나 미디어에 의해서 강요되는 현장의 연구에 선뜻 개입하지 말아야 한다. 인간성은 지성인이 지녀야 할 첫번째 덕목일 것이며, 덧붙여 객관적으로 정치적인 기능, 즉 실력과 지식의 사회적 분배를 문제삼는 기능을 지닌다. 상징적 폭력에 저항할 수 있는 문화적 자본이 박탈되어 그 폭력에 그대로 노출되는 사람들은, 교양 있는 문화를 획득하고 사용하는 방법에 있어서 그들에게 제시된 차이들로 인해 지식인이라고 주장하는 사람들의 오만에 빠지지 않는다는 사실을 알고 있다. 이들은 강한 인상을 주기 위하여 위엄과 예식 등, 사회학적 입장(파스칼적인)에서 불편하기만 한 이 모든 사치를 필요로 하는데, 이는 사회학이 진지하게 생각하는 모든 임무는 바로 신념이나 숭배의 위력을 사고로써 해체하는 일이기 때문이다. 즐거운 지식[25](Le gai savoir)[26]을 상기시키는 사회학의 이 행위에는 자유를 주는 힘이 있다. 어떻게 사회학이 근본적으로 전통 타파적이 아니겠는가? 전통을 타파하는 것이라면 이는 우선 지적 작업의 수행에 있어서 그러하며, 사회학자는 먼 대상들의 실체를 여러 번 드러낸 후에 어떤 실험도 거부하고 찬탈의 가장 교묘한 형태만을 취할 수도 있기 때문이다.

그러므로 콜레주 드 프랑스에서[27] 부르디외의 첫 강의가 사회 세계

---

25) 나는 부르디외의 저서에서 매우 재미있는 대목을 인용할 수 있다. 성자처럼 차려입은 주요 인물들의 묘사, 실존적 농부 스타일(과 의복)로 차린 하이데거 · 마르크스에 대한 해설가들 등.
26) 니체의 저서. 〔역주〕
27) 《강의에 대한 강의》, 파리, 미뉘 출판사, 1982.

의 학문이 대중적으로 인정받는 것에 대한 역설들을 압축해 놓은 수업 제식이었다는 것은 놀라운 일이 아니다. 부르디외는 이 제식을 통해, 사회적 신념을 목적으로 갖고 있는 개인에게 제도가 신념에 대해 권위를 갖고 표현할 수 있는 권력을 인정해 준다. 그가 아니라면 아무도 기발한 상황에서 기본 이론에 대한 궁극적 자의성을 말하기 위한 말이 대중적으로 인정받는 특이성을 가늠할 수 없었을 것이다. 신념의 학문을 신념의 우월한 형태로 보는 급진적 상대주의의 혼미함에 져야 했던 것일까, 아니면 조용히 동료들의 경의를 받아들여야 했던 것일까? 부르디외의 대답은 사회학의 특수한 위상에 대한 그의 사고에서 나온다. 즉 제도들은 결정론과 의존성을 드러내는 유일한 학문으로써, 진정한 자유의 가능성을 담고 있는 이 학문처럼 사회적으로 있음직하지 않은 활동에 대해 꼭 필요한 보증들을 공급한다. 그러나 사회학은 권위에 대한 이론과 그의 고유한 이론을 세우면서, 그 이용과 남용에 대해 항상 세심해야 한다는 조건에서만이 그 권위를 행사할 수 있다. 모든 권위에 대해서 우리는 이 학문이 포함하는 자유 재량의 몫을 느낄 수 있다. 이 임의성을 생각하는 사회학은 그가 포함하는 어떤 형태의 권위에 의해 위험을 감행하지만, 사회학의 특수한 권위는 결과적으로 이 학문을 전제로 하고 인정하는 무기에 의해서만 부인될 수 있다.

우리는 사회학에 지적인 자유의 조건을 마련한다는 거대한 특권을 부여했다고 부르디외를 비난할 수 있을 것이다. 이 사실에 놀라야 할까 혹은 걱정해야 할까? 사회학에 의하면, 행위자들은 자발적으로나 고의적으로나 문제를 제기할 이유가 전혀 없다고 믿는 경향이 있다고 한다. 그렇다고 해도 그들의 의도는 사회학과 흡사한 방식을 취하지 않고는 혼자 완성될 수 없다. 사회학자가 그가 하는 일을 의식하지 않고 임의로 그의 도구들을 다른 것들에 대체시킨다면, 이것이야말로 권한의 남용이라고 할 수 있을 것이다. 그러나 결정된 관점에 따라 관찰과 질문의 공간을 여는 가능성이 아니라면 무엇이 대상의 구조화란 말인가? 관점이 대상을 창조한다고 말하는 것은 대상이 어떤 전망 안에서, 이 전망에 의해서 한정된다는 것과 같다. 사회적 성격을 띠지 않은 대상이 있다고 말하는 것은 익숙치 않고 낯선 분야에 있어서 합리적으로 그의 방식들을 펼쳐 나가는 사회학에 도달하지 못한다는 명백한 진리를 말하는 것이다.

반성을 통해 지식 행위의 전제들과 객관화의 맹목적인 관점들을 계속 질문하는 독특한 지적 자세에 도사린 숨겨진 의도를 어떻게 의심할 수 있겠는가?

정치적 사고 방식의 한 형태로서의 사회학

특수한 지식인으로서의 사회학자에게 던져진 질문은 참여와 기권 사이의 택일에 관한 것이 아니라, 그가 정당하게 주장할 수 있는 특별한 권위와 양립하는 공공 토론에서의 기여도에 관한 것이다. 사회학은 여러 방법으로 해방적 행동에 기여할 수 있다. 사회 세계의 구현이라는 작업과 이 작업이 필요로 하는 도구들을 대상으로 취하기 때문에, 사회학은 그들의 기능 논리를 통해 여러 장들이 당연히 요구하는 것들을 뒤흔드는 경향이 있다. 장이 보통 생각하게 하는 것과 다르게, 그리고 다른 것을 생각하기 위하여, 문제들과 개념들과 확신들의 총체를 공론(公論; doxa)이라고 생각하기 위하여 입장들 안에 가리워진 전제들과 더욱 미묘하게는 '불화 속의 합의,' 입장들간의 경쟁이나 갈등 속에서의 동의를 명백히 밝히려 애써야 한다. 이것은 정치의 장에서도 마찬가지이다. 정치와 정치에 관해 미처 생각하지 못한 것을 생각하려면 정치에서 해방되어야 한다. 학문적 지식은 사회 질서의 보존(이나 변형)의 공간에 대한 기여를 연구하고, 동시에 정치의 공식적 구현이 야기하는 혼란의 효과를 파악해야 한다. 사회적으로, 그리고 지적으로 예비 구축된 모든 대상처럼, 정치는 정치학이 연구하는 바와 같이 도구들과 문제들과 사고의 범주에 관한 학문적 해체를 가져온다. 이 학문과 연구 대상은 19세기에 일어난 정치 활동, 제도들, 체제, 당파, 선거 경쟁과 최근의 '철학'에 이르기까지의 역사적 운동의 산물로서의 점진적 자율화이다. 정치가 입장(선거의, 행정의 등)의 정복을 위해, 경쟁의 합법적 목적의 정의를 위해, 또 사회 세계의 정의를 위해 투쟁중인 전문가들의 경쟁의 장에 동화되었기 때문에, 이 범주들을 따라 생산되지는 않을 담론들은 거부되거나, 비정치적이고 사적이며 무의미하다고 부당하게 취급될 수 있다. 정치권까지 포함해서 모든 이론가들을 노리는 스콜라학파식의 전제들과 결합된 민주주의 이데올로기는, 의식화에 앞선 대변자들이 제의하는 이념에 의해 선택하고 행동하기로 결심한 개인에 대하여 보통 선거로 잘 설정된 허구를 만들어 내고, 검증하며, 유지시키는 데 힘을 쏟는다. 그런데 이 대변인들은 선언된 대의를 위하는 투명한 중개자들이기커녕 정치의 장에 속함으로 인해 연루된 특수한 이득을 가지며, 경우에 따라서는 정치 활동의 유일한 동력이 되기도 하는 경쟁에서 승리하려고 노심초사한다. 그러나 이 경우에 있어서도 이득은 숨겨질 수 있는데, 왜냐하면 당에 대한 선거 이외에도 자주 투표할수록 정치적 문제와 해답의(유연성, 적응, '세계적' 경쟁의 도전, '특권'과 '동맹'의 종말, '안보,' 이민 '문제') 공간을 비준하는 결과를 가져오기 때문이다. 이 공간을 해체하는 것은 이 영역에서 길 잃은 사회학의 바람직하지 않은 간섭에 의해 마음이 흔들린 사람들이 믿거나 또는 믿는 척하는 직접적인 민주주의의 어떤 '민중주의'에 자리를 양보하는 것이 결코 아니며, 행위자들의 경험과 정치 공간이 제공하는 지각과 평가의 범주 사이의 괴리에서 결과를 얻는 것이다.

정치와 정치적 문제들의 정의는 분명한 목표가 될 수 있으며, 사회학자는 객관적이고 철저한 기준에 근거한 정의를 강요할 수는 없다. 그러나 공식적인 정의는, 공식적으로 반체제적이라 하더라도 실천적 상황에서 실천적이고 있는 그대로 고려되지 않은 정치, 잠재적이며 정치 전문가들이 다루는 정치와는 몹시 다른 정치를 내포하는 모든 활동과 모든 경향과 모든 신념들의 총체를 설명할 수 없다. 공식적인 정의는 힘의 연관성이 비정치화되어 의미 관계를 알아볼 수 없게 되어 소멸될 지경이기 때문에, 그래서 사라질 것 같은 형태를 취하기 때문에, 눈에 보이지도 않고 간파할 수도 없다. 사회학은 소멸되는 마술인 상징적 폭력과 유일한 지식 행위에 현존하는 상징적 비폭력을 대립시킨다. 사회학은 입장의 질서에 대한 재생산, 또는 지배적 입장이나 피지배적 입장들 사이의 차이에 대한 재생산의 연관성에서 사회 세계(그리고 정치의 장 그 자체)를 보는 정치적 비전의 한 양상을 제시한다. 사회 질서는 상부에서 개입하는 기구의 산물이 아니고, 강요된 익명의 집단적인 기구의 산물도 아니며, 하위 구조가 협력하여 얻는 산물도 아니다. 사회 질서는 독립적이고 동시에 집중적인 메커니즘의 집합의 결과이며, 이 메커니즘의 덕으로 사회 세계의 근본적 대립은 가장 차이가 큰 장소에 각인되는 경향이 있다.

신체는 질서를 재생산하는 특권적 장소 중의 하나이다. 배움은 일찍 시작할수록 성공할 기회가 높고, 이것이 형성하는 구조들은 깊이 내면화될수록 문제시되거나 검토될 기회가 적기 때문에 신체는 교육, 특히 '초기 교육'의 전달 수단이 된다. 구별과 대립(위/아래, 앞/뒤)의 디딤돌로서 신체는 신화적 사고의 원칙에 속한 문화적 자의성의 대립과 구별[28]을 표현하고 상징하는 데에 특히 뛰어나다. 신체는 구조들의 유사한 전이에 적합하고, 이 전이 덕분에 신체는 신화적으

28)《재생산》, p.20~23.

로 구조화되며, 신체와의 연관성은 '신화에 의해 중재'된다. 이렇게 해서 특히 신화적이고 문화적으로 결정된 남성과 여성 사이의 대립이 신체의 적성(hexis) 안에서 물신화한다. 예를 들어 카빌리아 사회에서 남자는 등을 바로 세우고 확신에 찬 걸음걸이로 천천히 걷는 데 반해, 여자는 등을 옹크리고 종종걸음으로 조심스레 걷는다. 마찬가지로 중립적 신체 부위와 금지된 신체 부위의 대립은 대중, 명백함과 비밀, 숨겨진 것, 창피한 것(성적인 것)의 대립으로 나타난다.

신체·제스처·자세 등의 구조의 혼합은 구조의 내면화의 특별한 형태를 나타낸다. 신체가 많이 배우고 잘 습득하는 것은 숙고하지 않고 '자율 행위'로 습득하기 때문이어서, 신체는 실천적 상황에만 아비투스를 소유한다. 신화가 암시하는 문화적 의미는 잘 혼합되어 있어서, 그 의미가 전하는 제스처가 안정되고 자연스러운 만큼 이 문화적 의미는 이의나 정정에 덜 민감하다. 의미의 호소력(prégnance)[29]은 이 제스처가 무의식적으로 행하는 사소한 것일 때에 더욱 크다. 만족의 일시적 포기, 지연, 충분한 시간 등의 리듬 형태로 신체 안에 질서를 주입하면서 초기 교육은 훈련된 신체 내에서 자율 규제의, 경찰의, 또 원하면 정치의 도구를 만든다.[30] 그런데 일반적으로 몸가짐, 타인에 대한 재치, 인사 등에 관한 규칙에 관련된 교훈들의 총체, 다시 말하면 모든 예의범절은 대가를 지불하지 않는, 사심 없이 꼭 필요한 상징적 표적(남/여와 월등/열등이라는 대립)이라는 명목으로 정치와 맞먹는데, 이때의 정치는 실천적 상태의 정치로서 사회 질서의 재생산을 보장하며 정치를 존중과, 경의와, 친절의 제스처로 내

---

29) 프레그넌스. 지각이나 기억에 대한 강한 호소력이다. [역주]

30) 이 가정(假定)들을 뒷받침하는 논문들이 많이 있다. 특히 뤽 볼탄스키의 《초기 교육과 계층 윤리 *Prime éducation et morale de classe*》, 헤이그, 무통 출판사, 1969년. 프랑신 무엘 드레퓌스의 《비쉬와 영원한 여성. 신체의 등급에 대한 사회학에의 기여 *Vichy et l'éternel féminin. Contribution à une sociologie de l'ordre des corps*》, 파리, 쇠이유 출판사, 1996년.

면화하면서, 정치의 기초를 이루고 정치에 의해 존속되는 주제화와 질서의 명백성을 알린다. "교육적 이성의 모든 계략은 정확하게 겉으로는 무의미한 것을 요구하는 것 같으면서도 본질적인 것을 강탈한다는 점에 있다."[31]

이 분석들은 '일반화된 정치주의'라 불리는 것에 도달한다. 왜냐하면 신체적으로 이 정치주의를 발견한 후, 정신의 반대편 끝에서 이 정치주의를 다시 찾으려 할 수 있기 때문이다. 사회 세계에 관한 담론을 발견하는 데에 익숙하지 않기 때문에 사회학적 연구가 더 위태해 보이기도 하고 동시에 더 잘 조명하는 듯해 보이는 철학 같은 분야의 경우, 가장 시사적인 해설이 나오기도 하는 것이다. 이 연구는 일종의 사회학 번역 사전의 덕으로, 모든 개념과 철학적 입장 표명을 전략이라 일축하는 것을 목표로 하는 것이 어떤 식으로 사회 세계가 거기 존재하는지 보여 주면서, 또 순전히 철학적인 작업을 통해 개방되고 감추어진 이 세계에 대한 전망이 어떤 것인지를 보여 주면서 만족에 대한 순간적 포기, 지연, 각 대상을 위한 시간 등의 사회적이며 지적인 전제들을 밝히는 것을 목표로 한다. 실제로 철학자는 그가 어쩔 수 없이 제안하는 것 속에 정치철학을 포함하여 제시하며, 이 정치철학은 자신의 실천과 일반적 지적 활동의 구현이다. 알다시피 칸트는 철학으로 멋져(vornehn) 보이는 귀족적 말투를 고발하고, 아리스토텔레스식의 '공들인' 철학을 주장했다. 어떤 사람들이 꺼리는 '깊이'는 다른 사람들의 선호를 받는다. 우리는 추상적 분위기를 띠는 이론적 분류가 종종 사회적 분류를 포함한다는 사실을 보여 줄 수 있다. 예를 들면 '실증주의'는 현대의 소위 대륙철학에서 평범하고 저질이며 흠잡히기 쉬운 사고 방식을 명백하게 가리킨다. 이상주의 작가의 순수하고 초월적인 주제에 이르기까지, 대립 체제 안

---

31) 《소고》, p.197.

에서 정해진 역사적 인물의 존재를 알아보지 못할 곳은 없다. 이것이 바로 칸트의 미학에 대해 부르드외가 보여 준 것이다. 이 주제는 그의 취미로, 관대하고 사욕이 없이 미(美)를 감상할 줄 알고 '개념'의 도움 없이 모두에게 적용되는 판단의 보편성에 이르며, 사회적으로 조건지어진 경험, 즉 예술의 교양 있는 경험에 철학적 보편성과 필요성을 마련해 주는데, 이는 보편성에 이르지 못하는 '야만적 취미'에서 보이는 비열하고 생각할 수도 없는 경험을 제거시키면서 정의되기 때문이다.

같은 논리하에 하이데거의 '사람(On)'에 대하여 부르드외가 제안한 분석을 이해할 수 있으며, 이 '사람'은 '객설(bavardage)'의 익명 안에서 '죽음을 위한 존재'로부터 탈퇴한 정체 불명의 존재이다. '사람'이란 표현은 보수적 사상가에게는 '대중'의 동의어로서 대중의 속성인 비겁함과 하찮음을 지니며, 결정과 유한성과 죽음을 책임지는 '즉자' '존재의 안내인'인 사상가의 이중적 개념과 쌍을 이룬다. 이 점에서 교수직의 귀족주의적 흔적을 지닌 하이데거의 존재철학은, 부르드외에 따르면 '정치 사상'(그리고 철학이 정치에 관해 지니는 생각들)에 의해 철학을 읽는 것이 아니라 철학을 정치적으로 읽기를 바라는 '정치적 존재론'이라 하겠다. 동료들의 눈에 철학적 정당성의 표적을 지닌 것으로 보이는 도구들을 가지고, 사상가는 하늘이 도운 자가 시간적 영역에서 실현할 수 있는 것, 곧 타락과 균등으로 위험한 것을 지키기 위한 혁명을 생각으로 실현할 수 있다. 철학적 범주를 정치적 범주로 낮추는 것을 피하면서, 우리는 어떻게 이 둘의 동등성이 철학적 신념에 꼭 필요한 그들 사이의 거리를 유지하면서 유사성 속에서 대응과 차이를 포함하는지를 이해할 수 있다. 이 사회학자의 의도는 개인에게 정치적으로 오명을 씌우려는 것이 아니다. 그의 모든 연구 방식은 이러한 논리에 반대하며, 범주들과 철학적 문제들로부터 명료성을 얻어낼 수 있는, 다소 모호하고 혼탁 하더라도 어느 정도는 그러한 방편들의 규제된 관습들을 얻어낼 수 있는 지적이고 정치적인 이득을 추구한다. 사회학적 분석 논리는 비판되지 않고 받아들인 정치의 기준에 따른 분류 논리가 아니다. 이 논리는 정치와는 아주 다른 것을 이야기하는 것처럼 보이는 담론이 묵시적으로 개입하는 그 무엇을 이해하도록 돕는 철학적 판단의 사회적 비판의 논리이다. 하이데거의 경우처럼 적절한 실례는 고/저, 귀/천 등 사회 세계의 대립에 대한 그 도구의 자율성을 시험하기 위하여, 사회학적 비전을 학문적 사고의 도구에 적용하기를 권한다. 많은 학자들, 특히 마르크시스트적 하이데거학파나 좌익 중에서 볼 수 있듯이 대학교수들 사이에 정치의 존재론이 잠자고 있는 것은 아닐까? 우리는 이 존재론을 철학적 문학이나 철학적 사회학의 여러 변수 안에서 파악할 수 있다. 지식인으로 존재한다는 것은 다른 삶의 수단이 없는 자들에게는 평범하지 않고 '특이하며' '다른' 사고가 지니는 '차이'를 보여 주는 것이 아닐까? 가지고 있는 지적 자본의 양과 성분에 따라 어떤 작가들은 절대적인 모든 것들이 지구에서 종식되는 포스트모더니즘 철학을 통하여, 또는 소비·연극·영화 같은 흥행물이나 멀티미디어 속에서 보이는 허우적거리는 개인의 일상성에 대한 철학적 사회학의 해석학을 통하여 그들의 귀족주의를 과시하려는 경향이 있다.

한편으론 신체요, 또 한편으로는 철학이다. 차이가 그토록 클까? 이런 질문을 한다는 것은, 고급 활동들에서 자동적 언행이 어떤 역할을 하는지를 물어보는 것이다. 사상가는 비인격적인 구조에 따라 학교나 그가 태어난 이론적인 장의 역사에 그 덕을 돌려야 된다고 생각한다. 덧붙여서 가장 추상적인 입장 표명들은 언어 이전의 표현 방식으로 취미와 혐오, 몸가짐, 거리두기, 대중적 공간에서의 자기 소개, 타인의 의견 경청 등을 포함하고 있는 신체적 자세에 의해 중재될 수 있다. 신체와 정신 간의 이러한 연결은 순수 정신의 통찰력을 가꾸는 사람들의 기분을 거스릴 수 있는데, 실상 총체적 제도뿐 아니라 다른 많은 제도들이 고려하는 바이다.[32]

지배를 연구하는 학문은 대상의 인식에 대한 지배 효과를 중단함을 암시한다. 그런데 자본의 분배와 이를 알거나 모르는 사회적 분류 등을 폭로하는 이런 인식 행위는 부분적이고 파벌적인 관점을 전제하는 행위인 상징적 질서를 위반하는 사회적 행위에 동화되고 만다. 인식 행위 그 자체에 대해서 검열을 허락할 이유가 없다고 평가한다면, 인식에 있어서 필연적인 위반적 성격의 결과를 책임질 수밖에 없다. 이렇게 변경되기를 요구하는 사항은 지식의 프로그램이 아니라, 사회 세계에 대한 관점의 규범적 갈등을 피하려는 허황된 꿈에 근거한 객관성이라는 개념이다. 어쨌든 이것이 바람직한가를 알아보는 문제가 남는다.

새로운 지배 양식

우리는 우리 사회처럼 발달된 선진 사회에 고유하게 나타나는 사회학적 지식과 정치적 분야의 연구 사이에서 택일을 하려고 애쓸 수 있다. 원칙적으로 부르디외의 논점은 전적으로 학술적 능력의 배분에서 나온 이 양자택일을 부인하는 데에 있다. 그러나 일반 원칙과 연구의 현실은 같은 것일까? 피에르 부르디외의 사회학은 정치 세계에 속하는 사실들의 분석에 적합한가? 한 정치 상황을 이해하기 위해, 더 자세히는 그런 상황에서 정치적인 것이 무엇인가를 우리에

---

32) 공공 공간에서의 자기 소개(가령 구두시험 같은 학교 내의 상황)의 역할은 외모의 문제와는 거리가 있는 가능한 입장 표명들을 예견하는 다양한 방식들을 다른 이들에게 제공하기에 달렸다.

게 보여 주기 위해 그의 사회학은 과연 해법을 제시하고 있는가?

　부르디외의 주된 공로는 사회 질서의 기초가 되는 자의성에 대한 인정과 몰이해 안에서의 재생산을 허용하는 지배 방식인 개념적 도구에 비추어 일반적으로는 사회 세계와, 특별하게는 정치의 장에 대해 질문하도록 이끌어 나가는 데에 있다. 이는 장·자본·전략 등과 함께 복합 메커니즘의 주된 '기구'를 이해할 뿐만 아니라 전(前)반성적으로 사물의 질서라고 지각되는 사회 질서에 피지배자가 복종할 가능성의 조건을 함께 이해하는 것이다. 간단하게 보이는 이 문제는 부르디외에 의해 새로운 전망으로 끊임없이 손질된 도구와 함께 여러 번 제시되고 제기되었다. 이 문제에 관하여 세 가지 연구 갈래를 구분할 수 있는데 때로는 서로 중복되기도 한다. 학교 제도에 관한 연구, 사회 공간과 권력의 장에 관한 연구, 그리고 현실의 사회적 구축에 관한 연구가 바로 그것이다.

　정치성과 비정치성 사이의 공식적인 구별의 희생물인 정치학적 추상성에 맞서서, 학교 제도가 사회적 불평등을 재생산한다는 사실이 여러 앙케트(대학이나 그랑제콜)를 통해 나타났다. 여기에서 이끌어 낼 수 있는 중요한 교훈 중 하나는 학교의 분류 체계의 특수 효과는 사회의 분류 체계를 외면적인 중립성과 공평성을 갖고 분석하는 데 있고, 거기에다 자연적 소질들 사이의 현실적 차이를 기록하는 데 만족한다는 것이다. 자연스러운 상태에서 설정되고, 능력 있고 공평한 전문가들에 의해 보장된 평가들은 자율적 제도의 법칙에만 복종한다. 학교는 공공연하게 선포된 기능을 부인하거나 포기하지 않고는 절대로 강요할 수 없는 것을 묵시적으로 전제한다. 즉 특혜층의 가치와 학교 제도의 자율적 가치 사이에의 유사성의 원칙이 되는 문화에 대한 교양 있는 연관성이다. 사회적 차이에 대한 학교의 재생산은 합법성이라는 특수 효과를 덧붙이려는 경향이 있는데, 왜냐하면 학교 제도에 의해 인정받을 수 있는 기회를 제일 많이 소유한 개인들은 출신 가문으로부터 제도가 선호하고 인정하는 교양 있고 교육받은 태도를 지닌 사람들이기 때문이다. 이 개인들은 가문으로 인하여, 학교로 인하여, 소질로 인하여, 재능으로 인하여 두 배나 더 우수하며 더 많은 합법성을 인정받는다. 여러 사회 집단, 특히 적응의 과정에서 경제적 자본을 소유한 집단들의 압력하에 1960년 이래로 취학 정원이 눈에 띄게 늘어난 사실을 안다면, 새로운 형태의 권위와 사회 질서의 합법화 방식에서 나타난 변화의 결과를 추측할 수 있을 것이다. 학위를 소유하기 위하여 재산과 도덕을 대물림하는 방식과는 다른 논리에 순종해야 했던 지배층은, 인간의 우월성에 대한 온갖 통찰력과 역사철학까지 내포하는 성향을 관리해야 했었다. 자신의 존재를 출신이나 '혈연'에서 찾는 사람들은 그들의 특권을 재생산하기를 원하는 특권 계층에 의하여 존경과 대접받는 사람들과는 달리, 학교 제도의 학위에서 객관화된 실력과 '인격(personne)'의 탁월성을 결합시키는 독창적 품위를 찾는 방식을 앞세웠다. 고위직에의 접근, 특히 기업의 장에의 접근은 학위의 소유에 관련되어 형식화되었다. 그리하여 지배의 조건들은 변하게 되었다. 지배가 구조적 특성을 지니게 되자, 학교 체제는 본질적인 역할을 하게 된다. 이 체제는 대부분의 공간에서 효력을 갖는 학위를 분배한다. 이런 이유로 타인들보다 우월하려는 재생산의 방식은 '학교적'이거나, 적어도 '학교적 요소'를 갖는다고 말할 수 있다. 정당하게(학위로 인해) 지배적 입장에 도달하는 국가 차원의 귀족성은 넓고 멀리 보는 장점과 소질을 입증하는 덕목인 지성이 제공하는 보다 내적인 권위에 의해 폐지된 권위, 사치와 예의범절 같은 가장 외적인 기호들을 거부할 수 있다. 학교가 사회적 차이를 합법화하는 것은 학교 문화와 지배자들의 사교계 문화 사이의 유사성이 희미할수록 성공적이기 때문에, 엄격성과 객관성('과학')을 선호하는 합법화의 학문적 형태는 특권 집단의 관례를 옹호하려는 전통적 인문주의를 이기려는 점진적인 움직임을 보인다. 권위를 '부드럽게' 행사하려는 태도는 여유 있고 개방적이며, 거리두기와 소박한 모양새로 인해 학교 교육을 받은 부르주아의 생활 태도임을 잘 알 수 있다.[33]

자본과 학문적 이득을 취하려는 사회 집단 사이에 경쟁의 원인과 결과가 되는 취학률의 증가는, 그때까지 경제 자본을 소유하고 있던 집단들을 포함하여 재생산의 전략을 변경시키는 결과를 가져온다. 상류층의 여러 분파들은 학교 제도에 대한 그들 자신의 기대와 관습에 대해 잘 규제된 통로를 갖고 있다. 이런 이유로 사회 공간과 학교 공간 사이의 동질성을 발견할 수 있다. 권력의 장의 구조는 문화 자본과 경제 자본이라는 두 축의 대립을 통해 결정되기 때문에, 그랑제콜의 장이라는 학교 체제의 상위 구역에서 이런 대립은 인정될 수 있다. 점점 더 대중적이 되는 대학과는 반대로 이 특권적 학교들은 그들이 내세우는 목적(인문 계통의 순수 연구와 교육, 실용 학문들, 경영에서의 '현장' 교육)으로, 그 내용(지식과 기술)으로, 학생 선발 방법으로 구별된다. 문화 자본이 풍부한 학교(고등사범학교(ENS), 이공대학(Polytechnique))들은 가장 자율적이고 지성과 학업에 걸맞는 성향을 키우며(이 학교 학생들은 학교 제도의 내적인 기준에서 학업 성적이 가장 우수하기 때문에), 다른 축에 놓인 학교들(국립행정학교(ENA), 고등상업학교(HEC))은 상류 계급의 일부 지배층 학생들이 보여 주듯이 다른 종류의 자본에서 비교적 부유한 편으로, 특권 집단에 속해 있기 때문에 물려받은 지식과 학교 교육 사이에서 일어나는 단절이 완화된 학교들이다. 최근의 학교 제도들은 학교 구성 요소의 재생산 방식에 있어서 학교 시스템의 모순을 볼 수 있는 곳이다. 최근의 학교 제도들은 학위 수여의 효과를 보장하기 위해서 자율적 논리를 따라야 하며, 동시에 학교 외의 지배적 사회 집단 안에서 얻은 사회적 자

---

33) 《구별짓기》 p.358.

질에 대해 용인된 학교적 틀을 부여해야 한다.[34]

학벌 자본은 지배적 계층화의 원칙이며, 또한 집단간의 경쟁 목표이다. 자신의 입장을 학벌 덕으로 돌려야 하는 사람들은 학벌에 덜 의지하고 보다 '총체적인' 인간적 장점(에너지, 역동성, 결론을 종합하는 정신 등)의 가치 부각에 우월한 위치를 주는 사람들과는 다르게 학교 성적의 우수성을 이해하고 있다. 그래서 지식인들과 부르주아 사이의 예전의 정치 윤리적 갈등은, 대개는 학교적 가치와 '학문' 언어가 지배하는 세계 가운데에 존재한다. 학교 원칙에 맞추어 사물과 정신을 다스리는 새 방식은, 한편으로는 학교 제도가 선호하는 사고의 범주를 통해서, 다른 한편으로는 사회 세계의 정통적 사고 방식을 형성하는 새 절차들을 통해서 강요된다. 권위를 가진 자들은 성공의 모델을 지도자로 삼는 피지배자들의 규율과 자율적 규율에 호소하는 공공연히 가족주의적이고 모럴리스트적인 방법을 회피하며, 지성과 '학문'적 재원들의 가치를 높인다. 그러므로 지배적 이데올로기의 성격과 기능에 대한 질문이 새롭게 제기된다. 주로 권력에 인접해 있는 학교들에게 제공된 정치 경제적 지식은 단지 그것이 무엇인가를 이야기하는 중립적인 비전을 위해 '이데올로기적'인 규범들의 대립을 극복하려고 한다. 실력 있고 권위 있는 새 담론은 생산 조건에서 그 특성을 찾는다. 사실상 이는 익명의 담론이자 사상가도 없는 공론으로, 중립적 장소의 망(정책위원회·자문위원회·기획위원회 등) 안에서의 순환으로부터 기인하는데, 그들 사이의 논쟁을 줄이고 그들의 사고 방식을 조화시키기 위하여 권력의 장에서 다양한 입장을 차지하고 있는 개인들, 즉 고급 공무원·전문가·대학교수·법관·사장들이 이 망 안에서 서로 만난다. 공식 담론과 자료집을 가지고 만들어진 사회 통념 사전으로부터 시작하여, 그 자체로 부인되는

---

34) 《귀족성》, p.163 이하, p.305 이하 참조.

정치수사학 안에서 활동하는 사고의 구조는 쉽게 추출될 수 있다. 과거의 극복된 대립들 사이에서 중간 통로를 창안해 내는 것은 핵심적인 개념적 도구가 된다. 황폐한 모순에 이어, 과학이 얻어내고 권고하는 '지성적' 화해가 이루어진다. 이 화해는 계급 투쟁과 운동권적 열정을 가진 당파적 분열을 극복하고, 이들을 구식으로 취급하며, 새로운 도전을 파악하는 수단을 제공한다. 즉 '협동의' 이득이 갖는 혼돈 뒤에서 화해는 '경제'(이중적 의미로)를 통해 우리가 눈치채고, 존중하며, 원하는('변화' '적응') 극심한 제약들을 폭로한다. 더 이상 말할 필요 없이 규범적 화해는 우리로 하여금 필요를 바람직하게 보게끔, 가능한 것을 피할 수 없는 것이 되게끔 기여하게 만든다.[35]

실력과 전문성이라는 이데올로기는 상황에 따라 행위자의 특성(특히 정치적인)에 따른 변수를 허용한다. 이에 대해서는 이미 독자가 일련의 상황에 적용할 수 있는 사용법을 찾을 수 있게 충분히 언급했다. 이후로 사회 세계는 '지성적이며' '능력 있고' '총명한' 개인들, 즉 '저항'과 '생존'에 관하여 인내하기를 권고받는 개인들과, 열등하고 무지해서 깨우쳐야 할 개인들간의 기본적 분리에 따라 모든 일이 진행된다. 전자는 역사의 움직임을 좇고, 후자는 이를 이해하지 못하기에 이 역사의 흐름을 거슬러 간다. 사람들과 정신의 이 위계질서 내에서 계층은 물론 제외되는데, 원칙적으로 보수주의자들과 진보주의자들은 대체로 어느곳에나 있기 때문이다. 그러나 실상 물질적 상실을 가중시키는 상징적 상실인 맹목성의 첫 희생자들은 정체성이 부인된 민중 계층의 사람들이다.

사회 세계의 정의를 위한 정치적 투쟁은 물론 상징적 지배의 결정적인 한 양상이다. 그들의 이득에 가장 일치하는 사고 방식을 받아

---

35) 〈지배적 이데올로기의 생산 La production de l'idéologie dominante〉(뤽 볼탄스키와 공동), 《사회과학 연구지》, 1976/2-3.

들이도록 하려는 정치 장의 전문가 편에는, 그들의 해설이 '후퇴'의 반성을 담고 가정하는 신문기자, 앙케트 연구소의 '여론' 전문가, 온갖 종류의 '학자,' 정치학자, 에세이스트처럼 특수한 이해 관계를 지닌 집단 모두를 포함시켜야 한다. 이 행위자들을 통합하려는 음모에 대한 마키아벨리적 개념에 반대하여 신념의 서클을 파괴하기 위해서는 어떻게 정치의 장이 기능적 논리에 의해 질문과 대답과 정치의 장이 생각할 수 있는 한계점과 함께 문제의 공간을 부추기는지를 보여 주어야 한다. 정치가들이 던지는 질문들은 기자들이 정치가들에게 '여론'의 이름으로 던지는 질문들인데, 이는 또한 앙케트 연구소가 '여론'의 척도에 관심을 갖고, 경쟁자들과의 투쟁에서 이기는 수단이 되는 이 척도(프랑스인들은 아래 사항에 동의한다)의 대중적 가치 부각에 관점을 가지며, 신문이나 정당 등 그들의 고객의 요구에 부응하는 질문들이다. 말('불안'과 같은)은 출신 성분이나 역할을 문제삼지 않은 채 모두에게 강요되는 상투적인 말이 되고 마는 질문과 해석 방식들을 합법화하는 데 기여한다. 정치 활동은 정치가들의 독점물이 아니므로, 정치의 장에 제시된 선택들의 간접적이고 미디어에 강한 인준의 논리를 따른다. 공론을 해체하기 위하여, 정치적 재산의 순환 경로뿐 아니라 다양한 범주의 행위자들이 보여 주는 현실을 구체화하고 구현하는 기술의 경로도 연구할 필요가 있다. 이 기술은 본질적으로 타율적인데, 왜냐하면 그 목적이 정치의 장에서 생산된 현실 정의의 인준에 있기 때문이다. 그리하여 앙케트는 단어 선택으로 인해, 그리고 전문가끼리 할 질문을 아무에게나 던진다는 사실로 인해 문제점들을 부과하고 있다. 텔레비전 토론은 오로지 '협동'적인 조합원과 사물에 대한 '총체적인' 안목을 지닌 전문가 사이, 즉 개인들간의 의견 차이를 보여 주는 상징적 힘의 연관성을 확인하는 방식이다.

정치 노선: 유토피아적 현실주의*

그래서 부르디외의 사회학은 정치를 생각하게 하고,[36] 상황에 따라 도출되는 많은 도구를 제공한다. 그의 사회학은 시사 문제에서 나타나는 지배적인 표상에 대한 비판적 태도를 키우도록, 또 어떤 상황에 부딪쳤을 때 평가 기준을 마련하도록 격려한다. 기자 · 전문가 · 에세이스트 · 정치가들이 말하고 되풀이하는 사항들을 넘어서, 좋은 질문들을 만들어 내는 것이 중요하며, 좋은 질문이란 시사성의 대중적 정의를 위임받은 행위자들의 물질적이고 상징적인 이해 관계를 유일한 현실로 여기는 질문들이 아니라 실질적 목표, 불평등의 개선, 집단간의 관계 구조의 변형, 자유로이 비판적으로 말할 수 있는 가능

---

* le réalisme utopiste.

36) 1990년대의 입장 표명들은 좋은 의도로 무장된 의지주의에 근거하여 만들어 진 것이 아니다. 피에르 부르디외는 '정치적' 주제에 관한 여러 글들을 출간했다. 정치의 장에 관해서(〈정치적 표상. 정치의 장에 관한 이론의 요소들 La représentation politique. Eléments pour une théorie du champ politique〉, 《사회과학 연구지》, 1981/36-37, p.3-24; 〈대표단과 정치적 물신주의 La délégation et le fétichisme politique〉, 먼저 《사회과학 연구지》에 실림, 1984/52-53, p.49-55, 후에 《말해진 것들》, p.185 이하에 재수록); 여론 조사에 관해서 (〈공론 메이커들 doxosophes〉, 미뉘 출판사, 1972년 11월 1일; 〈여론은 존재하지 않는다 L'opinion publique n'existe pas〉, Les temps modernes, 318, 1973년 1월, Questions de sociologie에 재수록; 〈여론 조사; 학자 없는 '학문' Le sondage: une 'science' sans savant, Pouvoirs, 1985, 33, 《말해진 것들》에 재수록); 정치적 문화(《구별 짓기》, p.463의 〈문화와 정치 Culture et politique〉 참조); 저널리즘.(〈저널리즘의 세력 L'emprise du journalisme〉, 《사회과학 연구지》, 1994/101-102와 《텔레비전에 대하여》, Paris, Raison d'agir, 1996) 동일한 이론적 전망에서 완전하게 인용하는 것이 불가능한 연구자들의 작업에 대해 주의를 줄 수 있다. 파트릭 샹파뉴의 저서는 데모, 텔레비전 토론, 여론 조사, 숫자 해석을 통한 '여론' 생산에 관해 쓰여졌다.(《여론 만들기 새로운 정치 게임 Faire l'opinion. Le nouveau jeu politique》, 미뉘 출판사, 1990; 〈누가 이겼나? 텔레비전 정치 토론의 내적 분석과 외적 분석 Qui a gagné? Analyse interne et analyse externe des débats politiques à la télévision〉, Mots, nᵒ 20, 1989년 9월; 〈다수의 법칙. 청취율과 대중의 정치적 표상 La loi des grands nombres. Mesure de l'audience et représentation politique du public〉, 《사회과학 연구지》, 1994/101-102; 〈통제된 의학 정

보. '감염된 혈액' 사건에 대하여 L'information médicale sous contrainte. A propos du scandale du 'sang contaminé'〉, 도미니크 마르체티와 공저,《사회과학 연구지》, 1994/101-102) 동일한 맥락으로 Daniel Gaxie의 연구를 예로 들 수 있다.(즉〈외적 양상을 넘어서. 여론측정에 대한 문제점 Au-delà des apparences. Sur quelques problèmes de mesures des opinions〉.《사회과학 연구지》, 1990/81-82) 중립적 양상의 정치적 문제에 대한 해체를 다룬 좋은 예로 Abdelmalek Sayad의 논문〈이민의 '대가'와 '이득.' 경제 토론의 정치적 전제' 'Coûts' et 'profits' de l'immigration. Les présupposés politiques d'un débat économique〉,《사회과학 연구지》, 1986/61을 들 수 있다. 레미 르누아르(Remi Renoir)의 여러 논문은 사회 문제와 그 처리 방법의 국가적 생산에 관한 것이다.(예를 들어:〈'제3세대'의 창안과 노후 경영의 행위자 장의 구축 L'invention du 'troisième âge' et la contruction du champ des agents de gestion de la vieillesse〉,《사회과학 연구지》, 1979/26-27;〈국가와 가정의 구축 L'Etat et la construction de la famille〉,《사회과학 연구지》, 1992/91-92;〈가정, 국가의 사건. 가정에 관한 국회 토론(1973-1978) La famille, une affaire d'Etat. Les débats parlementaires concernant la famille(1973-1978)〉,《사회과학 연구지》, 1996/113) 경제의 장과 경제적 공론의 순환은 여러 연구 논문의 주제가 되었다. 예를 들면 프레데리크 르바롱(Frédéric Lebaron)의〈경제 중립성에 대한 사회적 기초. 프랑스 은행의 통화 정책을 위한 제언 Les fondements sociaux de la neutralité économique. Le conseil de la politique monétaire de la Banque de France〉,《사회과학 연구지》, 1997/116-117과 119(〈경제와 경제학자 Economie et économistes〉, 특히 피에르 부르디외의〈경제의 장(場) Le champ économique〉; 프레데리크 르바롱의〈권력의 거부. 1990년대 중반부의 프랑스 경제학자의 장 La dénégation du pouvoir. Le champ des économistes français au milieu des années 1990〉; 프레데리크 로동(Frédéric Lordon)의〈'과학 연구'의 욕망 Le désir de 'faire science'〉과《사회과학 연구지》의 121-122호(〈제국주의적 이성의 계략 Les ruses de la raison impérialiste〉, 특히 Yves Dezalay와 Bryan Garth의〈'워싱턴의 협약.' 신자유주의의 헤게모니 사회학에 대하여 Le 'Washington consensus.' Contribution à une sociologie de l'hégémonie du néolibéralisme〉; Maria Rita Loureiro의〈브라질 지도층의 국제화 L'internationalisation des milieux dirigeants au Brésil〉; Gilles Lazuech의〈프랑스 그랑제콜의 국제화 과정 Le processus d'internationalisation des grandes écoles françaises〉과 Keith Dixon의《시장의 복음주의자. 대영 제국의 지성인들과 신자유주의 Les Evangélistes du marché. Les intellectuels britanniques et le néo-libéralisme》, Paris, Raison d'agir, 1998. 지식인, 언론 매체, 정치 장의 관계는 몇몇 논문의 주제가 되었다.(루이 핀토,《행동하는 지성 L'intelligence en action》:《르 누벨 옵세르바퇴르 Le Nouvel observateur》, Paris, Métalié, 1984; 쥘리앵 뒤발(Julien Duval)·크리스토프 고베르(Christophe Gaubert)·프레데리크 르바롱(Frédéric Lebaron)·도미니크 마르체티(Dominique Marchetti)·파비엔 파비스(Fabienne Pavis)의《프랑스 지식인들의 '12월' Le 'Décembre' des intellectuels français》, Paris, Raison d'agir, 1998) 상당수의 연구는 역사적 차원에서 근대 정치의 테크놀로지의 구축과 이에 연관하여 '정치과학'의 개념을 다룬다.(예를 들어 Alain Garrigou의〈투표지 기입소의 비밀 Le secret de l'isoloir〉과 Michel Offerlé의〈득표 수. 19세기말의 선거인, 정당, 사회주의 선거권 Le nombre de voix. Electeurs, partis et électorat socialistes à la fin du XIXe siècle〉,《사회과학 연구지》, 1988/71-72)

성, 질서 유지나 다양한 세계의 피지배자들에 관한 상징적 전복 등을 조건짓는 문화적이고 지적인 생산 장의 자율성 강화나 약화 등을 포함하는 질문들을 말한다. 우리들은 이 과정에서 어쩔 수 없이 보편성을 대변하는 공직자가 될 소질이 없는 사람들을 만난다. 이들 중에는 정치적 '용기'와 '민중주의'에 대한 혐오를 갖고 절제 · 유연성 · '과학' 숭배 등을 설교하는 '전문가'들이 있으며, 상황에 대한 사고들을 문화를 위한 기여인 것처럼 소개하고 패러디하는 '철학자'와 여타의 패러디를 하는 지식인들, 시사를 해설한다는 명목으로 그들의 역사 윤리를 주입하고, 가장 잘 팔리고 가장 소요를 일으키지 않는 것이라고 시사성을 정의하는 주요 신문 잡지들의 편집자들이 있다.[37]

신문 잡지의 활동, 특히 텔레비전 아나운서의 일은 가정(假定)과 흔적을 암시하기 때문에 현실의 사회적 구조화, 대중 무대에 있어서의 상호 작용, 장의 반복되는 논리 등 다양한 형태를 분석하는 데 쏟는 에너지를 놀라워할 것이 하나도 없다. 왜 사회학자가 사회 세계의 비전을 생산함에 있어서 진부하긴 해도 중심적인 세계를 위해 그의 지식을 사용하기를 중단해야 하는가? 왜 대중 공간에의 개입과 시민과 지식인들에 관련되는 보편성을 띤 개입이라 할 학문적 제스처를 금지했을까? 사회학자가 언론의 장에 대한 지성의 장의 의존 관계를 논리적으로 문제시할 때, 모든 지식을 증가시키기 위한 지식인들 자신의 공로, 주제에 대한 공격 수단 및 긴밀한 연관성은 없는 가치들에 대한 동원의 공격 수단을 자유로이 제시하는 다른 지식인들의 따

---

37) 1995년 12월의 상황은 '지식인'의 칭호를 너무 빨리 얻은 사람들에게로 옮겨 간 분열을 명백히 드러나게 했다. 이러한 분열이 한편으로는 학문의 장과 대학의 장의 자율적 축에 위치한 학자들 · 대학인들과 함께, 다른 한편으로는 전문가 · 에세이스트, 사교계에 위치하여 뉴스거리에 노출된 비전문 지식지의 동업인들과 함께 행위자들이 장악한 자본들의 성격에 따라 결정된다는 사실이 놀라운 일은 아니다. 설득력 있고 철저한 논증(또 가당치 않다는 반응이 증명하고 있는)이 J. 듀발 · C. 고베르 · F. 르바롱 · D. 마르체티 · F. 파비스의《12월 Le Décembre》에 의해 이루어졌다.

뜻한 지지에 힘입었다는 사실을 생각해 볼 수 있다.

정신적 자유는 위험도 적도 없는 이 전투('탈종교성' '공화국' '민주주의'를 위하여, '교조주의' '스탈리니즘'에 반대하여 등)[38] 즉 이교도들을 무찌르기 위한 전쟁 수단인 지식인들의 풍차[39]를 향한 집착에 있지 않다.[40] 정신적 자유는 모든 사람들이 동의하고 상징적 질서를 만들어 주는 명백성을 재검토하는 일이다. 관습과 예의범절의 자의성을 반영하는, 생각할 수 있는 것과 생각할 수 없는 것의 한계를 넘지 않고서는 지적인 자유는 없다. 사회학자가 지배를 객관적인 구조가 지닌 추상적이고 머나먼 게임에 동화시키기를 거부하는 한, 그의 담론은 '절대 자유'의 양상을 띨 수밖에 없다. 고프먼이 말한 것처럼 지금, 여기서, 이 '현장'에서 정해진 행동으로, 정해진 표현으로, 정해진 말투로, 정해진 침묵으로, 정해진 취미와 혐오로 사물의 질서에 대한 깊은 연대 의식이 나타난다. 비판적일 수도 있는 정치적 메시지는 공식적인 범주 밖으로 모든 무의미하고, 사적이며, 개인적인 일련의 사물들을 억압하는 예비적 검열 위에 기반을 두는 반면, 지배의 현상은 일상적인 사물을 향한 시선의 전환을 위하여 나타날 수 있다. 1981년 개그맨 콜뤼슈가 대통령 후보로 출마했을 때 지지를 받았

---

38) 유행에 뒤지지 않은 마르크스의 관점이 있다면, 그것은 헤겔을 '극복'하려는 노력을 중요한 역사적 사실이라고 착각하는 몇몇 현대 철학자들이 몰두하던 하찮은 지적 훈련을 철저히 비판한 그의 비평 때문이다. 이는 이론적 창의성이 장을 잘 장악하면 유리하다는 증거가 된다.

39) 세르반테스의 돈키호테에 대한 암시이다. 〔역주〕

40) 정통이냐 이단이냐 하는 문제는 오늘날 관찰자의 관점에 따라 자의적으로 선포될 수 있는 것으로 보인다. 적수를 제거하려면 그에게 순응주의자라는 표를 붙여서 '기성사고(prêt-à-penser)'나 '이미 아는(déjà-vu)' 쪽으로 제쳐 놓으면 된다. 사회학은 최후에 말하는 사람이 승자가 되는 곳에서, 쉬운 논쟁들보다 더 멀리 진보하게 한다. 고유한 방법으로 입장 표명의 공간을 설정하면서, 사회학은 공론이 발생하고 순환하는 통로를 재구성하고, 여러 장(언론·편집, 문화적 생산 등)에서 일시적으로 지배적인 입장들, 즉 자체로 객관화할 수 있는 입장들과 유행을 타지 않고 엄격한 사고를 암시하는, 철학적이고 고귀한 개념들로 거의 숨겨진 명백성과 양식을 토대로 이루어지는 일련의 입장 표명들 사이의 연관성을 드러내도록 한다.

던 것은 이런 논리로 보면 이해할 수 있다. 가능한 정치적 계략(무엇을 위한 것인가?)을 넘어서서 진보적 선택이 '당연히' 사회당 후보(오늘날 회상해 보면 프랑수아 미테랑이었던)에 유리한 투표였기 때문에, '제도적' 게임이 진정한 '선택'의 표현에 적합하다는 집단적 환상을 깨려는 의도였다. 직업 개그맨의 대선 후보 출마는, 선거라는 제식과 후보들에 대해 의문을 제기할 수 있는 축제적 환상을 파괴하는 성격을 제시하였다.[41] 정치인들을 향한 과도한 불신에 휩싸인 지식인의 비현실주의라고나 할까? '투시력'은 긴급하다는 핑계로 정치 전문가들의 양자택일론에 자리를 양보하지 않고, 다른 사람들이 발전시키고 결정한 사실을 개념적으로 형태화하는('우리 시대' '도전' '변화' 등) 권리를 얻기 위하여 자신의 모든 것을 가지고 진영으로 뛰어드는 것이 아니며, 빈 말로 채우지 않고 현존하는 사물 앞에 냉철함을 지키는 것이다. 학문적으로 무장한 이 현실주의는 정치에서 그토록 찬양받는 현실주의의 가치를 갖는다.

　이 현실주의는 특수한 세계에서 보편성의 진보를 촉구하기 위하여, 사회 세계를 구성하는 '콜더의 모빌'의 각 조각에서 어떤 행동을 취할 수 있는지를 살펴보는 데에 있다. 사회보장 제도, 노동의 권리, 교육의 권리, 정보 등은 그들 나름의 질서 안에서 과학이나 예술이 그렇듯이 습득된 것들이다. 이는 외부의 힘의 영향에서, 특히 지배자들의 권력에서 많은 부와 행운을 지키는 정복이다. 이 세계들의 자율성을 보증한다는 것은, 사회적 인정이 재산이나 문화적 유산이나

---

41) 나는 이 경우 부르디외가 옳았다든지 그 반대라든지 단언하려는 것이 아니다. (내 의도는 여기서 흥미로운 문제로 나를 부추기는 그의 입장 표명들이 지닌 양태를 지적하려는 데에 있다.) 더구나 그의 사고를 뒷받침하는 원칙들이 난공불락이라는 것은 더욱 아니다. 예를 들면 그의 사회학 개념에서 그토록 중요하게 다루어진 상징적 차원보다는, 이런 맥락에서 이끌린 투쟁이 안고 있는 해방의 가능성들을 과대평가하는 경향이 있다는 점에 대해 그에게 이의를 제기하는 것은 전적으로 합당할 것이다. 이러한 토론은 가능할 것이며, 어하튼 너무 자주 토론 현장을 차지하는 거짓 항변들보다 훨씬 흥미로울 것이다.

관계에 의해서가 아니라, 규제된 방식에 따라 얻어질 수 있음을 보장한다는 말이다. 이는 곧, 개별적인 목적을 성취하기 위해 타인을 도구로 사용하지 않는 연대성이나 상호성의 모든 가치를 이 세계들 내부에 존재하게 하는 기여이다. 허락된 유일한 정치적 노선은 파업, 사회 운동, 정부의 '개혁' 계획, 다국적 기업의 '세계화' 전략 등, 정해진 기회에 정해진 목표를 '민중론'을 내세우지 않고도 구체적으로 식별하여 일하는 것이다. 이런 까닭에 그 원칙 안에서 공익사업을 위한 사회 운동을 지지해야 한다. 정부의 허점으로 말미암아 실망을 주고 극우파에게 유리한 기회를 제공하는 사회당 정부의 쇠퇴에 반대하며, 빈곤에 관한 사회 문제를 다루기에 막강한 법치 국가의 도래를 알리기.[42] 재치 하나만으로 재정적 정통파라고 자부하는 중앙 은행장들을 위해 집단적으로 사퇴하는 것을 염려하기. 고등 교육에 있어서 허술한 망의 방임으로 인한 양면적 제도의 강화(넓은 문/좁은 문)에 대해 고발하기. 큰 문화 산업에 구애받지 않는 창작자들이 누리는 보호를 해체하는 일에 항거하기. 조합이나 문화적인 동원을 국제적으로 발전시키는 것을 축하하기 등.

이런 이유로 그들이 본 역사의 흐름을 현명하게 따라가려면 무엇을 생각해야 하는지 대중에게 항상 지시하는 동료 전문가들의 뻔뻔스러움을 부끄럽게 여기면서, 우리는 여론 전문가와 정치가들의 말이 서툴고 막연하기 때문에 그들의 지각 범주를 벗어날 때조차도 사람들이 하는 말에 귀를 기울여야 한다. (이것이 사회학자의 역할이다.) 이것이 최소한의 할 일이다. 우리는 한편으로는 사회 분석의 기능을 과학에 부여할 수 없고, 또 다른 한편으로는 모두를 위한 대중

---

42) 〈사회 국가에서 법치 국가로 De l'Etat social à l'Etat pénal〉, 《사회과학 연구지》, 1998/124, 특히 로익 바캉트의 〈유럽의 법치 유혹 La tentation pénal en Europe〉과 〈미국에서의 법치 국가의 상승 L'ascension de l'Etat pénal en Amérique〉을 볼 것.

적 행동이 상징적 폭력의 훈련과는 단절된 행동과 표현의 형태를 내포한다는 것을 드러내지 않을 수가 없다. 이것은 정치 문제의 지배적 정의를 거스르면서, 대중적 담론의 합법적인 생산자들간의 의무적인 교환 게임을 하지 않기 때문에 너무 쉽다고 비난당하는 어려운 길이다. 국민으로부터 이해받는 유일한 길이 '민중주의'라는 선동 정치를 실천하는 것이라는 생각은 대중을 경멸한다는 뜻을 드러내는 것이다. 대중 공간에 피에르 부르디외가 개입한 것은 몇몇 적수들이 경악을 금치 못했던 사실로 보았듯이, 사회적이고 이데올로기적인 노화 현상이라는 평범한 증후에 생존의 대상에 대한 모든 책임을 지우려는 전문가들의 현실주의인지, 방송을 타는 지식인들의 풍자적 예언인지 하는 형편없는 양자택일을 감수한 적은 없었다는 사실을 보여 주었다. 이런 개입으로 인하여 공인의 효과가 나타났다. 때로는 총체적으로 이야기하고(신자유주의의 유토피아에 대해서), 때로는 일상적 주제에 대해 특수하게 이야기하면서(텔레비전, 좌익 정부, 필립 솔레르스 등) 이런 개입들의 결과로 경제 상황에 의해, 그리고 불안에 대한 표현 방식의 불합리에 의해 야기된 막연하고 간헐적인 위기감에 대해 일관적이고 개방적인 표현을 하기에 성공했다. 집단적 지식인은 자신의 능력의 범위를 '벗어나는' 언행을 하지 않으며, 보편성의 다른 형태를 위해 보편적 지식에 대한 일종의 공익사업을 수행한다. 이는 진정으로 '민주주의적인' 다른 방식의 의사소통을 요구하는 보편성들 사이의 공모이다. "논증과 반박이라는 지적 삶의 논리가 대중 속으로 파고든다면 모든 사람에게 이로울 것이라고 나는 생각한다. 오늘날 고발과 명예 훼손, '슬로건 만들기,' 상대방의 생각을 왜곡하는 일 등의 정치 논리가 지적 생활에 깊이 침투하고 있다. '창작자들'은 대중을 돕고 때때로 대중의 안녕까지도 책임져야 한다."[43]

좌익에 속하는 것을 좌파의 이름을 공식적으로 붙인 자들의 편에서는 일과 혼동하지는 않는다 해도, 그런 정치 노선은 급진성을 띨 필요가 없다. 지식인 비평가가 정치성을 띤다고 비난하는 사람들은 바로 '구체적인' 제안이 모자라는 담론을 비현실적이라고 조소하는 자들이다. 이것이 바로 지식인의 다양한 역할들을 혼동하는 나쁜 사례가 아닌가? 반박할 여지없이, 대중의 공간에서 일어나는 토론에 대한 첫번째 공헌은 비판적인 것이다. 사회학자의 역할은 곧 소란스럽게 토의된 상상의 문제들과, 관심 없이 미루어지거나 제쳐 놓은 현실적 문제들을 구분하여 허구적 상상이 남발하는 분야에 대해 이해할 수 있도록 도와 주는 것이다. 그가 명시하고자 했던 후자의 문제들에 대해서는, 법안이라는 형태로 제안할 대답은 갖고 있지 않다. 그렇다 해도 필요한 경우에는 지식인들의 요구에 충실하면서 그렇게 하지 못할 것도 없을 것이다. 두 번에 걸친 공동 연구 결과, 콜레주 드 프랑스 교수들의 보고서[44]와 《위기에 처한 대학을 위한 진단과 응급조치》[45]라는 책에서, 피에르 부르디외는 그가 이미 수차 연구했던 특수 분야의 개혁에 관한 제안서를 개발하는 일에 참여하게 되었다. 독자는 이 책들이 단지 기분 좋게 씌어진 지적 담론이나 웅장한 논리적 치장이나 결론이 없는 혁명적 선언문과 얼마나 다른지를 알 수 있을 것이다. 지적 좌익주의는 포스트모던한 사변으로 퇴화하였는데, 유토피스트들의 궤변을 마감하고 사물의 흐름을 찬양하는 현명한 '복고'의 사상가들에게 자유로운 길을 터주는 그의 말을 듣게 된 것은 시의적절한 일이다. 사회학과 유토피아가 만나는 것은 당연하

---

43) "진정으로 비판하는 반세력이 없이는 진정한 민주주의는 없다," R.-P. Droit 와 T. Ferenczi와의 대담, *Le Monde*, 1992년 1월 14일자 참조.

44) 〈미래의 교육을 위한 제안 Propositions pour un enseignement de l'avenir〉, 콜레주 드 프랑스 교수들의 보고서. 파리, 1985.

45) ARESER(대학 교육과 연구를 위한 반성협회), 《위기에 처한 대학을 위한 진단과 응급 조치 Quelques diagnostics et remèdes d'urgence pour une université en péril》, Paris, Raison d'agir, 1997.

고 필요한 일이 되었다. "그런 사회학적, 즉 현실적인 유토피즘은 지식인간에는 거의 가능성이 없다. 아마도 현실주의적인 유토피즘이 소부르주아적인 모습을 지녔으며 급진적으로는 보이지 않기 때문일 것이다. 극단적인 것들은 항상 더 멋져 보이며, 지식인들에게 정치적 행위의 탐미주의적 영역은 매우 중요하다."[46] 원인 파악을 잘하고, 솔직하지도 파렴치하지도 않은 지적 노선을 잘 유지할 때에야 관료주의적 전문성과 급진적 정신의 무책임성 사이의 양자택일의 입장을 벗어날 수 있다. 정해진 상황에서 무엇이 실현 가능한가를 지적하는 것은 그 자체로 유토피아 정신이 사물의 질서를 이기는, 겸손하지만 결코 평범하지 않은 승리이다.

---

46) 《대답들》, p.169-170.

결 론

음악이나 회화 · 문학 · 철학 · 물리학 · 사회학 등에 있어서 상징적 혁명은 분류 체계의 상태와 단절하는 것이다. 이는 사물을 새로운 눈으로 바라보는 것이고, 더 나아가서는 개념이나 감수성이나 경험에 있어서 그때까지 의심하지도 않았던 지평을 열어 주는 새로운 도구들의 창조이다. 이런 사건들은 그리 흔치 않다.

사회 세계에 대한 학문적 구성은 이 영역에서의 주요 저작들과 마찬가지로 그 예가 된다. 이런 종류의 개선을 측정하려면, 상징적 혁명의 행위자(들)가 만난 가능성의 공간과 그의 행동으로 말미암은 이 공간의 혼란 사이의 괴리를 평가할 줄 알아야 한다. 이렇게 되려면 지적 근시안의 두 가지 방식에서 벗어나야 한다. 혁명의 원칙을 향한 불신임과 무감각을 전문적으로 육성하는 아카데미즘과 순간적 동요에 당황하여, 평균 3년 내지 10년의 간격으로 순환하는 사고의 순환 주기를 넘어서지 못하는 이론의 경박성이 바로 그것들이다.

나는 피에르 부르디외가 제안한 사회 세계의 비전이 이런 종류의 상징적 혁명에 속한다는 것을 제시하고 싶었다. 불가피하게, 그런 혁명은 투쟁하면서 그 영향을 최소화하려는 후방의 공격을 받는다. 이런 식으로 해서 진실된 자든, 거짓된 자든, 이론적 무기를 사용하고 있음을 볼 수 있다. 그 결과 지적 전통이 극복할 수 없는 것으로 생각하는 대립을 피하는 연구 계획 프로그램을 구상하는 의도를 지닌 작가를 나쁜 쪽으로('숙명론,' '단순화' 등) 몰아넣으려 하는 것을 보게 된다. 미셸 푸코가 귀한 덕목이라 칭했던 지적 호기심의 기본적 형태는, 이 의도를 파악하고 이 의도가 언뜻 드러내는 이점을 이해하는 데에 있다. (그 다음 어떻게 이론적 입장이 경험적 작업의 구체적 작용을 이끌었는지를 알 수 있고, 그후에는 경우에 따라 어느 정도는 설득당했다고 생각할 것이다.)

피에르 부르디외가 이루어 낸 상징적 혁명은 상징적 구조에 중요한 역할을 부여하는 사회 세계를 관찰하는 새로운 방식이다. 앞으로는 경제/문화라는 대립으로 상징적 구조를 말할 수는 없을 것이다. 상징적인 것은 무엇을 할 수 없는 객관적 분석의 찌꺼기이기는커녕 지각과 실천의 중심에 자리잡고 있으며 행위자의 관점을 구성한다. 이는 개념적 한계를 재고해야 하는 결과를 낳는다. 세상이 상징들을 구축하는 동안 상징은 세상에 대해 이야기하고 세상을 구축하기 때문에, 이 상징들은 정치적이면서 경제적인 연관성 안에서 고려되어야 한다. 의심할 여지없이 이것은 확장된 정치 경제의 친근해진 개념의 사용자들이 이해한 내용이다(문화 자본, 상징 자본, 구별화, 전략 등).

이 책에서 다룬 관점들을 되풀이하는 대신에 나는 간단히 부르디외의 사회학이 공헌한 가장 뜻있는 측면을 되새기려 한다. 첫째로 그의 사회학은 사회 세계의 인식에 결정적 공헌을 하였다. 새 형태의 불평등이 탐구되었고, 문화 자본 같은 관념들을 활용하여 개념적 위상을 얻게 되었다. 학업의 성공과 사회적 출신 성분 사이의 연관성을 이해하게 하는 이 개념은 문화와, 사고 방식과 분류, 신체에 이르기까지 그 역할을 들춰내면서, 다시 말하면 객관적 구조의 내면화와 행위자들의 무의식적이고 고의적이 아닌 공모를 보여 주면서, 사회 질서의 재생산에 관해서 가질 수 있는 비전을 확대하도록 이끌었다. 경제 자본은 더 이상 사회의 하부 구조가 아니며, 다른 형태의 자본에 의해 보충되었다. 동시에 지배의 개념이 확장될 필요가 있었다. 주종을 이루는 자본에 의해 구조화된 차별된 공간을 부르주아라는 일차원적 개념으로 대체해야 했다. 이 공간은 바로 그 내부에 문화적 합법성을 소유한 집단이 위치한 권력의 장이다. 끝으로 '국가의 존엄성'으로부터 '능력' '역동성' '여유'라는 속성을 지닌 인간 승리의 숭고한 모델을 만드는 상징적 지배의 새로운 조건과 학위 사이의 관계를 연구 대상으로 삼는 것이 가능해졌다. 장의 개념에 있어서, 이는 일련의 불변 사항들을 명백하게 하는 데에 기여했다. 예를 들어 지배 계급의 장에서 인정받는 주축(主軸)들은 고등 교육의 가장 영예로운 제도들의 장을 조직하는 축(軸)들과 상동성의 관계를 유지한다는 사실을 확인한다. 또한 보편성이나 보편주의와 연결된 입장들은 국가처럼 역사의 산물이며, 국가는 외부 세력에서 벗어난 공통적이자 공공의 사물 질서를 허용하기 위한 자율화라는 복잡한 과정의 결과이다. 성찰을 통하여, 사회 세계의 인식에 기여한 이것들은 지식의 도구와 사회 세계의 구현에 대한 떼어 놓을 수 없는 사회적이고 지적인 해체와 연결되어 있었다. 여론 조사의 경우에도 마찬가지이며, 이는 새로운 지배 방식과 신문의 경우에서처럼 '합리적 선동주의'의 가장 강한 수단 중의 하나이다.

두번째로, 부르디외의 사회학은 순전히 지적인 분류법을 다양한 방식으로 변경하였는데, 이것은 이득이나 성향이나 저항 같은 사회적인 힘들이므로 그다지 쉬운 일은 아니었다. 이 부분이 이 책의 근본적인 소재였으므로, 요약해서 다시 언급하기로 하겠다. 우리에게 제시된 주된 교훈은 과학과 철학의 경계를 변화시킬 수밖에 없는 이론을 형성하는 방식이 있다는 것이다. 경험적 작업의 필요성을 위해 사회학이 '순수한' 개념의 가능성이라는 사회 조건에 대해 질문할 때나 개념적 양자택일(이성/원인, 뜻/힘, 가담/복종 등)을 극복하라고 명할 때 조언하거나, 이런 이유로 어떤 사람들의 이론 거부나, 또 어떤 사람들이 주장하는 궁극적 문제의 독점을 조장하는 단절을 유지하는 것이 어렵게 된다. 이것은 사회학자의 어떤 복수전이 아니다. 변증법적 논리에 따라 대화는 물론 바람직하므로 각 분야가 스스로 또는 그의 동료로부터 이루어 내는 역할 설정을 변경하는 결과를 낳는 다고 생각할 수 있다. 이러한 대화, 그 조건과 그 한계에 대한 반성을 계속하고자 한다면, 사고는 그 가능성을 형성하는 역사적 조건을 지니므로 교과 과정, 시험, 입학시험, 그리고 선발 방식 등에 반영되는 평가나 분류 방식 등 내부 기준 같은 겉보기에 평범한 경험적 문제들을 취급해야 한다. 여기에 대해서는 뒤르켕이 1백 년 전에 이미 말한 바가 있다. 아비투스나 장과 같은 개념들은, 이들이 생성되고 시험되었던 경험적 영역을 넘어서서 이론을 설정하는 방식에 대한 결과를 만들어 낸다. 우선 이 개념들이, 주된 이론적 성향의 명목으로 바슐라르가 언급했던 '문제의 의미'는 평범하고 의례적인 측면을 포함하여 사회 세계에 대한 지식에 연루되어 있다는 것을 입증하기 때문이다. 그 다음 철학자들이 중요시하는 본질에 대한 분석의 틀을 넘어서서, 이 개념들은 관계의 논리를 형성할 때 얻는 이득을 보여 준다. 즉 지향성(intentionnalité; 의식·의미·신념 등)과 상호 주관성(타인·개인·집단·이해 등)에 관한 언어의 명확성이 우리의 정의나 전제를 변경하는 데 공헌하는 비전의 방식으로 대체된다.

마지막으로 세번째는 부르디외의 사회학은 긍정적 지식의 도구의 도움으로, 이를 철저하고 적절한 방식으로 평가하기 위하여, 그러나 연구 작업이나 그 분야의 경험적 문제(하급 프롤레타리아, 대학교수 등)의 덕을 본 모든 점을 결코 잊지 않으면서, 철학적이고 과학적인 인류학의 공간에 놓일 수 있는 일관된 인류학을 제시한다. 아비투스와 장의 관계 확립은 우리에게, 객관적 구조의 조정이 사회 세계에서 일어나는 몇몇 게임(파스칼)에 참여하기 위한 신념을 조장하는 분류 체계를 통하여(뒤르켕) 전(前)반성적인 형식으로 세상에 연루되어 사회적이고 사회화된 존재를 보여 준다. 어떤 사람들은 돈을 선호하고, 어떤 사람들은 권력을 따르며, 또 어떤 사람들은 이것들을 부정하고 예술이나 문화를 선호한다. 그러나 적어도 모든 사람들은 일종의 '인정,' 즉 헤겔이 말한 상징적 욕구 충족을 얻기 위해 노력한다는 공통점을 갖고 있는데, 의식들 사이의 관계라는 기본적 형태 안에서 그러하다. 상징적 자본은 인정받기 위한 조건이자 표현으로 장 내부에서 순환하며, 이것이 불평등하게 분배되었다 하더라도 그 가치는 근본적으로 사회적이고 집단적인 성격을 갖는다. 그러므로 훌륭한 인간을 정의하는 데에는 여러 역사적 방식이 있으며, 이런 이유에서 이론적인 자동인형에나 부여될 수밖에 없는 실용적 동기로 그 복합성을 축소함으로써 합리적이고 계산적인 인간에 대한 신자유주의적 사고 방식이 손상되는 것처럼 보이는데, 이때 손상은 지적으로 빈약하고 정치적으로 불안한 사변적 환상의 한 형태이다.

글을 끝마치기 전에 이 책에서 부족했던 점에 대해 변론하고자 한다. 여러 문제가 언급되지 않거나 너무 짧게 다루어졌다고 생각한다. 연구 환경에서 나타나는 결정적인 제스처를 보여 주기 위해 피에르 부르디외에 의한 '연구 대상의 구조화'를 섬세한 부분까지 언급해야만 했었다. 그렇지만 이 점에 대해 내가 할 수 있는 말은 대체로 충분했다고 생각되는데, 그 이유는 이론이 지닌 과거의 용도와 미래의 가능성을 이해하는 데 필요한 책 읽는 방법을 독자에게 제시하겠다는 초기의 목표를 달성한 셈이기 때문이다. 따라서 이를 위해서, 이론의 활용에 관해서 일반적으로 제시된 여러 이미지 구현들을 문제 삼아야 했다. 부르디외의 이론 같은 이론은 무엇이며 또 그 반대로 그렇지 않은 것은 무엇인지를 보여 주어야 했는데, 이는 다른 이론을 기대한 사람들이나 지적 '모더니티'를 지닌 다른 사람들과의 대조(부르디외와 X의 비교)를 원했던 독자들을 실망시킬 수 있는 부분이다.

비트겐슈타인과 같은 철학자의 교훈을 원래의 철학적 틀 밖으로 이동시키면서, 부르디외의 저서는 우리로 하여금 지적인 식이 요법을 맛보게 자극할 수도 있다. 이는 수없는 신화를 낳는 숙달되지 못한 말들로부터 시작된다. 또 가끔은 잊어버렸을 수도 있는 고유 명사들이 있는데, 이는 그 잘못된 사용이 자기 도취나 그 반대 현상을 가져올 수 있고, '이론적'이거나 정치적으로 잘못된 논쟁을 불러일으킬 수 있으며, 진정으로 흥미로운 문제들을 지나쳐 버리게 하기 때문이다. 중요한 작가는 때로 기대한 부분에서 덜 독창적이며, 하찮은 문제에서 더 독창적일 수 있는데, 왜냐하면 평상적 기준으로 볼 때 이를 식별하고 분류하는 말이 결핍되어 있기 때문이다. 이런 특징은 부르디외의 경우에서 수없이 발견된다. 예술이나 철학같이 신성시되는 연구 대상을 포함한 사회 세계에 관하여 사회학자의 일관된 시선을 제시할지라도 학자들은 그들이 환경을 바꾸고 훈련하며, 또 적어도 한 번은 다른 사고를 시도하는 모험을 할 수 있는 이 멋진 기회를 놓치고, 자유나 창조를 위한 동원의 함성으로 모든 논쟁을 덮어버린다. 다른 예를 들자면 부르디외가 다른 사람들처럼 '좌익 중 좌익'을 논할 때, 이는 아무도 모욕하지 않는 건전한 동의 반복인데도 엉뚱하게 보일 수 있고, '그 좌파 중의 좌파'라는 뜻으로 들려서 논쟁과 공격을 부추기는, 잘 알려져 있고 예측할 수 있는 말투를 듣게 되는 것이다.

피에르 부르디외의 저서와 같이 난해한 작품에 대한 대중적 전망은 특수한 연구의 틀에서 다루어질 수밖에 없는 질문들을 야기한다. 여하튼 우리는 때로 여러 추측을 할 수 있으며, 어쩌면 당혹스럽게도 잘 이해되어 동화된 개념이나 제안을 넘어서서, 독자들이 아주 특별한 경험을 하기 때문에 그의 저서가 폭넓은 대중에게서 얻는 인기는 유지될 것이라고 생각할 수도 있다. 그의 사회학 저서들은 문화재 생산에 대한 스콜라주의식 위상이나 이 재산들의 소비가 지니는 교양 있는 위상에 적합치 않기 때문에 거리감과 친밀감의 진귀한 조화를 독자에게 보이는데, 이 조화는 보고 보이는 그들의 사고 방식을 변화시키고 생각이나 정서에 변화를 가져다 준다. 그의 저서들에서 발견된 것은 순수하게 이론적인 것은 아니며, 문화나 학문 또는 그 기대치에 대해 우리가 지니고 있는 관련성을 다시 문제시하고 있다.

색 인

김용숙
이화여자대학교 불어불문학과 졸업
파리 3대학 언어학 박사
현재 이화여자대학교 불어불문학과 교수
역서:《남성 지배》《랑가주 이론 서설》《소쉬르와 언어과학》

김은희
파리 4대학 불문과 및 고고미술사학과 졸업
파리 3대학 연극학 연구소에서 불문학 석사
파리 4대학 고고미술사학과 석사
파리 7대학 불문과 박사
에콜뒤루브르 미술관학과 석사
현 이화여자대학교 불문과 강사

문예신서
241

부르디외 사회학 이론

초판발행 : 2003년 10월 10일

지은이 : 루이 핀토
옮긴이 : 김용숙 · 김은희
총편집 : 韓仁淑
펴낸곳 : 東文選
제10-64호, 78. 12. 16 등록
110-300 서울 종로구 관훈동 74
전화 : 737-2795

편집설계 : 李姃旻 李惠允

ISBN 89-8038-440-8 94300
ISBN 89-8038-000-3 (문예신서)

4 전위연극론	J. 로스 에반스 / 沈雨晟	12,000원
5 남사당패연구	沈雨晟	19,000원
6 현대영미희곡선 (전4권)	N. 코워드 外 / 李辰洙	절판
7 행위예술	L. 골드버그 / 沈雨晟	18,000원
8 문예미학	蔡儀 / 姜慶鎬	절판
9 神의 起源	何新 / 洪熹	16,000원
10 중국예술정신	徐復觀 / 權德周 外	24,000원
11 中國古代書史	錢存訓 / 金允子	14,000원
12 이미지 — 시각과 미디어	J. 버거 / 편집부	12,000원
13 연극의 역사	P. 하트놀 / 沈雨晟	12,000원
14 詩論	朱光潛 / 鄭相泓	22,000원
15 탄트라	A. 무케르지 / 金龜山	16,000원
16 조선민족무용기본	최승희	15,000원
17 몽고문화사	D. 마이달 / 金龜山	8,000원
18 신화 미술 제사	張光直 / 李徹	10,000원
19 아시아 무용의 인류학	宮尾慈良 / 沈雨晟	20,000원
20 아시아 민족음악순례	藤井知昭 / 沈雨晟	5,000원
21 華夏美學	李澤厚 / 權瑚	15,000원
22 道	張立文 / 權瑚	18,000원
23 朝鮮의 占卜과 豫言	村山智順 / 金禧慶	15,000원
24 원시미술	L. 아담 / 金仁煥	16,000원
25 朝鮮民俗誌	秋葉隆 / 沈雨晟	12,000원
26 神話의 이미지	J. 캠벨 / 扈承喜	근간
27 原始佛敎	中村元 / 鄭泰爀	8,000원
28 朝鮮女俗考	李能和 / 金尙憶	24,000원
29 朝鮮解語花史 (조선기생사)	李能和 / 李在崑	25,000원
30 조선창극사	鄭魯湜	17,000원
31 동양회화미학	崔炳植	18,000원
32 性과 결혼의 민족학	和田正平 / 沈雨晟	9,000원
33 農漁俗談辭典	宋在璇	12,000원
34 朝鮮의 鬼神	村山智順 / 金禧慶	12,000원
35 道敎와 中國文化	葛兆光 / 沈揆昊	15,000원
36 禪宗과 中國文化	葛兆光 / 鄭相泓 · 任炳權	8,000원
37 오페라의 역사	L. 오레이 / 류연희	18,000원
38 인도종교미술	A. 무케르지 / 崔炳植	14,000원
39 힌두교의 그림언어	안넬리제 外 / 全在星	9,000원
40 중국고대사회	許進雄 / 洪熹	30,000원
41 중국문화개론	李宗桂 / 李宰碩	23,000원
42 龍鳳文化源流	王大有 / 林東錫	25,000원
43 甲骨學通論	王宇信 / 李宰碩	근간
44 朝鮮巫俗考	李能和 / 李在崑	20,000원
45 미술과 페미니즘	N. 부루드 外 / 扈承喜	9,000원

46	아프리카미술	P. 윌레뜨 / 崔炳植	절판
47	美의 歷程	李澤厚 / 尹壽榮	28,000원
48	曼荼羅의 神들	立川武藏 / 金龜山	19,000원
49	朝鮮歲時記	洪錫謨 外/李錫浩	30,000원
50	하 상	蘇曉康 外 / 洪 熹	절판
51	武藝圖譜通志 實技解題	正 祖 / 沈雨晟·金光錫	15,000원
52	古文字學첫걸음	李學勤 / 河永三	14,000원
53	體育美學	胡小明 / 閔永淑	10,000원
54	아시아 美術의 再發見	崔炳植	9,000원
55	曆과 占의 科學	永田久 / 沈雨晟	8,000원
56	中國小學史	胡奇光 / 李宰碩	20,000원
57	中國甲骨學史	吳浩坤 外 / 梁東淑	35,000원
58	꿈의 철학	劉文英 / 河永三	22,000원
59	女神들의 인도	立川武藏 / 金龜山	19,000원
60	性의 역사	J. L. 플랑드렝 / 편집부	18,000원
61	쉬르섹슈얼리티	W. 챠드윅 / 편집부	10,000원
62	여성속담사전	宋在璇	18,000원
63	박재서희곡선	朴栽緖	10,000원
64	東北民族源流	孫進己 / 林東錫	13,000원
65	朝鮮巫俗의 研究(상·하)	赤松智城·秋葉隆 / 沈雨晟	28,000원
66	中國文學 속의 孤獨感	斯波六郞 / 尹壽榮	8,000원
67	한국사회주의 연극운동사	李康列	8,000원
68	스포츠인류학	K. 블랑챠드 外 / 박기동 外	12,000원
69	리조복식도감	리팔찬	20,000원
70	娼 婦	A. 꼬르뱅 / 李宗旼	22,000원
71	조선민요연구	高晶玉	30,000원
72	楚文化史	張正明 / 南宗鎭	26,000원
73	시간, 욕망, 그리고 공포	A. 코르뱅 / 변기찬	18,000원
74	本國劍	金光錫	40,000원
75	노트와 반노트	E. 이오네스코 / 박형섭	20,000원
76	朝鮮美術史研究	尹喜淳	7,000원
77	拳法要訣	金光錫	30,000원
78	艸衣選集	艸衣意恂 / 林鍾旭	20,000원
79	漢語音韻學講義	董少文 / 林東錫	10,000원
80	이오네스코 연극미학	C. 위베르 / 박형섭	9,000원
81	중국문자훈고학사전	全廣鎭 편역	23,000원
82	상말속담사전	宋在璇	10,000원
83	書法論叢	沈尹默 / 郭魯鳳	8,000원
84	침실의 문화사	P. 디비 / 편집부	9,000원
85	禮의 精神	柳 肅 / 洪 熹	20,000원
86	조선공예개관	沈雨晟 편역	30,000원
87	性愛의 社會史	J. 솔레 / 李宗旼	18,000원

88 러시아미술사	A. I. 조토프 / 이건수	22,000원
89 中國書藝論文選	郭魯鳳 選譯	25,000원
90 朝鮮美術史	關野貞 / 沈雨晟	근간
91 美術版 탄트라	P. 로슨 / 편집부	8,000원
92 군달리니	A. 무케르지 / 편집부	9,000원
93 카마수트라	바짜야나 / 鄭泰爀	18,000원
94 중국언어학총론	J. 노먼 / 全廣鎭	28,000원
95 運氣學說	任應秋 / 李宰碩	15,000원
96 동물속담사전	宋在璇	20,000원
97 자본주의의 아비투스	P. 부르디외 / 최종철	10,000원
98 宗教學入門	F. 막스 뮐러 / 金龜山	10,000원
99 변 화	P. 바츨라빅크 外 / 박인철	10,000원
100 우리나라 민속놀이	沈雨晟	15,000원
101 歌訣(중국역대명언경구집)	李宰碩 편역	20,000원
102 아니마와 아니무스	A. 융 / 박해순	8,000원
103 나, 너, 우리	L. 이리가라이 / 박정오	12,000원
104 베케트연극론	M. 푸크레 / 박형섭	8,000원
105 포르노그래피	A. 드워킨 / 유혜련	12,000원
106 셀 링	M. 하이데거 / 최상욱	12,000원
107 프랑수아 비용	宋 勉	18,000원
108 중국서예 80제	郭魯鳳 편역	16,000원
109 性과 미디어	W. B. 키 / 박해순	12,000원
110 中國正史朝鮮列國傳(전2권)	金聲九 편역	120,000원
111 질병의 기원	T. 매큐언 / 서 일·박종연	12,000원
112 과학과 젠더	E. F. 켈러 / 민경숙·이현주	10,000원
113 물질문명·경제·자본주의	F. 브로델 / 이문숙 外	절판
114 이탈리아인 태고의 지혜	G. 비코 / 李源斗	8,000원
115 中國武俠史	陳 山 / 姜鳳求	18,000원
116 공포의 권력	J. 크리스테바 / 서민원	23,000원
117 주색잡기속담사전	宋在璇	15,000원
118 죽음 앞에 선 인간(상·하)	P. 아리에스 / 劉仙子	각권 8,000원
119 철학에 대하여	L. 알튀세르 / 서관모·백승욱	12,000원
120 다른 곳	J. 데리다 / 김다은·이혜지	10,000원
121 문학비평방법론	D. 베르제 外 / 민혜숙	12,000원
122 자기의 테크놀로지	M. 푸코 / 이희원	16,000원
123 새로운 학문	G. 비코 / 李源斗	22,000원
124 천재와 광기	P. 브르노 / 김웅권	13,000원
125 중국은사문화	馬 華·陳正宏 / 강경범·천현경	12,000원
126 푸코와 페미니즘	C. 라마자노글루 外 / 최 영 外	16,000원
127 역사주의	P. 해밀턴 / 임옥희	12,000원
128 中國書藝美學	宋 民 / 郭魯鳳	16,000원
129 죽음의 역사	P. 아리에스 / 이종민	18,000원

東文選 現代新書 26

부르디외 사회학 입문

파트리스 보네위츠

문경자 옮김

 사회학이란 무엇인가? 사회는 무엇이며, 그것은 어떻게 재생산되는가? 혹은 반대로 사회는 어떻게 변화하는가? 개인이 차지하는 위치는 무엇인가?

 분열된 학문인 사회학에서 부르디외의 접근방식은 흥미를 끌지 않을 수 없다. 만약 그가 주장하듯이 과학적 분석이 장의 개념에서 출발하여 이루어질 수 있다면, 그 속에 속해 있는 행위자들 사이의 투쟁은 필연적일 것이다. 그렇기 때문에 그들 중의 일부는 보존 혹은 확장의 전략들을 이용하고, 또 다른 일부는 전복의 전략들을 이용하기도 한다.

 본서는 고등학교 졸업반 및 대학 초년생들의 사회경제학 프로그램에 포함된 여러 주제들을 검토하는 데에 활용될 수 있다.
 ● 첫째, 부르디외를 그 자신의 역사적 · 이론적 추론의 틀 속에 위치시키면서 그를 소개한다.
 ● 사회화 과정, 사회의 계층화, 문화적 실천 혹은 불평등의 재생산과 같은 다양한 사회적 사실들을 해명할 수 있게 해주는 개념들과 방법론의 특수성을 설명한다.
 ● 마지막으로 이 이론의 주요한 한계들을 제시한다.
 따라서 대개 산만하게 소개된 부르디외의 이론에 대해 일관된 관점을 가지고 싶어하는 학생들은 이 책을 읽음으로써 흥미를 느낄 수 있을 것이다. 또한 중요한 발췌문을 통해 부르디외의 텍스트들과 친숙해지고, 그의 연구를 더욱 심화, 확대시켜 나갈 수 있을 것이다.

東文選 現代新書 9

텔레비전에 대하여

피에르 부르디외

현택수 옮김

텔레비전으로 방송된 이 두 개의 콜레주 드 프랑스에서의 강의는 명쾌하고 종합적인 형태로 텔레비전 분석을 소개하고 있다. 첫번째 강의는 텔레비전이라는 작은 화면에 가해지는 보이지 않는 검열의 메커니즘을 보여 주고, 텔레비전의 영상과 담론의 인위적 구조를 만드는 비밀들을 보여 주고 있다. 두번째 강의는 저널리즘계의 영상과 담론을 지배하고 있는 텔레비전이 어떻게 서로 다른 영역인 예술·문학·철학·정치·과학의 기능을 깊게 변화시키는지를 설명하고 있다. 이러한 현상은 시청률의 논리를 도입하여 상업성과 대중 선동적 여론의 요구에 복종한 결과이다.

이 책은 프랑스에서 출판되자마자 논쟁거리가 되면서, 1년도 채 안 되어 10만 부 이상 팔려 나가 베스트셀러 리스트에 오르고, 세계 각국에서 번역되어 읽혀지고 있는 피에르 부르디외의 최근 대표작 중 하나이다. 인문사회과학 서적으로서 보기 드문 이같은 성공은, 프랑스 및 세계 주요국의 지적 풍토를 말해 주고 있다. 이처럼 이 책이 독자 대중의 폭발적인 반응과 기자 및 지식인들의 지속적인 반향을 불러일으키는 이유는, 세계적으로 잘 알려진 그의 학자적·사회적 명성 때문이기도 하지만 무엇보다도 언론계 기자·지식인·교양 대중들 모두가 관심을 가질 만한 논쟁적인 내용을 담고 있기 때문이다.

東文選 文藝新書 116

공포의 권력

줄리아 크리스테바

서민원 옮김

　이 책은 크리스테바가 셀린의 전기적·정치문학적인 경험을 대상으로 한 텍스트를 구상하면서 쓴 책이다. 셀린을 연구하면서, 크리스테바는 셀린이 개인적으로는 질병과 육체의 붕괴나 윤리·도덕의 피폐, 사회적으로는 가족과 집단 공동체의 붕괴 및 제1·2차 세계대전 등이 그에게 편집증적으로 집중되는 주제인 것에 관심을 가지고, 그 지긋지긋한 상태에 대한 접근 방법으로 아브젝시옹을 선택한다.

　이 책의 제Ⅰ장은 아브젝시옹에 대한 현상학적 접근 방법으로 이루어져 있다. 제Ⅱ장은 크리스테바가 직접 몸담고 있는 정신분석학적인 접근 방법으로서, 공포증과 경계례의 구조에 의거하여 아브젝시옹의 개념을 명확히 하려는 시도로 이루어져 있다. 제Ⅲ장은 오래 전부터 인간의 의식(儀式)들 속에서 행해지는 정화 행위의 본질이란, 아브젝시옹을 통한 의식이라는 사실에 초점이 맞추어져 있다. 제Ⅳ장과 제Ⅴ장 역시 동서고금을 통해 모든 종교가 억압하려는 아브젝시옹이야말로 종교의 다른 한 면이자 종교 자체를 존재케 하는 힘이라는 사실을 강조한다. 제Ⅵ장에서부터는 셀린의 정치 팜플렛을 중심으로 한 정치·전기·문학상의 경험을 형상화한다.

　이 책은 지식의 전달만을 그 목적으로 하지 않는다. 셀린이라는 한 작가의 문학적 경험을 통해, 그다지 중요해 보이지 않는 아브젝시옹이라는 주제에 크리스테바가 그토록 심혈을 기울인 뒤안에는 나름의 이유가 있다. 그 비참과 욕지기나는 더러움이 불러일으키는 통쾌함, 정화작용의 의미를 되새기면서 현대를 살아가는 우리가 발견해야 할 것들을 가르쳐 주는 것이다.

東文選 文藝新書 137

구조주의의 역사 (전4권)

프랑수아 도스

김웅권 · 이봉지 外 옮김

80년대 중반 이래 포스트모더니즘의 유행이 불어닥치면서 한국의 지성계는 포스트모더니즘의 이론적 기반을 제공한 포스트 구조주의라는 용어를 '후기 구조주의'와 '탈구조주의'의 둘로 번역해 왔다. 전자는 구조주의와의 연속성을 강조한 것이고, 후자는 그것과의 단절을 강조한 것이다. 그런데 파리 10대학 교수인 저자는《구조주의의 역사》라는 1천여 쪽에 이르는 저작을 통하여 구조주의의 제1세대라고 할 수 있는 레비 스트로스 · 로만 야콥슨 · 롤랑 바르트 · 그레마스 · 자크 라캉 등과, 제2세대라 할 수 있는 루이 알튀세 · 미셸 푸코 · 자크 데리다 등의 작업이 결코 단절된 것이 아니며, 유기적인 연관을 맺고 있다는 것을 밝힘으로써 이에 대한 하나의 해답을 제시하고 있다.

그는 지난 반세기 동안 프랑스 지성계를 지배하였던 구조주의의 운명, 즉 기원에서 쇠퇴에 이르는 과정에 대한 전체적인 조망을 통해 우리가 흔히 구조주의와 후기 구조주의라고 구분하여 부르는 이 두 사조가 모두 인간 및 사회 · 정치 · 문학, 그리고 역사에 관한 고전적인 개념의 근저를 천착하여 우리로 하여금 그것들의 정당성을 의문시하게 만드는 탈신비화의 과정에 참여하였다는 것을 밝혔으며, 이런 공통점들에 의거하여 이들 두 사조를 하나의 동일한 사조로 파악하였다.

또한 도스 교수는 민족학 · 인류학 · 사회학 · 정치학 · 역사학 · 기호학, 그리고 철학과 문학에 이르기까지 프랑스에서 흔히 인간과학이라 부르는 학문의 모든 분야에 걸쳐 이룩된 구조주의적 연구의 성과를 치우침 없이 균형 있게 다룸으로써 구조주의의 일반적인 구도를 제시한다. 뿐만 아니라 구조주의의 몇몇 기념비적인 저작에 대한 심층적인 분석을 통하여 주체의 개념을 비롯한 몇몇 근대 서양 철학의 기본 개념의 쇠퇴와 그 부활 과정을 보여 줌으로써 옛 개념들이 수정되고 재창조되며, 또한 새로운 개념으로 다시 태어나는 과정을 파노라마처럼 그려낸다.

東文選 文藝新書 141

예술의 규칙
— 문학 장의 기원과 구조

피에르 부르디외

하태환 옮김

"모든 논쟁은 그로부터 시작된다"라고 일컬어질 만큼 현재 프랑스 최고의 사회학자로 주목받고 있는 피에르 부르디외의 예술에 관한 사회학적 분석서.

19세기에 국가의 관료체제와 그의 아카데미들, 그리고 이것들이 강요하는 좋은 취향의 규범들로부터 충분히 떼내어진 문학과 예술의 세계가 만들어진다.

피에르 부르디외는 문학 장의 연속적인 형상들 속에 드러나는 그 구조를 기술하면서, 우선 플로베르의 작품이 문학 장의 형성에 있어서 어떤 빚을 지고 있는가를 보여 준다. 다시 말해 작가로서의 플로베르가 자신이 생산함으로써 공헌하는 것을 통해 어떤 존재로 나타나는지를 보여 주는 것이다.

작가들과 문학제도들이 복종하는 —— 작품들 속에 승화되어 있는 —— 논리를 기술하면서, 피에르 부르디외는 '작품들의 과학'의 기초들을 제시한다. 이 과학의 대상은 작품 그 자체의 생산뿐만 아니라, 작품의 가치 생산이 될 것이다. 원래의 환경에 연결되어 있는 사회적 결정들의 효과 아래에서 창조를 제거하기보다는, 장의 결정된 상태 속에 기입되어 있는 가능성의 공간을 분석해 보면, 예술가가 수행해야 하는 작업을 이해할 수 있다. 다시 말해 예술가는 이러한 결정에 반대함으로써, 그리고 그 결정 덕분에 창조자로서, 즉 자기 자신의 창조의 주체로서 자신을 생산하기 위한 작업을 수행해야 한다.

東文選 文藝新書 148

재 생 산

피에르 부르디외

이상호 옮김

이 책은 1964년에 출간된 《상속자들》에서 처음으로 선보였던 연구작업의 이론적 종합을 시도한다. 교육관계, 지식인이나 평민의 언어 사용 및 대학 문화 활용, 그리고 시험과 학위의 경제적·상징적 효과에 대한 경험 연구에서 출발하며, 상징폭력 행위와 이 폭력을 은폐하는 사회조건에 대한 일반 이론을 보여준다. 이 이론은 상징적 주입관계의 사회조건에 대해 설명함으로써 언어학·사이버네틱 이론·정신분석 이론의 누적된 영향 아래서, 사회관계를 순수한 상징관계로 환원시키는 경향을 보이는 분석의 방법론적 한계를 규정한다.

이 책에 따르면, 학교는 환상을 생산하지만 그 효과는 환상과 거리가 멀다. 그래서 학교의 독립성과 중립성이라는 환상은, 학교가 기존 질서를 재생산한다는 가장 특별한 기여 원칙에 귀속된다. 나아가 이 책은 문화자본의 분배 구조를 재생산하는 법칙을 해명하고자 시도함으로써, 오늘날 교육 체계에서 작동되는 모순을 완벽하게 이해하는 수단을 제공할 뿐만 아니라 실천 이론에도 기여한다. 행위자를 구조의 생산물이자 구조의 재생산자로 구성함으로써 범구조주의의 객관주의만큼이나 창조적 자유의 주관주의에서도 벗어날 수 있는 실천 이론 말이다.

현대 교육사회학 분야에서 빼놓을 수 없는 역작으로 평가 받는 이 책은 단순히 교육사회학에 국한되지 않고 교육과 사회, 개인행위와 사회질서, 미시사회학과 거시사회학의 상관성을 밝히는 데 중요한 단서를 제공하고 있다.

東文選 文藝新書 153

시적 언어의 혁명

줄리아 크리스테바

김인환 옮김

　미셸 푸코는 《말과 사물》에서 19세기 이후 문학은 언어를 자기 존재 안에서 조명하기 시작하였고, 그런 맥락에서 휠덜린·말라르메·로트레아몽·아르토 등은 시를 자율적 존재로 확립하면서 일종의 '반담론'을 형성하였다고 지적한다. 그러한 작가들의 시적 언어는 통상적인 언어 표상이나 기호화의 기능을 초월하기 때문에 다각적이고 종합적인 연구를 필요로 한다. 본서는 바로 그러한 연구를 구체적으로 보여 주는 시도이다.

　20세기 후반의 인문과학 분야를 대표하는 저작 중의 하나로 꼽히는 《시적 언어의 혁명》은 크게 시적 언어에 대한 일반적인 특징을 종합한 제1부, 말라르메와 로트레아몽의 텍스트를 분석한 제2부, 그리고 그 두 시인의 작품을 국가·사회·가족과의 관계를 토대로 연구한 제3부로 구성된다. 이번에 번역 소개된 부분은 이론적인 연구가 망라된 제1부이다. 제1부 〈이론적 전제〉에서 저자는 형상학·해석학·정신분석학·인류학·언어학·기호학 등 현대의 주요 학문 분야의 성과를 수렴하면서 폭넓은 지식과 통찰력을 바탕으로 시적 언어의 특성을 다각적으로 조명 분석하고 있다.

　크리스테바는 텍스트의 언어를 쌩볼릭과 세미오틱 두 가지 층위로 구분하고, 쌩볼릭은 일상적인 구성 언어로, 세미오틱은 원초적이고 본능적인 언어라고 규정한다. 그리하여 시적 언어로 된 텍스트의 최종적인 의미는 그 두 가지 언어 층위의 상호 작용에 의해서 결정된다고 본다. 그리고 시적 언어는 표면적으로 보기에 사회적 격동과 관계가 별로 없어 보이지만, 실상은 사회와 시대 위에 군림하는 논리와 이데올로기를 파괴하는 힘이 있다는 것을 말라르메와 로트레아몽의 《말도로르의 노래》에 대한 연구를 통하여 증명한다.

東文選 文藝新書 162

글쓰기와 차이

쟈크 데리다

남수인 옮김

　해체론은 데리다식의 '읽기'와 '글쓰기' 형식이다. 데리다는 '해체들'이라고 복수형으로 쓰기를 더 좋아하면서 해체가 '기획' '방법론' '시스템'으로, 특히 '철학적 체계'로 이해되는 것을 거부한다. 왜 해체인가? 비평의 관념에는 미리 전제되고 설정된 미학적 혹은 문학적 가치 평가에 의거한 비판이라는 부정적인 이미지, 부정성이 필연적으로 내포되어 있는 바, 이러한 부정적인 기반을 넘어서는 讀法을 도입하기 위해서이다. 이 독법, 그것이 해체이다. 해체는 파괴가 아니다. 비하시키고 부정하고 넘어서는 것, '비평의 비평'을 하는 것이 아니다. 해체는 "다른 시발점, 요컨대 판단의 계보・의지・의식 또는 활동, 이원적 구조 등에서 출발하여 다른 가능성을 생각해 보는 것," 사유의 공간에 변형을 줌으로써 긍정이 드러나게 하는 읽기라고 데리다는 설명한다.

　《글쓰기와 차이》는 이러한 해체적 읽기의 전형을 보여 준다. 이 책은 1959-1966년 사이에 다양한 분야, 요컨대 문학 비평・철학・정신분석・인류학・문학을 대상으로 씌어진 에세이들을 수록하고 있다. 이 책은 루세의 구조주의에 대한 '비평'에서 시작하여, 루세가 탁월하지만 전제된 '도식'에 의한 읽기에 의해 자기 모순이 포함될 수밖에 없음을 지적함으로써 자신의 읽기가 체계적 읽기, 전제에 의거한 읽기, 전형(문법)을 찾는 구조주의적 읽기와 다름을 시사한다. 그것은 "텍스트의 표식, 흔적 또는 미결정 특성과, 텍스트의 여백・한계 또는 체제, 그리고 텍스트의 자체 한계선 결정이나 자체 경계선 결정과의 연관에서 텍스트를 텍스트로 읽는" 독법이 될 것이다. 이러한 독법을 통해 후설의 현상학을 바탕으로, 데리다는 어떻게 로고스 중심주의가 텍스트의 방향을 유도하고 결정하고 있는지 보여 주는 한편, 사유의 새로운 지평을 열어 보고자, 중요하지 않은 것으로 간주되어 경시되거나 방치된 문제들을 발견하고 있다.

東文選 文藝新書 170

비정상인들

1974-1975, 콜레주 드 프랑스에서의 강의

미셸 푸코
박정자 옮김

비정상이란 도대체 무엇일까? 하나의 사회는 자신의 구성원 중에서 밀쳐내고, 무시하고, 잊어버리고 싶은 부분이 있다. 그것이 어느 때는 나환자나 페스트 환자였고, 또 어느 때는 광인이나 부랑자였다.

《비정상인들》은 역사 속에서 모습을 보인 모든 비정상인들에 대한 고고학적 작업이며, 또 이들을 이용해 의학 권력이 된 정신의학의 계보학이다.

콜레주 드 프랑스에서 1975년 1월부터 3월까지 행해진 강의 《비정상인들》은 미셸 푸코가 1970년 이래, 특히 《사회를 보호해야 한다》에서 앎과 권력의 문제에 바쳤던 분석들을 집중적으로 추구하고 있다. 앎과 권력의 문제란 규율 권력, 규격화 권력, 그리고 생체-권력이다. 푸코가 소위 19세기에 '비정상인들'로 불렸던 '위험한' 개인들의 문제에 접근한 것은 수많은 신학적 · 법률적 · 의학적 자료들에서부터였다. 이 자료들에서 그는 중요한 세 인물을 끌어냈는데, 그것은 괴물, 교정(矯正) 불가능자, 자위 행위자였다. 괴물은 사회적 규범과 자연의 법칙에 대한 참조에서 나왔고, 교정 불가능자는 새로운 육체 훈련 장치가 떠맡았으며, 자위 행위자는 18세기 이래 근대 가정의 규율화를 겨냥한 대대적인 캠페인의 근거가 되었다. 푸코의 분석들은 1950년대까지 시행되던 법-의학감정서를 출발점으로 삼고 있다. 이어서 그는 고백 성사와 양심 지도 기술(技術)에서부터 욕망과 충동의 고고학을 시작했다. 이렇게 해서 그는 그후의 콜레주 드 프랑스 강의 또는 저서에서 다시 선택되고, 수정되고, 다듬어질 작업의 이론적 · 역사적 전제들을 마련했다. 이 강의는 그러니까 푸코의 연구가 형성되고, 확장되고, 전개되는 과정을 추적하는 데 있어서 결코 빼놓을 수 없는 필수 불가결의 자료이다.

東文選 文藝新書 175

파스칼적 명상

피에르 부르디외

김웅권 옮김

어느 정도 성취를 이룬 인간은 인간에 대한 관념을 내놓아야 한다.《파스칼적 명상》이라는 제목이 암시해 주듯이, 본서는 기독교 옹호론자가 아닌 실존철학자로서의 파스칼의 심원한 사유 영역으로부터 출발해 인간과 세계에 대한 새로운 통찰을 제시하고 있다. 본서의 입장에서 볼 때 파스칼의 사상에서 중요한 것은, 인간 사유의 선험적 토대를 전제하지 않고 인간 정신의 모든 결정물들을 이것들을 낳은 실존적 조건들로 되돌려 놓고 있다는 것이다.

사실 사유에 대한 가장 근원적인 문제 제기들은 세계와 실제에 대해 거리를 두고 있는 상태에 대한 문제 제기에서 출발한다. 우리는 이러한 방법적 비판을 파스칼 속에서 이루어 낼 수 있다. 왜냐하면 그의 인류학적 고찰은 학구적 시선이 무시할 수밖에 없는 인간 존재의 특징들로 향하고 있기 때문이다. 그리고 또 하나의 이유는 그가 인간학이 스스로의 해방을 이룩하기 위해 수행해야 하는 상징적 슬로건을 제공하기 때문이다. 이 슬로건은 "진정한 철학은 철학을 조롱한다"이다.

이 책은 실제의 세계와 단절된 고독한 상아탑 속에 갇힌 철학자들이 추상적인 사유를 통해 주조해 낸 전통적 인간상을 송두리째 뒤흔들고 있다. 부르디외는 사회학자로서 기존 철학에 정면으로 도전하면서, 인간 존재의 실존적 접근을 새로운 각도에서 모색함으로써 전혀 다른 존재의 모습을 제시하고 있다. 그것은 사르트르류의 실존적 인간과는 또 다른 인간의 이미지이다. 그것은 관념적 유희로부터 비롯된 당위적이거나 이상적 이미지, 즉 허구가 아니라 삶의 현장 속에 살아 움직이는 실천적 이미지인 것이다.

東文選 文藝新書 211

토탈 스크린

장 보드리야르
배영달 옮김

　우리 사회의 현상들을 날카로운 혜안으로 분석하는 보드리야르의 《토탈 스크린》은 최근 자신의 고유한 분석 대상이 된 가상(현실)·정보·테크놀러지·텔레비전에서 정치적 문제·폭력·테러리즘·인간 복제에 이르기까지 현대성의 다양한 특성들을 보여준다. 특히 이 책에서 보드리야르는 오늘날 우리를 매혹하는 형태들인 폭력·테러리즘·정보 바이러스와 관련하여 기호와 이미지의 불가피한 흐름, 과도한 커뮤니케이션, 프로그래밍화된 정보를 분석한다. 왜냐하면 현대의 미디어·커뮤니케이션·정보는 이미지의 독성에 의해 증식되며, 바이러스성의 힘을 지니기 때문이다.

　보드리야르는 현대성은 이미지의 독성과 더불어 폭력을 산출해 낸다고 말한다. 이러한 폭력은 정열과 본능에서보다는 스크린에서 생겨난다는 의미에서 가장된 폭력이다. 그리고 그것은 스크린과 미디어 속에 잠재해 있다. 사실 우리는 미디어의 폭력, 가상의 폭력에 저항할 수가 없다. 스크린·미디어·가상(현실)은 폭력의 형태로 도처에서 우리를 위협한다. 그러나 우리는 스크린 속으로, 가상의 이미지 속으로 들어간다. 우리는 기계의 가상 현실에 갇힌 인간이 된다. 이제 우리를 생각하는 것은 가상의 기계이다. 따라서 그는 "정보의 출현과 더불어 역사의 전개가 끝났고, 인공지능의 출현과 동시에 사유가 끝났다"고 말한다. 아마 그의 이러한 사유는 사유의 바른길과 옆길을 통해 새로운 사유의 길을 늘 모색하는 데서 비롯된 것일 터이다. 현대성에 대한 탁월한 통찰력을 보여 주는 보드리야르의 이 책은 우리에게 우리 사회의 현상들을 비판적으로 읽게 해줄 것이다.